JN412862

패턴 학교

Vol.2 스커트 편

마루야마 하루미 감수

황선영 옮김 | 문수연 감수

이아소

바느질이 익숙해지면 그다음엔 이런 생각이 들죠.

'내가 디자인해서 옷을 만들어보는 건 어떨까?'
'그럼 사이즈와 모양을 내 맘에 쏙 들게 만들 텐데.'

《패턴 학교》는 바로 이런 분들의 바람을 실현해줄 것입니다.
옷을 만들 때 바느질도 중요하지만,
그 이상으로 패턴이 중요합니다.
많은 분들이 Vol.1 상의 편에 폭발적인 반응을 보여주셔서
패턴에 대한 관심이 높다는 걸 새삼 실감했습니다.

이번에는 스커트 편입니다.

피트감이 핵심인 허리부터 엉덩이를 중심으로
디자인을 구성하는 치수의 의미와
선의 형태 같은 섬세한 부분까지 자세히 설명했습니다.

원형이 되는 '기본 패턴'은
체형에 맞게 변형할 수 있도록 실물 대형 패턴을 수록했습니다.
또 사이즈가 맞지 않아도
허리와 엉덩이 치수를 토대로 만들 수 있어서
체형이나 나이에 상관없이 활용할 수 있습니다.

디자인의 가능성은 무한대.

이 책을 손에 잡은 것만으로
옷 만들기가 더 행복하고 즐거워진다면
매우 기쁘겠습니다.

Contents

이 책의 내용

이 책은 스커트 편이다.
63종류의 디자인과 패턴을 소개한다.
스커트 길이와 볼륨 등 응용 방법에 따라 다양한 스커트를 창작할 수 있다.

부록 실물 대형 패턴은 기본 패턴의 엉덩이선(HL)에서 윗부분이다.
다양한 체형에 대응할 수 있도록 엉덩이 치수와 허리 치수의 조합에 따라 총 153개 사이즈를 게재.
HL에서 아래로 직사각형만 그리면 기본 패턴이 완성된다.
대부분의 디자인은 이 기본 패턴에서 전개해 손쉽게 만들 수 있어 편리하다.
또 기본 패턴을 사용하지 않는 디자인은 제도를 새로 해야 하지만
직사각형 같은 일부 패턴을 제외하고 제도 순서를 자세하게 설명하고 있어서 초보자도 문제없이 만들 수 있다.

이 책은 '제도 입문서'로서의 역할도 한다.
기본 패턴을 '원형'으로 사용함으로써 디자인 전개의 기본을 습득할 수 있다.
또 스커트 제작에서 허리와 엉덩이의 상관관계 등 이론도 상세히 설명한다.
마스터하면 다양한 디자인의 스커트를 시도할 수 있어 옷 만들기가 한층 더 즐거워질 것이다.

강의의 내용과 목적

스커트 편은 4개의 강의와 보존판·스페셜 부록을 더해 5부로 구성된다. 독창적인 디자인 제작을 위한 필수 사항을 기초 강의, 특별 강의, 실습에서 설명한다. 집중 강의에서는 실제로 패턴을 만들기 위한 작업을 소개한다. 보존판·스페셜 부록에서는 만드는 법을 보충 설명한다.

기초 강의 P.9
스커트의 기본과 디자인, 패턴을 학습한다.
↓
기초 지식을 배우고 여러 가지 디자인을 익혀 다양한 스타일을 연출해보자.

특별 강의 P.85
기초 강의에서 배운 패턴을 토대로 응용하는 방법을 학습한다.
↓
패턴에 일부 변화를 주고 디자인 요소를 가미해 나만의 특별한 감각을 실현해보자.

오리지널 디자인

보존판·스페셜 부록 P.123
스커트를 만들 때 필요한 트임이나 안감 넣는 법 등을 배운다
↓
잘 활용해 개성 있는 나만의 스커트를 완성하자.

실습 P.107
디자인 결정하는 법과 패턴 만드는 과정을 배운다.
↓
만들고 싶은 스커트의 디자인을 정하고, 패턴 만드는 순서를 머릿속에 넣자.

집중 강의 P.147
제도부터 패턴 체크까지 패턴 만드는 노하우를 배운다.
↓
결정한 디자인을 토대로 패턴을 직접 만들어보자.

기초 강의
+
특별 강의
+
실습
=
오리지널 디자인

제도 표시 보는 법

이 책의 제도에는 제도를 알기 쉽게 표현하기 위한 기호와 약속이 있다.
주로 쓰이는 것을 그림과 함께 설명했으므로 패턴을 만들 때 참고한다.

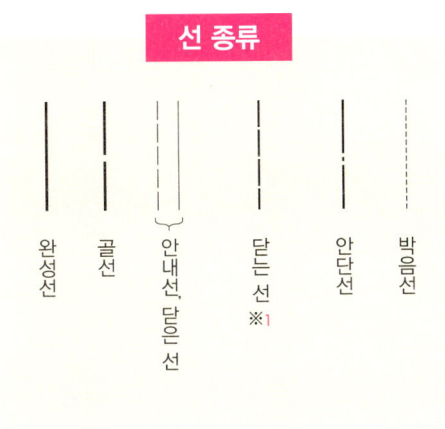

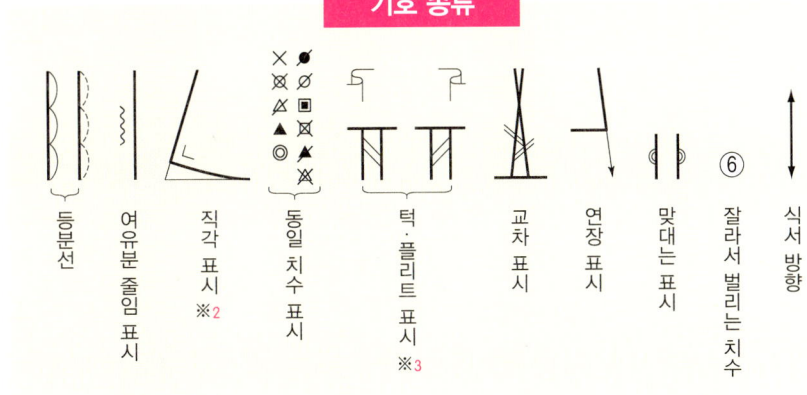

※1 완성선을 표시하는 경우도 있다

※2 수평·수직선에는 넣지 않는다
※3 사선의 위쪽에서 아래쪽으로 접는다

패턴 제작에 사용하는 제도 용어

옷 만들기를 위한 제도와 패턴 설명에서 사용하는 용어를 알아보자.
의미를 정확하게 이해하면 패턴 만들기가 순조롭다.

[트임]
옷을 입고 벗거나 활동할 때 편하도록 트는 부분. 허리의 지퍼 트임이나 밑단의 슬릿, 벤트 등이 있다.

[여유분 줄임]
천을 입체적으로 만드는 테크닉. 다림질 또는 바느질해서 천을 줄인다.

[기준점]
'잘라서 벌린다'나 '맞댄다' 등 패턴 처리를 할 때 지점이 되는 위치.

[이음선]
천을 이어 맞추는 위치. 이때 생기는 솔기를 '이음선'이라고 한다.

[밑단 너비]
패턴의 밑단선 길이. 기본적으로 중심에서 옆까지.

[밑단 둘레 치수]
스커트 패턴의 밑단선 전체 한 바퀴 분량의 길이.

[제도]
스커트 패턴을 만들기 위한 기초 설계도.

[처리]
스커트 패턴을 완성하기 위해 필요한 작업으로 제도 다음으로 한다. '맞댄다', '닫는다·벌린다', '잘라서 벌린다' 등.

[다트]
스커트에서는 허리에 있고, 엉덩이와 허리의 치수 차이를 처리하기 위한 V자형 부분. 입체적인 모양을 만드는 역할을 하고, 이 선 끝의 포인트를 '다트 끝'이라고 한다.

[고정 치수]
사이즈에 따라 변하지 않는 고정된 치수. 정해진 치수.

[완성선]
완성했을 때 솔기나 끝이 되는 위치.

[동일 치수]
같은 치수. 2곳 이상의 위치에서 치수가 같은 경우 여러 가지 기호를 사용해 표시한다.

[박음질 끝]
박음질이 끝나는 위치. 스커트에서는 슬릿이나 벤트, 플리트 등이 대표적이다.

[올 방향]
천의 세로 실과 가로 실 방향. 이 책에서는 필요한 경우에만 세로 방향을 '식서선'인 화살표로 표시한다.

[잇기]
천과 천을 이어 붙여 1장으로 만드는 것. 이어 붙이는 위치.

[패턴]
스커트를 완성하기 위한 옷본. 기초 설계도가 되는 제도를 다른 종이에 베끼면서 필요한 처리를 추가해 완성한다.

[필요 치수]
옷을 입고 벗을 때 또는 걷거나 앉는 동작에 필요한 최소한의 치수. 이 책에서는 속옷을 입고 잰 치수에 여유분을 더한 치수를 말한다. 허리둘레, 엉덩이둘레, 밑단 둘레 등.

[분량]
'다트', '플레어', '개더' 등 부분 치수.

[덧천]
기능성이나 볼륨을 보완하기 위해 추가하는 파트. 머메이드 라인 스커트의 밑단이 대표적이다.

[골선]
패턴은 오른쪽 반신이지만, 앞뒤 중심 등 이 위치에서 반전시켜 이어지는 것이다. 기본적으로 이 위치에서 대칭이 된다.

[옆 밑단]
옆선과 밑단선의 교점.

영어 약자 일람
W…웨이스트, 허리둘레
WL…웨이스트라인, 허리선
H…히프, 엉덩이둘레
HL…히프라인, 엉덩이선
MH…미들 히프, 중간 엉덩이둘레
MHL…미들 히프라인, 중간 엉덩이선

정확한 패턴 만들기에 필요한 제도 용구

제도를 순조롭게 진행하고, 정확한 패턴을 만들기 위해 필요한 용구를 알아보자.
용구를 잘 다루면 시간도 단축되고 제도가 즐거워진다.

줄자
신체 치수나 패턴의 곡선을 잴 때 쓰는 테이프 모양의 자.

패턴지
얇고 잘 비쳐 패턴을 베끼기 편리한 제도용지. 까슬까슬한 면을 위로 해서 사용한다. 수평·수직선을 그리기 쉬운 모눈종이 타입도 있다.

컴퍼스
원을 이용하는 플레어 스커트의 허리를 그릴 때 사용한다. 반지름 40cm까지 대응.

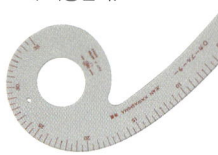

D커브자
요크나 다트를 닫은 후 허리선을 수정할 때 사용한다.

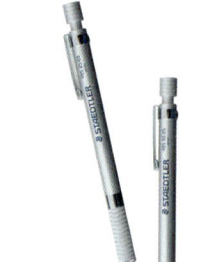

룰렛
부분적인 선을 베낄 때나 패턴 체크 시 사용한다. 톱니 끝이 너무 날카롭지 않은 부드러운 타입이 좋다.

제도용 샤프펜슬
알맞은 무게로 자에 착 붙어 정확한 선을 그릴 수 있다. 굵기는 가늘고(0.3, 0.5mm), 심은 단단한(HB, H 등) 것을 추천한다.

문진
제도나 패턴을 베낄 때 종이가 움직이지 않도록 눌러두는 도구. 사용 빈도가 높다.

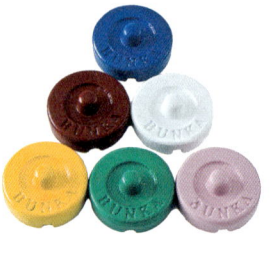

모눈자(방안자)
직선용 자. 모눈이 있어 시접을 표시하거나 평행선, 직각선을 그릴 때 편리하다. 30cm와 50cm를 같이 쓰면 좋다. 완만한 곡선을 잴 때도 사용.

곡선용 자 (그레이딩 자)
곡선을 잴 때 사용한다. 얇고 잘 휘어지는 소재.

L자
엉덩이와 허리선의 곡선이나 직각선을 그릴 때 사용한다.

책에 나온 제도와 작품의 참고 치수 + 자신의 치수표

이 책에 나오는 제도와 작품은 오른쪽 표의 치수에 따라 평균적인 신체 균형으로 만들었다.
실제 제도에서는 각자의 치수로 만든다. 또 부록의 실물 대형 패턴으로 기본 패턴을 만들 때도 이 치수가 필요하니 적어둔다.
❶~❻의 번호는 치수 재기 페이지(P.13)에 대응한다.

스커트					
❶ 허리둘레	❷ 중간 엉덩이둘레	❸ 엉덩이둘레	❹ 엉덩이 길이	❺ 무릎 길이	❻ 허리 높이
67	84	91	18	57	97

자신의 치수를 적는다

단위는 cm

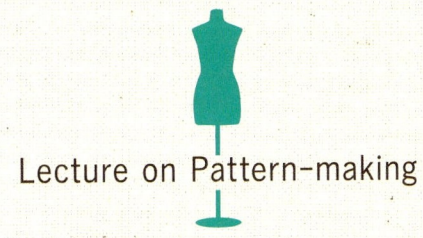

Lecture on Pattern-making

패턴의 종류와 완성품을 비교한다

기초 강의

스커트 패턴과 완성품의 관계를 설명한다.

다양한 스타일 속에서 나만의 개성적인 디자인을 구체화해보자.

제도는 기본적으로 오른쪽 반신을 표시한다. P.10 이후의 모든 견본 작품은

두께와 장력에 있어서 평균적인 특징을 지닌 얇은 면을 사용한다. 스커트 길이는 모두 60cm.

기초 강의 보는 법

① **디자인 번호**
디자인, 실루엣의 일련번호. '(숫자) 교시'로 표시한다.

② **디자인 명칭**
소개하는 디자인이 일반적인 명칭.

③ **디자인 해설**
②를 소개하고, 패턴에 관한 사항을 설명한다. ② 옆으로 표시.

④ **패턴 소개**
②에 속한 패턴과 완성 사진을 소개한다. 한 디자인에 4~11종류 전개.

⑤ **패턴 번호**
알파벳과 숫자로 표시한다. 일련번호.

⑥ **제도 요점**
제도 방법의 개요를 표시한다.

⑦ **제도 설명**
⑥을 자세히 설명한다. 주의점 등도.

⑧ **사용 패턴**······제도에 필요한 경우만 원형 패턴을 표시한다. 각 패턴을 만들기 전에 미리 준비한다.

⑨ **제도**······패턴의 설계도. 기본은 오른쪽 반신의 제도를 표시한다. 이 치수대로 실제로 제도한다.

⑩ **처리 후 패턴**······'맞댄다', '닫는다·벌린다', '잘라서 벌린다' 등 처리 후의 패턴 모습을 표시한다.

⑪ **박스 기사**······필요한 용어 설명, 사이즈에 따라 참조할 사항, 제도 치수의 이론 등을 보충한다.

⑫ **완성 이미지 사진**······기본은 앞, 옆(우측), 뒤 3장. 천은 모두 얇은 면을 사용한다.

⑬ **완성 이미지 설명**······모습의 특징을 알기 쉽게 설명한다. 다른 디자인과의 비교 등도. 디자인을 결정할 때 참고한다.

⑭ **각주**······관련 페이지 표시. 참조하면 이해도를 한층 높일 수 있다.

⑮ **패턴 인덱스**······좌우 양 페이지에 나온 디자인 명칭과 패턴 번호를 표시한다.

스커트 패턴

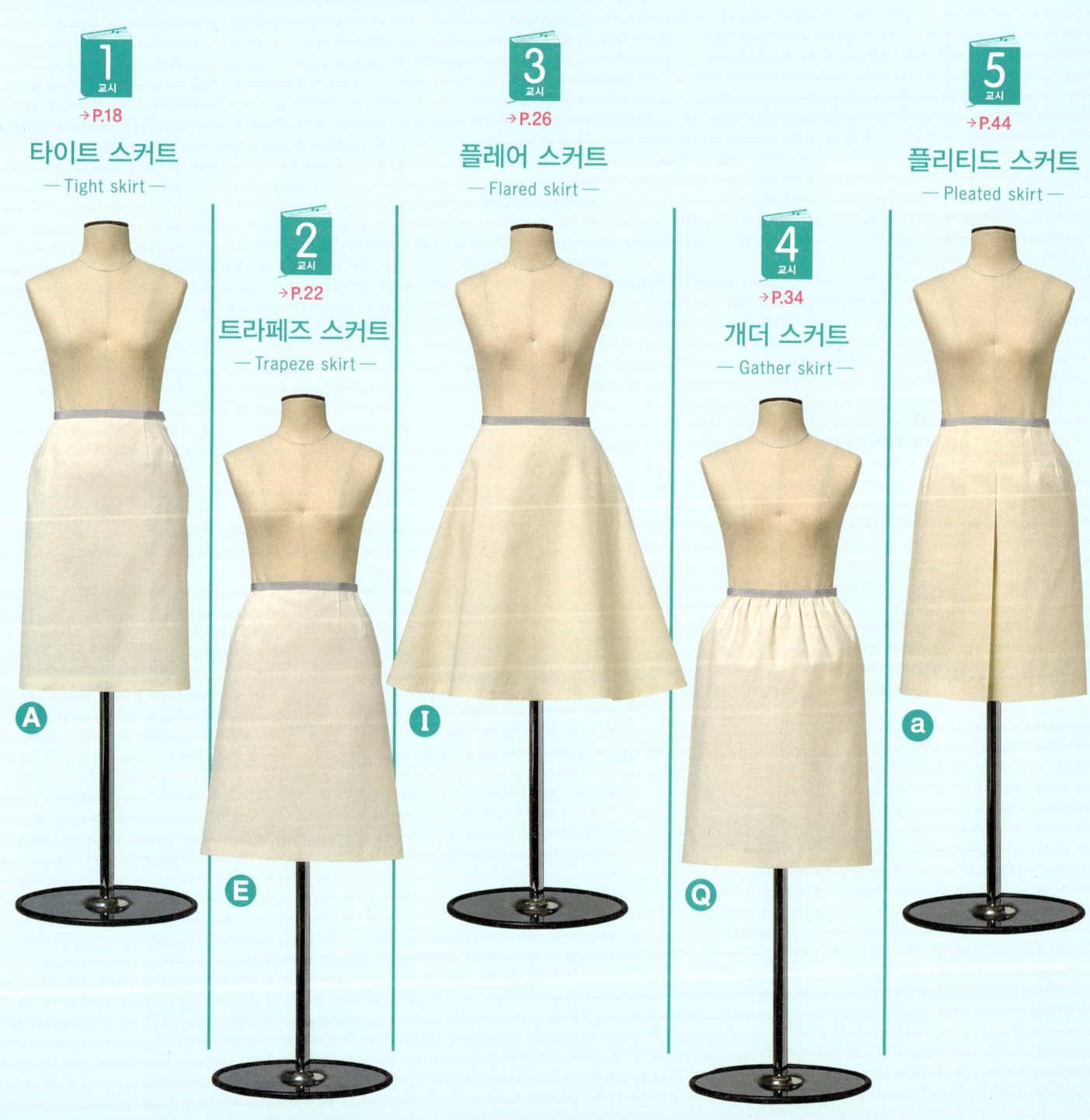

1 교시
→ P.18

타이트 스커트
— Tight skirt —

A

2 교시
→ P.22

트라페즈 스커트
— Trapeze skirt —

E

3 교시
→ P.26

플레어 스커트
— Flared skirt —

I

4 교시
→ P.34

개더 스커트
— Gather skirt —

Q

5 교시
→ P.44

플리티드 스커트
— Pleated skirt —

a

스커트란 허리부터 아래를 감싸는 통 모양의 옷이다.

이 책에서는 기본적인 스커트 9가지 스타일에 독창적인 패턴을 채용한 디자인 스커트를 추가

구성했다. 이것을 기본 패턴의 변형과 원이나 직사각형을 이용한 제도 방법 등으로

변화를 준 총 63종류의 디자인을 소개한다.

6 교시
→ P.50

턱트 스커트
— Tucked skirt —

7 교시
→ P.58

머메이드 라인 스커트
— Mermaid line skirt —

8 교시
→ P.64

요크 스커트
— Yoke skirt —

9 교시
→ P.70

트임 없는 간단 스커트
— Easy skirt —

10 교시
→ P.74

디자인 스커트
— Design skirt —

e   j   p   v   1

예습1 스커트 기초 지식

각 부분의 명칭

설명에 필요한 각 부분 명칭을 타이트 스커트 **A**로 표시했다.
기억해두면 패턴에 대한 설명을 쉽게 이해할 수 있다.

타이트 스커트 A

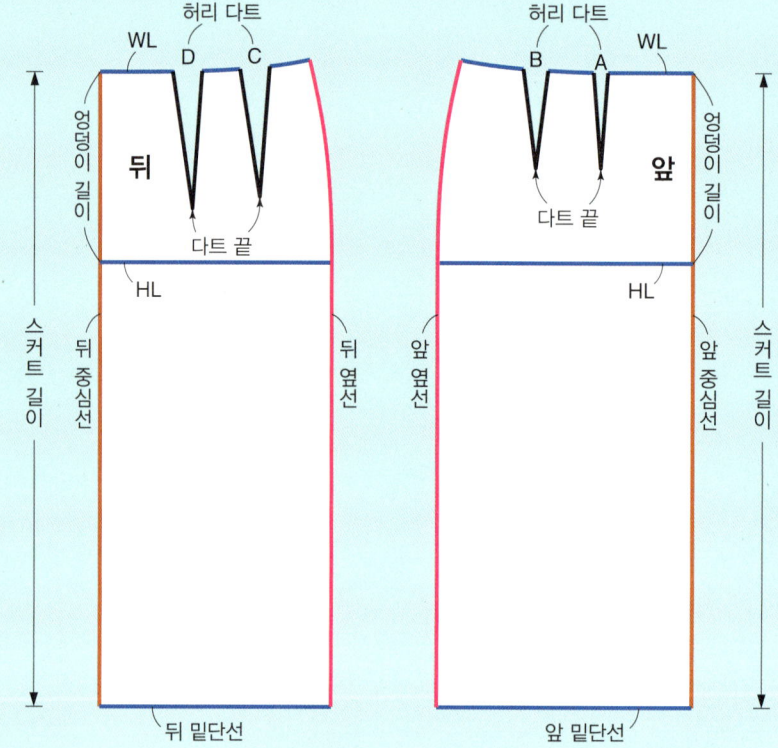

W …웨이스트(허리둘레)
WL…웨이스트라인(허리선)
H …히프(엉덩이둘레)
HL…히프라인(엉덩이선)

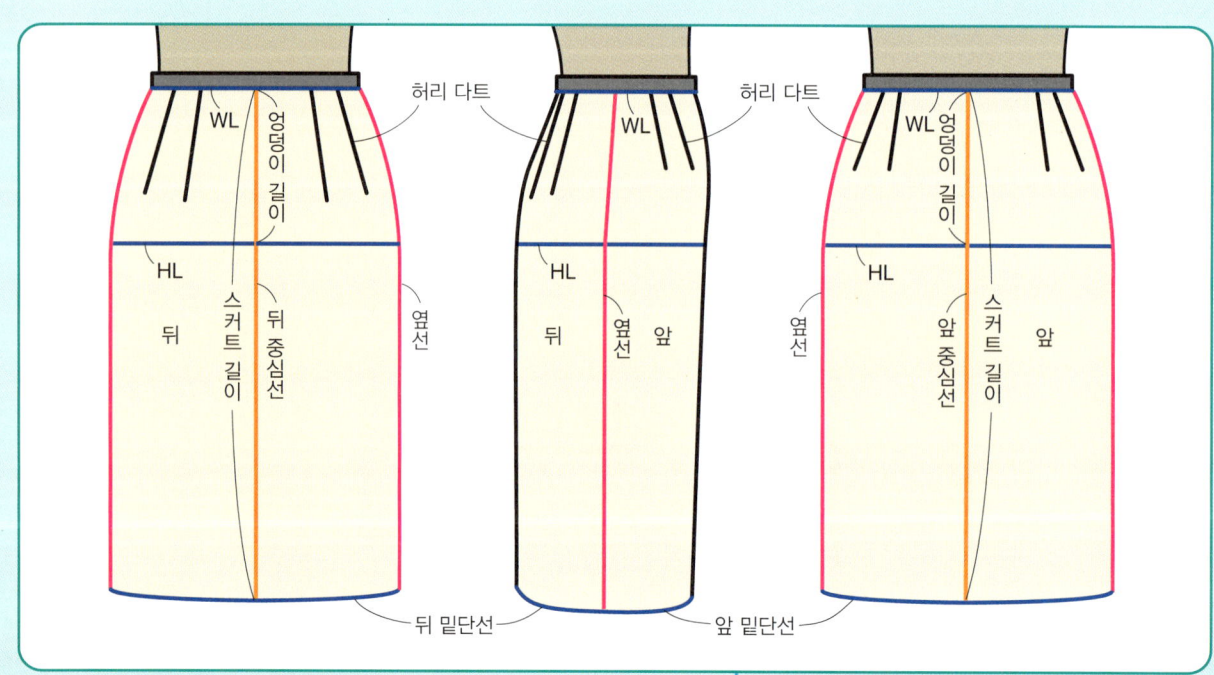

치수 재기

치수 재기는 제도에 필요한 몸의 치수를 재는 것이다. 치수를 정확하게 재는 것이 '정 사이즈'의 옷을 만드는 첫걸음이다. 착용감이 편한 옷을 만들려면 항상 입는 속옷(부드러운 거들 등)을 입고 재서 꽉 끼지 않도록 하자. 스커트 제도에는 ❶ 허리둘레, ❷ 중간 엉덩이둘레, ❸ 엉덩이둘레, ❹ 엉덩이 길이가 필수이다. 그 밖에 ❺ 무릎 길이나 ❻ 허리 높이를 재두면 스커트 길이를 원하는 대로 조정할 수 있다.

❶ 허리둘레

허리의 가장 가는 부분을 얇은 끈으로 묶고, 수평으로 한 바퀴 돌려 잰다. 이곳이 WL이다.

❷ 중간 엉덩이둘레

WL과 HL의 정확히 중간을 수평으로 한 바퀴 돌려 잰다. 기준은 허리뼈 위치. 뒤가 올라가지 않게 주의한다. 이곳이 MHL이다.

❸ 엉덩이둘레

엉덩이의 제일 튀어나온 곳을 지나 배가 나온 부분을 포함시켜 수평으로 잰다. 이곳이 HL이다.

❹ 엉덩이 길이

허리둘레에서 엉덩이둘레까지 수직으로 잰다. 비교적 평평한 옆쪽에서 재는 것이 정확하다.

❺ 무릎 길이

WL에서 무릎뼈 하단까지 수직으로 잰다.

❻ 허리 높이

앞 중심의 WL에서 바닥까지 수직으로 잰다.

스커트 길이

스커트 길이는 앞뒤 중심의 WL에서 밑단까지의 길이를 말한다. 아래 사진의 스커트는 Ⓐ(P.18)의 수직인 옆선을 연장해, 10cm마다 선을 그어놓았다. 스커트 길이를 조정할 때 참고한다.

※엉덩이 길이 18cm, 키 160~165cm 기준

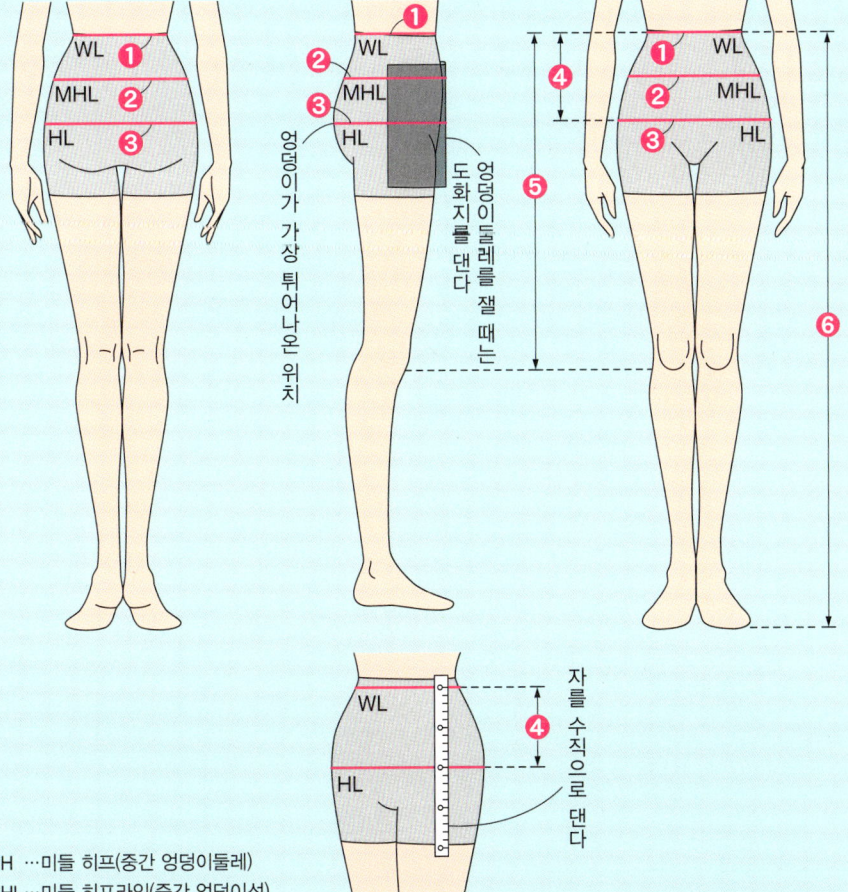

MH …미들 히프(중간 엉덩이둘레)
MHL…미들 히프라인(중간 엉덩이선)

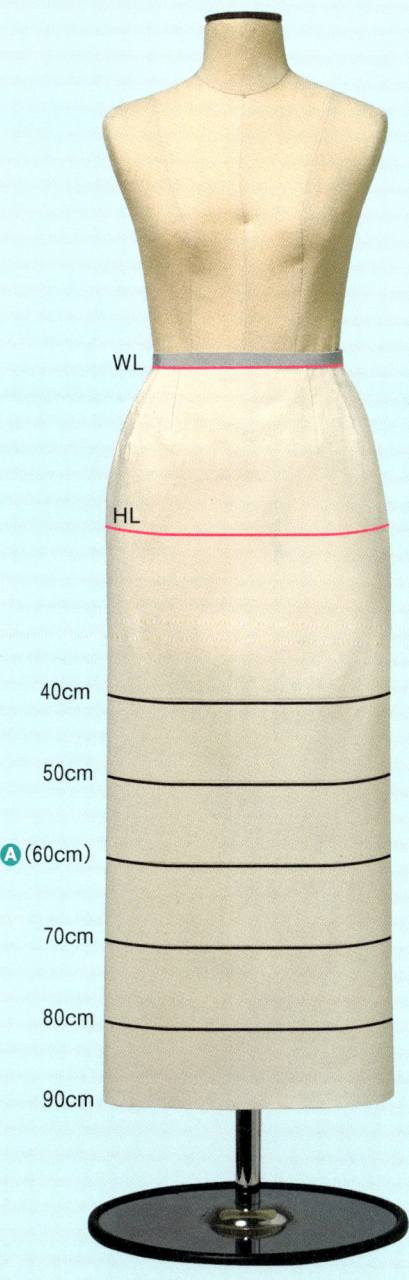

→ 책에 나온 제도, 작품의 참고 치수표…P.8, 스커트 길이 차이에 따른 비교…P.86 **13**

예습 2 기본 패턴에 대해서

기본 패턴

이 책에서 '기본 패턴'이란

다양한 디자인을 만들 때 기초가 되는 오른쪽 반신의 패턴이다.

허리둘레(W)와 엉덩이둘레(H) 치수를 토대로

최소한의 여유분과 다트를 넣은 타이트 실루엣의 스커트이다.

이 기본 패턴에 필요한 제도나 처리를 추가해 각 디자인의 패턴을 만든다.

여기서는 각 부분의 치수와 위치 구성에 대해 설명한다.

부록
실물 대형 패턴
〈 기본 패턴의 〉
HL에서 윗부분

21
다트 D, C = ▣ × 0.211
다트 B = ▣ × 0.178
다트 A = ▣ × 0.111

💣 = ▣ × 0.144 18

16
6 5   11 13
4   12
7 $\dfrac{H+4}{2}$ $\dfrac{W+1}{2}$ 14 = ▣

20
다트 D   다트 C   15   다트 B   다트 A

WL

19

3

22   22

5
0.5   0.5

HL

0.5

$\dfrac{H+4}{4}$ −1 $\dfrac{H+4}{4}$ +1

8 17   9 17

뒤   앞

옆

엉덩이 길이 (18) 2

스커트 길이 (60) 1

23

⌀의 치수표

H빼기W	⌀
35	1.4
34	1.3
33	1.3
32	1.3
31	1.2
30	1.2
29	1.2
28	1.1
27	1.1
26	1.1
25	1.0
24	1.0
23	1.0
22	0.9
21	0.9
20	0.9
19	0.8
18	0.8
17	0.8
16	0.7
15	0.7
14	0.7
13	0.6
12	0.6
11	0.6
10	0.5
9	0.5
8	0.5
7	0.4
6	0.4
5	0.4
4	0.3
3	0.3
2	0.3
1	0.2
0	0.2

15

실물 대형 패턴 수록 ＊

＊H 치수가 87~103에 대응. 단위는 cm

— 스커트 패턴을 구성하는 여러 요소를 자세히 알아보자 —

❶ 스커트 길이
P.18~84의 **Ⓐ**~**⑪**은 스커트 길이를 60cm로 설정. 짧지도 길지도 않고 볼륨감 등을 참고하기 쉬운 평균적인 무릎 길이. 취향에 따라 변경할 수 있다. 방법은 P.111을 참조.

❷ 엉덩이 길이
18cm로 설정. 이것이 문화복장학원이 계측한 표준 치수이다. 나이에 비례해서 HL이 내려가고 길어지는 경향이 있다. 몸 치수에 너무 딱 맞추면 엉덩이가 처져 보여서 변경하는 경우에도 최대 20cm까지로 한다.

❸ HL
엉덩이선. 기본적으로 엉덩이의 제일 튀어나온 위치를 수평으로 표시한 선이다.

❹ H 치수
HL 한 바퀴를 돌려 잰 치수이다. 적당한 피트감을 얻으려면 정확한 치수가 필요하다. P.13 '치수 재기' 참조.

❺ H의 여유분
HL 한 바퀴에서 4cm의 여유분을 넣는다. 이 4cm는 일상 동작에 필요한 최소한의 치수이다.

❻ H의 필요 치수(전체)
H 치수에 여유분을 디한 치수이다.

❼ H의 필요 치수(반신)
❻을 2로 나눈다.

❽ 뒤 H의 필요 치수
H의 필요 치수(한 바퀴 분량)를 4로 나누고, 앞뒤 차를 뺀 치수이다.

❾ 앞 H의 필요 치수
H의 필요 치수(한 바퀴 분량)를 4로 나누고, 앞뒤 차를 더한 치수이다.

❿ WL
기본적으로 W의 가장 가는 위치. 패턴은 중심에서 옆쪽으로 서서히 올라가는 완만한 곡선이다. 입으면 수평이 된다.

⑪ W 치수
WL 한 바퀴를 돌려 잰 치수이다. 적당한 피트감을 얻으려면 정확한 치수가 필요하다. P.13 '치수 재기' 참조.

⑫ W의 여유분
WL 한 바퀴에서 1cm의 여유분을 넣는다. 이 1cm는 일상 동작에 필요한 최소한의 치수이다.

⑬ W의 필요 치수(전체)
W 치수에 여유분을 더한 치수이다.

⑭ W의 필요 치수(반신)
⑬을 2로 나눈다.

⑮ 옆의 올림 치수
엉덩이의 돌출을 맞추기 위해 추가하는 치수이다. 허리와 연결이 매끄럽도록 H와 W의 치수 차이에 비례해서 분량이 변한다. P.14 'ø의 치수표' 참조.

⑯ 총 다트 분량
WL에서 줄어드는 치수의 합계. 즉 H와 W 필요 치수의 차이다. 이 치수에는 옆의 경사 치수도 포함된다.

⑰ 앞뒤 차이
옆에서 볼 때 균형 잡힌 위치에 옆선이 오도록 조정하는 치수이나. H는 옆선을 결정할 때 뒤쪽으로 1cm 이동한다. W는 H와 W의 필요 치수 차이가 총 다트 분량이 되고, 그 값에 비례해서 수치가 다르게 조정된다. 수치 표시는 없지만 1~2.5cm 정도 뒤쪽으로 이동한다.

⑱ 옆의 경사 치수
옆선의 곡선을 결정하는 데 필요한 치수이다. 앞뒤 각각의 옆에서 총 다트 분량의 14.4%를 자른다.

⑲ 옆선의 곡선
WL에서 HL 쪽으로 완만한 곡선이 된다. 이 선의 모양이 MH 치수에 영향을 미친다. 조정 방법은 P.153을 참조.

⑳ 다트 위치
스커트를 입체적으로 보이기 위해 앞, 옆, 뒤 어디에서 봐도 균형을 이루는 위치에 설정한다. HL을 등분해서 결정한다.

㉑ 다트 분량
총 다트 분량을 토대로 각 분량을 설정한다. 뒤는 엉덩이의 돌출이 커 분량을 많이 잡고 같은 분량이 되게 둘로 나눈다. 앞은 비교적 평평해서 분량은 적지만 엉덩이의 돌출을 생각해 중심 쪽보다 옆쪽에 많이 배분한다.

㉒ 다트 끝
배나 엉덩이 돌출이 자연스럽게 보이는 위치를 기준으로 설정한다. 앞은 MH에, 뒤는 중심 쪽을 HL에서 5cm 위로 하고, 옆쪽은 앞과의 연결을 고려해 결정한다.

㉓ 밑단
HL과 평행인 선이다. WL에서 스커트 길이 위치. 기본 패턴의 밑단 둘레 치수는 H의 필요 치수와 같은 치수이다.

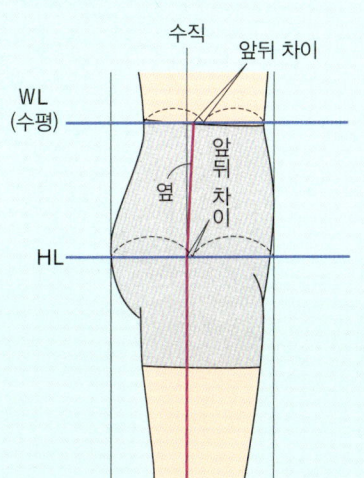

수직
앞뒤 차이
WL
(수평)
옆
앞
뒤
차
이
HL

영어 약자 일람

HL…히프라인
H…히프
WL…웨이스트라인
W…웨이스트
MH…미들 히프

예습3 엉덩이둘레(H), 허리둘레(W) 치수의 관계

기본 패턴은 H와 W 치수의 차이에 따라 옆선의 경사나 다트 분량이 변한다. 치수 차이에 따라 실제로 일어나는 패턴 변화와 주의할 점을 소개한다.
H 치수 빼기 W 치수가 24cm인 경우(예 H 91cm, W 67cm)를 기준으로 설명한다.

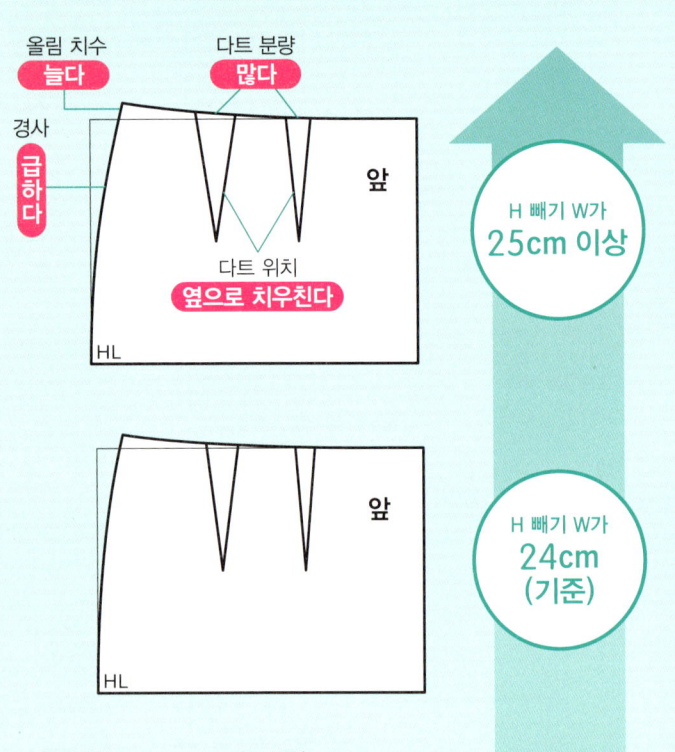

올림 치수 **늘다**
다트 분량 **많다**
경사 **급하다**
다트 위치 **옆으로 치우친다**
앞
HL

H 빼기 W가 25cm 이상

옆의 경사가 급해지고 올림 치수가 늘어난다. 다트 분량도 많아지고 다트가 허리에서 옆쪽으로 치우쳐 보인다

· 다트 분량이 많아 일부를 여유분 줄임으로 하면 엉덩이 곡선이 예쁘게 산다. 이때 여유분 줄임 분량은 앞뒤 각 0.6cm까지로 한다.
· 다트 전체 분량을 닫고 밑단을 벌리는 경우, 벌리는 치수가 많아진다. 밑단 치수를 확인해서 너무 많은 경우는 다트 일부를 남긴다.
· 다트 위치가 옆쪽으로 치우쳐 착용 시 균형이 맞지 않게 보일 수 있다. 이 경우는 다트 위치나 다트 끝을 알맞게 이동한다.

앞
HL

H 빼기 W가 24cm (기준)

책에 나온 작품의 표준형. 옆의 경사, 올림 치수, 다트 분량, 다트 위치가 모두 평균적이다

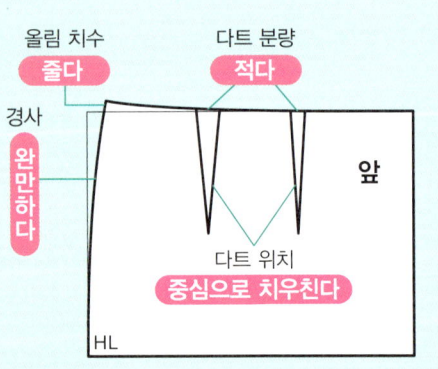

올림 치수 **줄다**
다트 분량 **적다**
경사 **완만하다**
다트 위치 **중심으로 치우친다**
앞
HL

H 빼기 W가 23cm 이하

옆의 경사가 완만해지고 올림 치수가 줄어든다. 다트 분량도 적어지고 다트가 허리에서 중심 쪽으로 치우쳐 보인다.

· 다트 분량이 적어 2개의 합계가 3cm 이하인 경우는 조정이 필요하다(P.154).
· 다트 전체 분량을 닫고 밑단을 벌리는 경우, 벌리는 치수가 적어진다. 밑단 치수를 확인해서 적은 경우는 더 벌린다.
· 다트 위치가 중심 쪽으로 치우쳐 착용 시 균형이 맞지 않게 보일 수 있다. 이 경우는 다트 위치나 다트 끝을 알맞게 이동한다.

Point 다트 분량과 밑단의 벌리는 분량의 관계

다트를 모두 닫고 밑단을 벌리는 처리를 할 때 다트 분량에 따라 벌리는 분량이 변화한다. 또 그 분량은 스커트 길이에 비례해 늘어나므로 각 위치에서 벌리는 분량을 예측할 수 있다. 여기서는 각 스커트 길이에서 벌어지는 분량이 원래 다트 분량의 몇 배가 되는지 표로 정리했다.

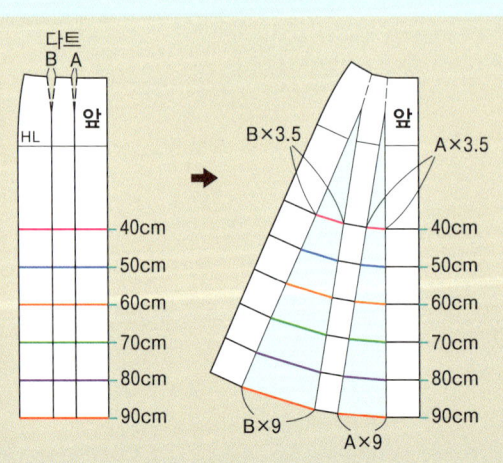

다트 B A
HL 앞
40cm
50cm
60cm
70cm
80cm
90cm

B×3.5 앞 A×3.5
40cm
50cm
60cm
70cm
80cm
90cm
B×9 A×9

스커트 길이별·절개 분량

다트 길이	D	C	B, A
40cm	2.1배	2.3배	3.5배
50cm	2.8배	3.2배	4.6배
60cm	3.6배	4배	5.7배
70cm	4.4배	4.8배	6.8배
80cm	5.2배	5.7배	7.9배
90cm	5.9배	6.5배	9배

→ 닫는다·벌린다(다트 일부를 닫는다)…P.167, 닫는다·벌린다(다트를 모두 닫는다)…P.168, 닫는다·벌린다(다트를 닫아 벌어지는 분량 이상으로 벌린다)…P.169

필요한 여유분과 밑단 둘레 치수

속옷을 입고 잰 치수는 기본적으로 똑바로 서 있을 때의 치수이다.
하지만 일상생활에서는 앉거나 쭈그리는 등 몸의 움직임이 많기 때문에 각 부분의 치수도 변화한다.
여기서는 허리와 엉덩이의 여유분과 밑단 둘레 치수에 대해 설명한다.

허리와 엉덩이의 여유분

앉았을 때 몸의 치수 변화

체격이나 체형에 따라 차이는 있지만 서 있을 때보다 허리에서 약 1.5~3cm, 엉덩이에서 약 2.5~4cm 커진다.

여유분 생각하는 법

몸의 치수 변화만 생각한다면 패턴상에서는 허리 전체에서 3cm 정도의 여유분이 필요하다. 하지만 서 있을 때는 허리가 너무 커서 스커트가 제 위치에 있지 않고 돌아가 착용감이 불편하다. 2cm 정도의 압박은 몸에 나쁜 영향을 주지 않으니 여유분은 1cm 정도면 된다. 한편 엉덩이는 제 위치에 있을 필요가 없고 어느 정도 여유분이 있는 것이 좋아 4cm는 필요하다.

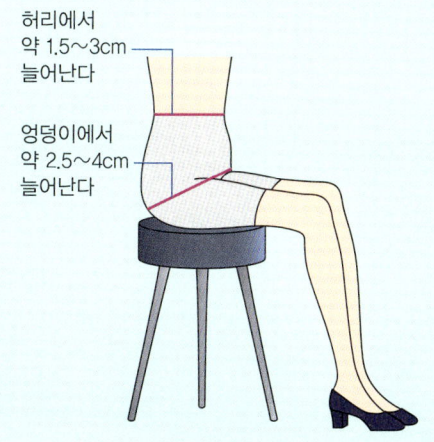

허리에서 약 1.5~3cm 늘어난다

엉덩이에서 약 2.5~4cm 늘어난다

밑단 둘레 치수

걸을 때 다리 둘레의 치수 변화

걸을 때 다리는 허벅지에서 발끝으로 가면서 넓어진다. 오른쪽 그림은 각 밑단선 위치에서의 밑단 둘레 치수 표준을 평균적인 보폭의 경우로 표시했다.

밑단 둘레 치수 생각하는 법

발걸음이 편하려면 밑단 둘레 치수가 부족하지 않은 것이 중요하다. 보폭에 따라 차이는 있지만 그림을 참고해 스커트 길이가 길수록 밑단 둘레 치수를 많이 한다. 타이트 실루엣은 무릎 길이보다 길어지면 치수가 부족하니 주의한다. 또 실루엣을 바꾸지 않고 밑단 둘레 치수를 늘리는 방법은 슬릿이나 벤트, 플리트 등이 있다. 이때 박음질 끝은 무릎보다 20cm 정도 위가 적당하지만 원래 밑단 둘레 치수에 따른 것이므로 알맞게 결정한다.

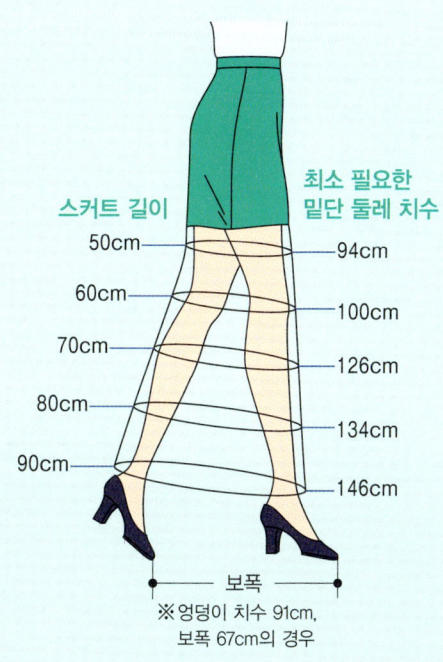

스커트 길이	최소 필요한 밑단 둘레 치수
50cm	94cm
60cm	100cm
70cm	126cm
80cm	134cm
90cm	146cm

보폭
※엉덩이 치수 91cm, 보폭 67cm의 경우

Point 실루엣별 앉았을 때의 형태 변화

타이트 스커트

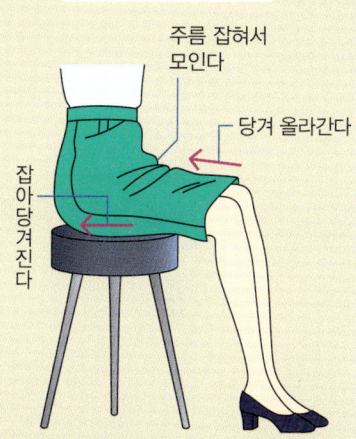

주름 잡혀서 모인다
당겨 올라간다
잡아당겨진다

전체에 여유분이 적은 타이트 실루엣의 경우는 전체적으로 밑단이 당겨 올라가 앞쪽으로 남는 분량이 주름져 스커트 길이가 짧아 보인다.

플레어 스커트

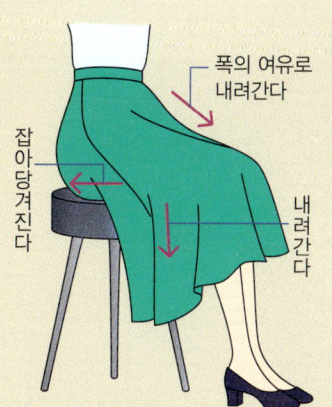

폭의 여유로 내려간다
잡아당겨진다
내려간다

엉덩이의 여유분이 많고 밑단 둘레가 넓은 플레어 실루엣의 경우는 스커트가 몸에서 떨어지기 때문에 천이 처져 스커트 길이가 길어 보인다.

1 교시 타이트 스커트
—Tight skirt—

A 기본 패턴 그대로

엉덩이 치수와 밑단 둘레 치수가 같고 옆선이 수직인 가장 기본적인 스커트 모양이다.
밑단 너비나 길이에 따라서 벤트나 슬릿을 만들어 보행을 위한 기능성을 보완한다.

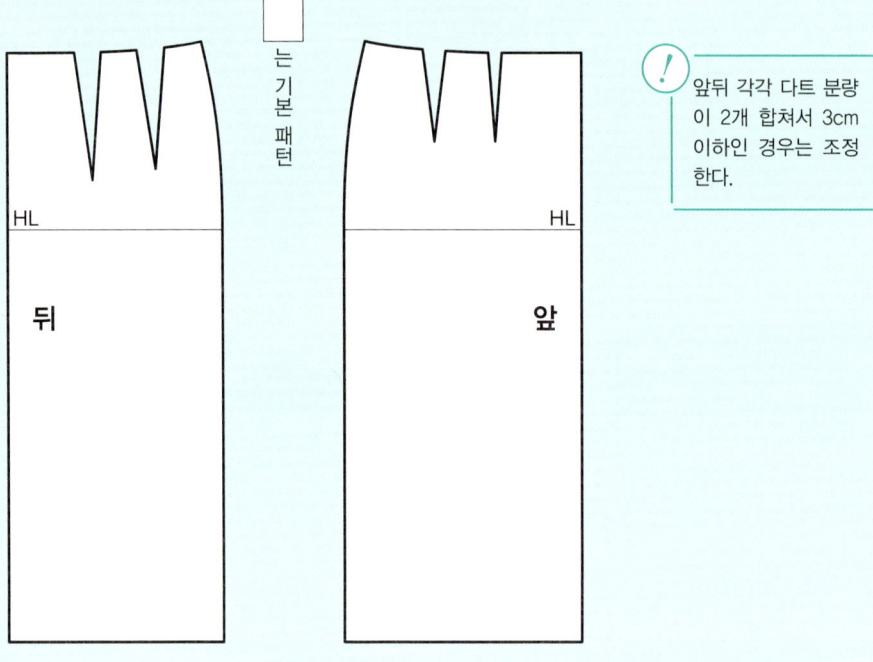

는 기본 패턴

뒤   앞

HL   HL

! 앞뒤 각각 다트 분량이 2개 합쳐서 3cm 이하인 경우는 조정한다.

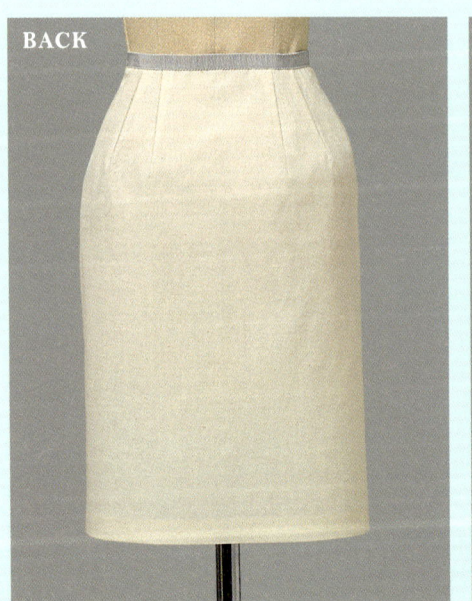
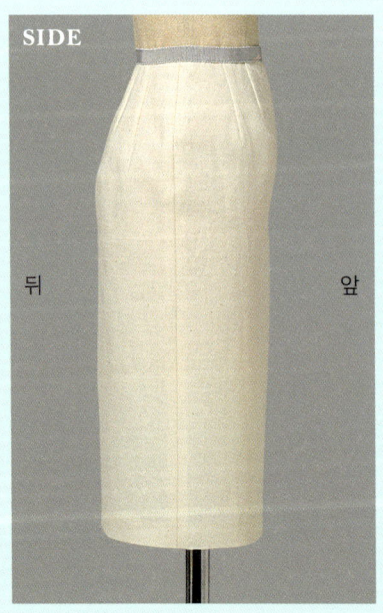
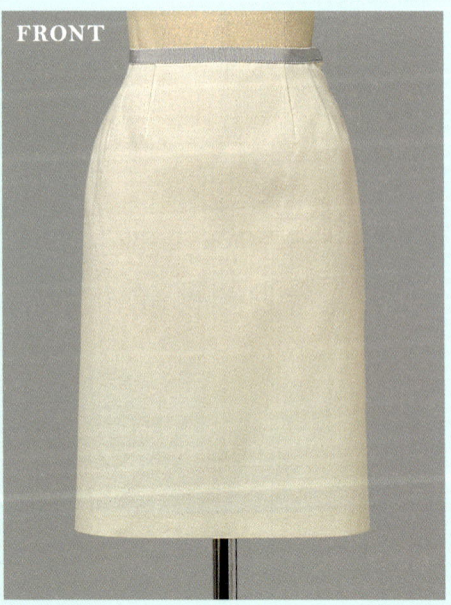

BACK   SIDE   FRONT

뒤   앞

패턴 모양 그대로이고 옆선은 밑단 쪽으로 수직이다

→ 필요한 밑단 둘레 치수…P.17, 기본 패턴 만드는 법…P.149, 다트 분량이 적은 경우 조정법…P.154

스커트의 기본형으로 체형에 꼭 맞는 거의 직사각형 실루엣.
포멀한 것부터 캐주얼까지 폭넓게 이용할 수 있다.

B 옆선에서 밑단 너비를 넓힌다(2cm)

밑단 너비를 옆 밑단에서 2cm 늘리고 엉덩이 곡선과 자연스럽게 연결해 옆선을 그린다.
여기서는 6cm 위치와 연결했다.

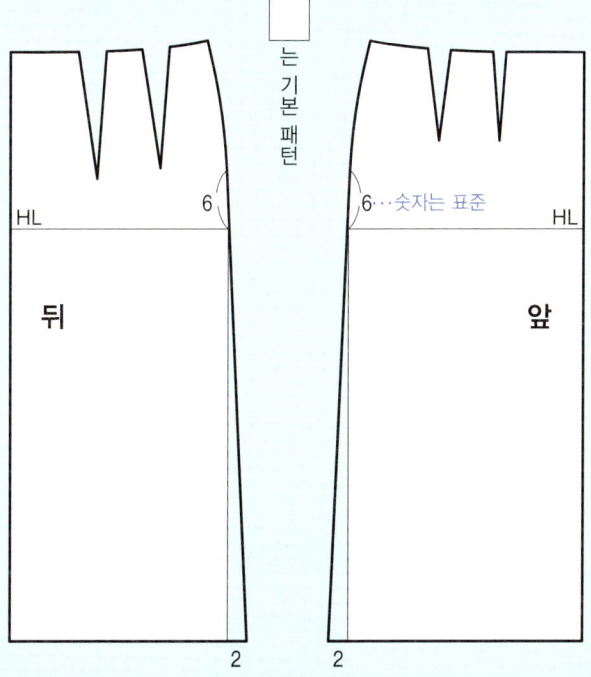

는 기본 패턴

HL
6
6…숫자는 표준
HL

뒤
앞

2
2

앞뒤 각각 다트 분량
이 2개 합쳐서 3cm
이하인 경우는 조정
한다.

BACK

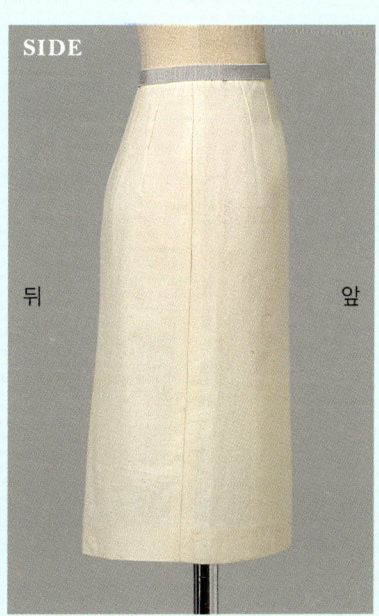
SIDE

뒤
앞

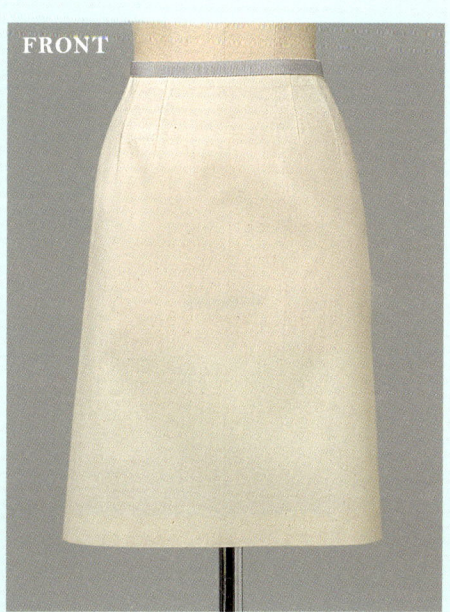
FRONT

엉덩이에서 밑단에 걸쳐 완만한 경사로 퍼진다.

→ 다트 분량이 적은 경우 조정법…P.154   19

1 교시 **타이트 스커트**
— Tight skirt —

C 옆선에서 밑단 너비를 좁힌다

밑단 너비를 옆 밑단에서 2cm 좁히고 HL과 연결해서 옆선을 그린다.
밑단 너비가 부족하므로 벤트나 슬릿을 만들어 보행을 위한 기능성을 보완한다.

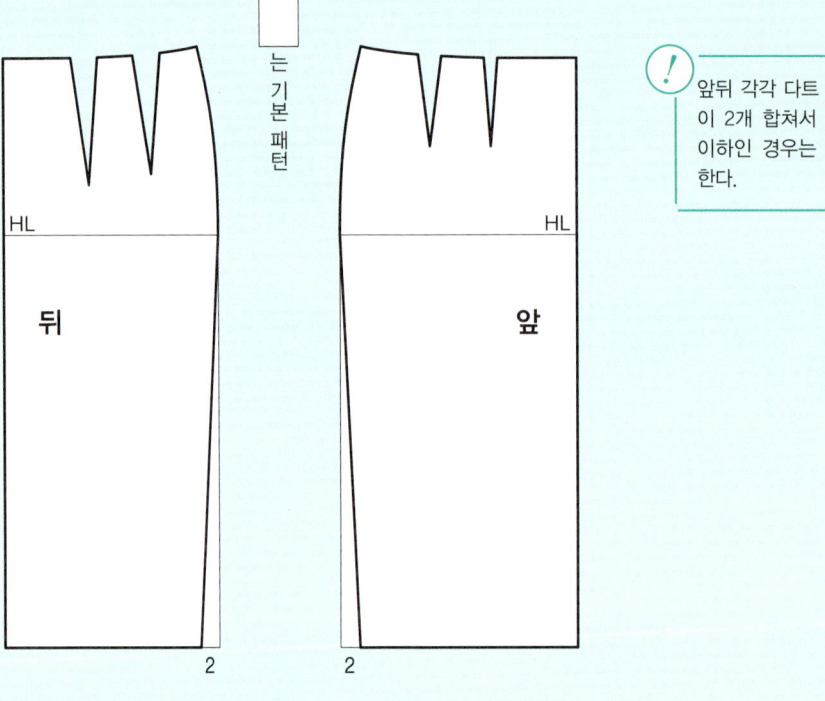

는 기본 패턴

HL   뒤   HL   앞

2   2

⚠ 앞뒤 각각 다트 분량
이 2개 합쳐서 3cm
이하인 경우는 조정
한다.

BACK

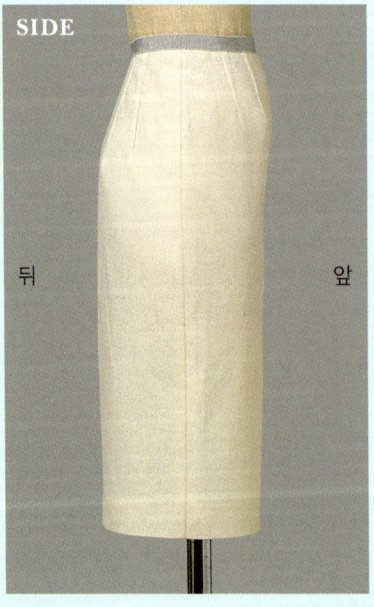
SIDE
뒤   앞

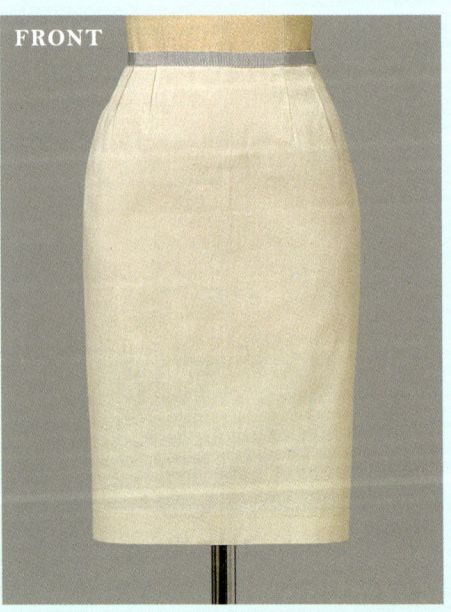
FRONT

엉덩이에서 밑단에 걸쳐 완만한 경사로 오므라든다.

 허리에서 턱 분량을 추가

HL의 중간점에 절개선을 넣고 허리 다트 분량을 1곳으로 모은다.
밑단을 기준점으로 허리를 잘라서 벌리고, 다트를 턱 분량으로 전환한다. 균형을 맞추기 위해
중심에도 같은 턱 분량을 추가한다. 턱은 접는 방향을 조정해서 주름선을 맞대게 한다.
밑단 너비나 길이에 따라서 벤트나 슬릿을 만들어 보행을 위한 기능성을 보완한다.

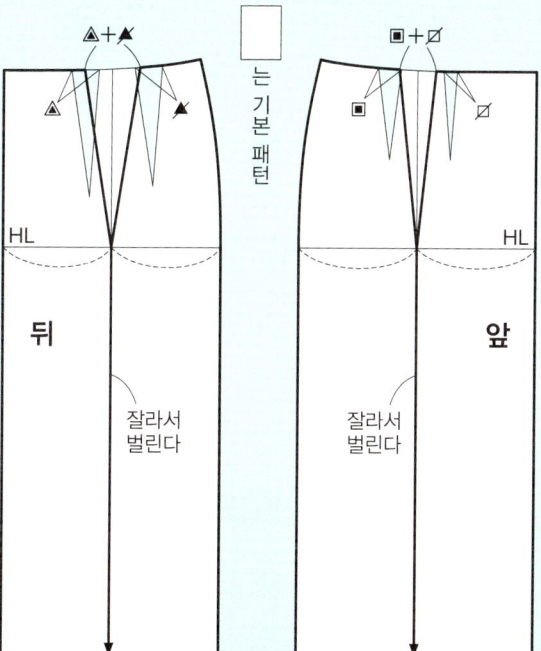

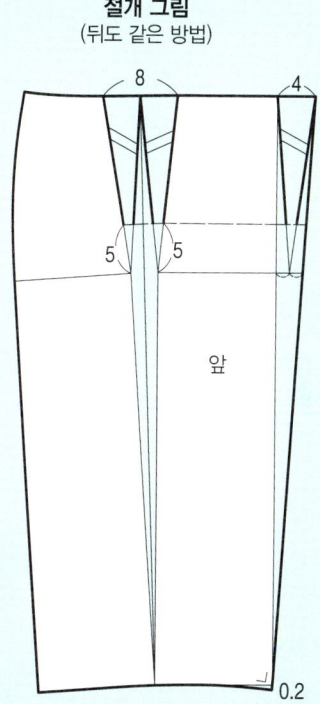

절개 그림
(뒤도 같은 방법)

BACK

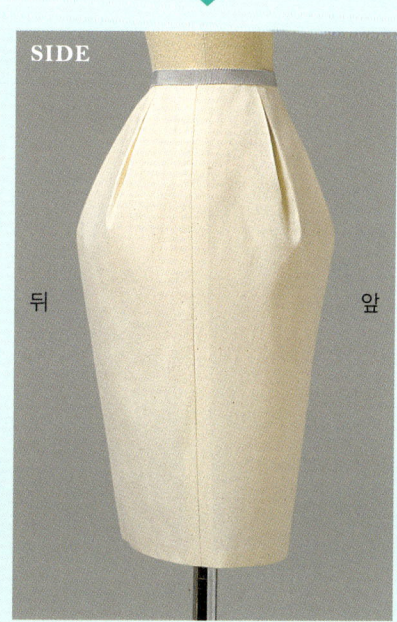

SIDE

뒤   앞

FRONT

앞뒤는 타이트 실루엣으로 보이지만
옆은 엉덩이 부근까지 넓어졌다가 오므라드는 커쿤 실루엣이다.

→ 필요한 밑단 둘레 치수···P.17, 기준점을 잡고 잘라서 벌린다···P.170

2 교시 트라페즈 스커트
— Trapeze skirt —

E 옆선에서 밑단 너비를 넓힌다(4cm)

밑단 너비를 옆 밑단에서 4cm 넓히고 엉덩이 곡선과 자연스럽게 연결해 옆선을 그린다.
여기서는 8cm 위치와 연결했다.
타이트 스커트 B와 비슷한 패턴.

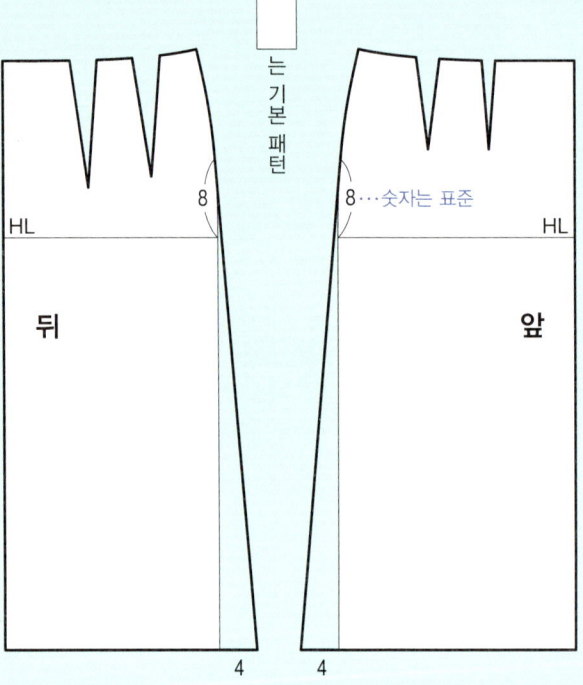

는 기본 패턴

앞뒤 각각 다트 분량
이 2개 합쳐서 3cm
이하인 경우는 조정
한다.

BACK

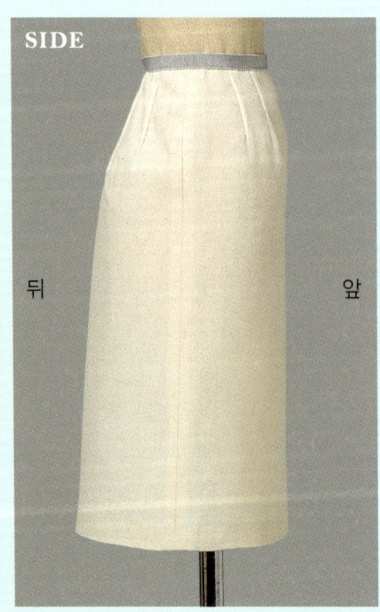

SIDE

뒤   앞

FRONT

엉덩이에서 밑단에 걸쳐 완만한 경사로 퍼진다.

 → 다트 분량이 적은 경우 조정법…P.154

밑단이 퍼진 사다리꼴 실루엣의 스커트.
밑단 너비를 조금만 넓힌 세미타이트부터 플레어 분량을 살짝 추가한 세미플레어 스커트까지 다양하다.
벌리는 분량을 많이 잡으면 플레어 스커트가 되지만 경계는 명확하지 않다.

F 옆선과 이음선에서 추가, 밑단을 벌려서 밑단 너비를 넓힌다

중심 쪽 다트 위치에서 세로로 이음선을 넣어 패턴을 나누고 각각 밑단 너비를 추가한다.
다시 옆쪽 파트의 다트 끝을 기준점으로 해서 고정 치수를 밑단에서 벌린다.
벌린 치수의 반을 옆 밑단에서 추가하고 엉덩이 곡선과 자연스럽게 연결해 옆선을 그린다.
여기서는 6cm 위치와 연결했다. 밑단을 벌린 반동으로 허리 다트 분량이 조금 줄어든다.

트라페즈
스커트

E
F

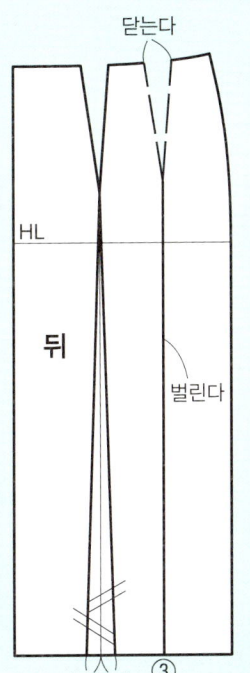

닫는다

는 기본 패턴

HL

뒤

벌린다

1.5 1.5 ③

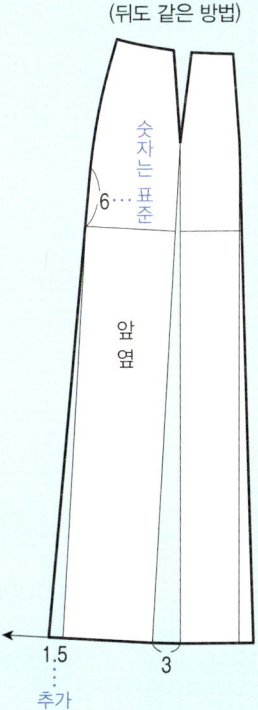

닫는다

HL

앞

벌린다

③ 1.5 1.5

절개 그림
(뒤도 같은 방법)

숫자는 표준

6

앞 옆

1.5
…
추가

3

! 앞뒤 각각 다트 분량이 0.6cm 미만인 경우는 옆에서 다트 분량을 자르거나, 여유분 줄임으로 처리한다.

! 옆 밑단의 추가 분량은 앞뒤를 연결했을 때 1곳에서 벌리는 분량과 같도록 그 분량의 반으로 하는 것이 기본이다.

BACK

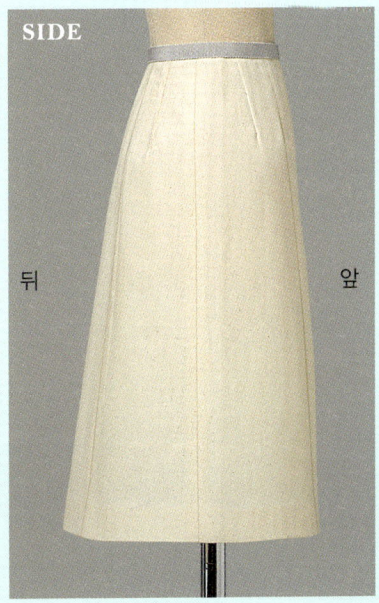

SIDE

뒤   앞

FRONT

이음선이 세로 라인을 강조하는 고어드 스커트.
고어드란 사다리꼴 천을 여러 개 이어 붙인 스커트를 말한다.

→ 닫는다 · 벌린다(다트 일부를 닫는다)…P.167

트라페즈 스커트
— Trapeze skirt —

G 밑단을 벌린다(각 3cm)

다트 끝을 기준점으로 밑단에서 고정 치수를 벌린다. 이 반동으로 각각의 허리 다트 분량이 조금 줄어든다.
벌린 치수(1곳)의 반을 옆 밑단에서 추가하고, 엉덩이 곡선과 자연스럽게 연결해 옆선을 그린다.
여기서는 6cm 위치와 연결했다.

절개 그림
(뒤도 같은 방법)

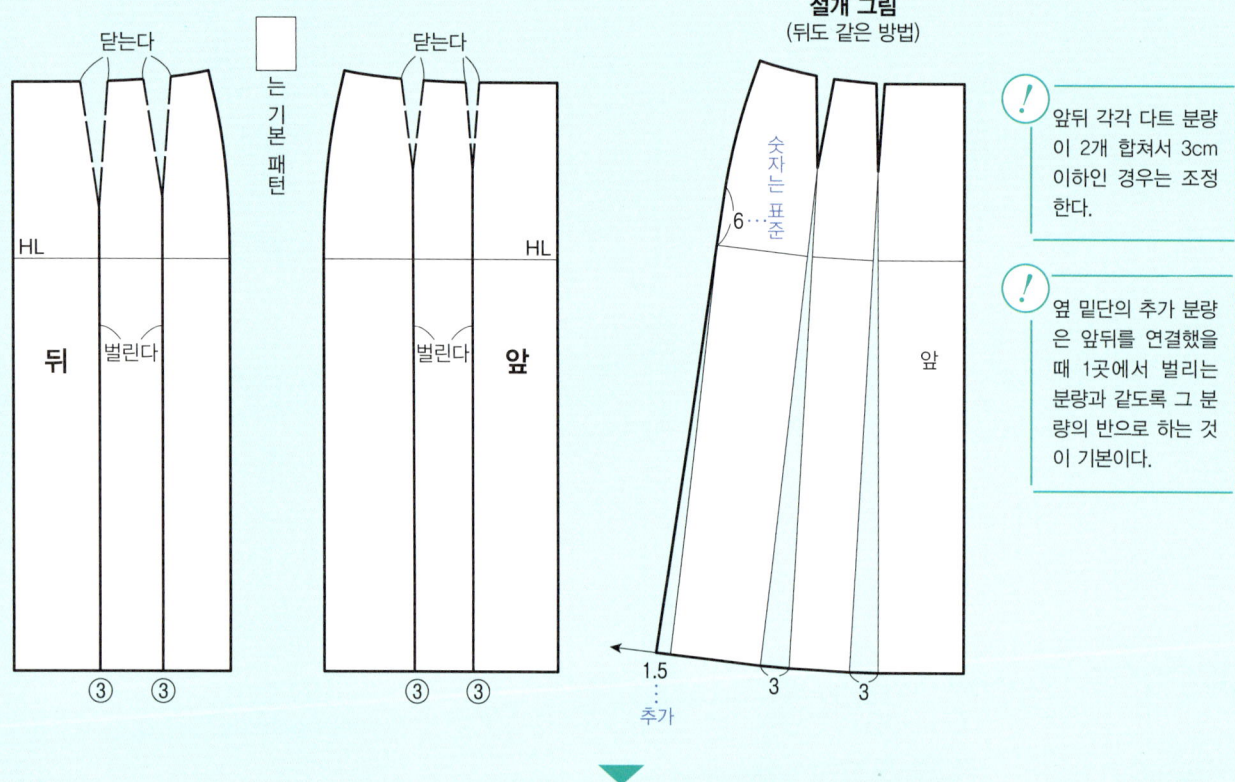

□ 는 기본 패턴

닫는다 / 닫는다
HL / HL
뒤 / 벌린다 / 벌린다 / 앞
③ ③ / ③ ③

숫자는 표준
6
앞
1.5 추가
3 3

! 앞뒤 각각 다트 분량이 2개 합쳐서 3cm 이하인 경우는 조정한다.

! 옆 밑단의 추가 분량은 앞뒤를 연결했을 때 1곳에서 벌리는 분량과 같도록 그 분량의 반으로 하는 것이 기본이다.

BACK

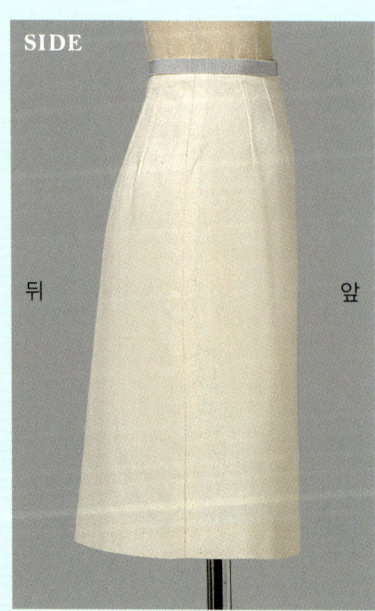

SIDE
뒤 / 앞

FRONT

밑단이 퍼지는 세미타이트 실루엣. 밑단 너비는 앞 페이지의 **F**와 같다.

 → 다트 분량이 적은 경우 조정법…P.154, 닫는다·벌린다(다트 일부를 닫는다)…P.167

H 밑단을 벌린다(각 6cm)

G와 같지만 밑단에서 벌리는 치수를 2배로 늘렸다.
벌리는 분량이 많아져 다트 분량이 더 줄기 때문에, 남은 2개 다트의 합계가
3cm 이하인 경우는 허리 다트를 1개로 한다.

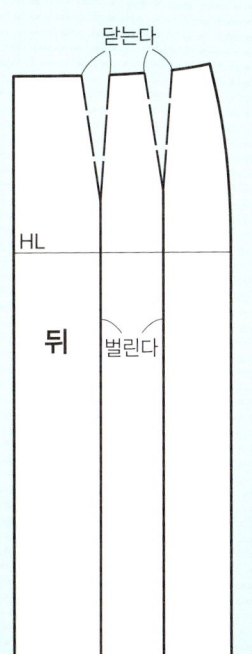

는 기본 패턴

뒤
닫는다
HL
벌린다
⑥ ⑥

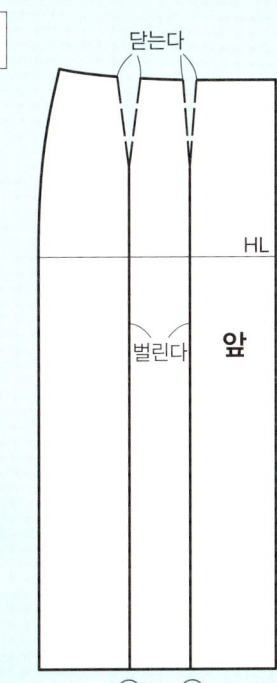

앞
닫는다
HL
벌린다
⑥ ⑥

절개 그림
(뒤도 같은 방법)

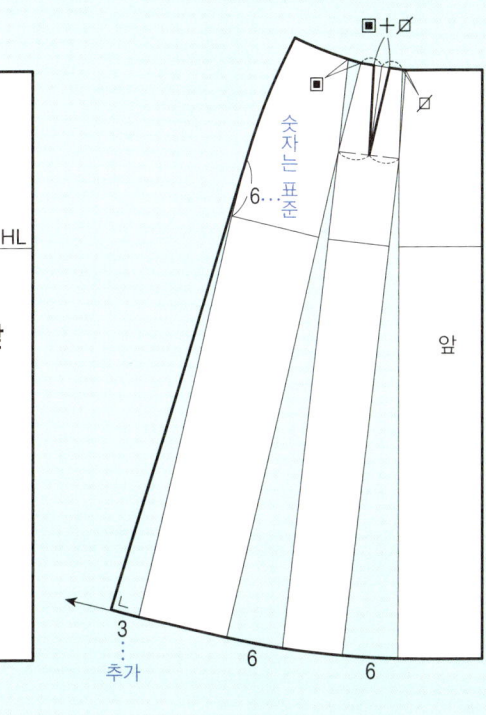

■+⌀
숫자는 표준
6···
앞
3
추가
6
6

! 앞뒤 각각 다트 분량
이 1.2cm 미만인 경
우는 조정한다.

! 옆 밑단의 추가 분량
은 앞뒤를 연결했을
때 1곳에서 벌리는
분량과 같도록 그 분
량의 반으로 하는 것
이 기본이다.

BACK

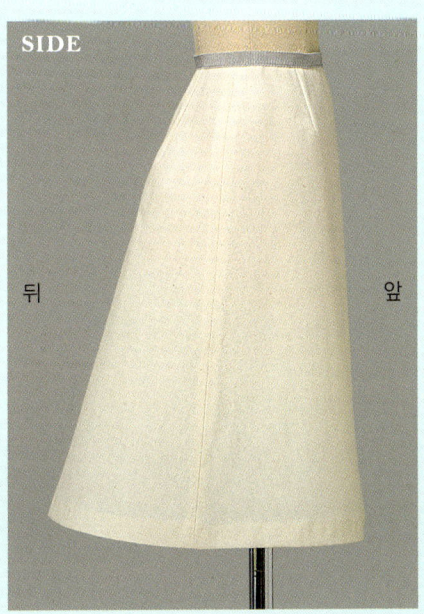

SIDE
뒤 앞

FRONT

벌리는 분량이 G보다 많아 밑단이 더 퍼진다.

→ 다트 분량이 적은 경우 조정법···P.154, 닫는다 · 벌린다(다트 일부를 닫는다)···P.167 25

3 교시 플레어 스커트
— Flared skirt —

I 다트를 닫아 밑단을 벌린다

다트를 전부 닫아 밑단을 벌린다.
벌린 플레어 분량(2곳의 합계)의 $\frac{1}{4}$ 을 옆 밑단에서 추가하고,
엉덩이의 곡선과 자연스럽게 연결해 옆선을 그린다.
여기서는 10cm 위치와 연결했다. 밑단 너비를 더 늘리고 싶은 경우는 **J** 를 참조.

> ! 옆 밑단의 추가 분량은 앞뒤를 연결했을 때 1곳에서 벌리는 분량과 같도록 그 분량의 반으로 하는 것이 기본이다. 여기서는 벌리는 분량이 고정 치수가 아니라서 2곳 평균치의 반을 추가한다.

절개 그림
(뒤도 같은 방법)

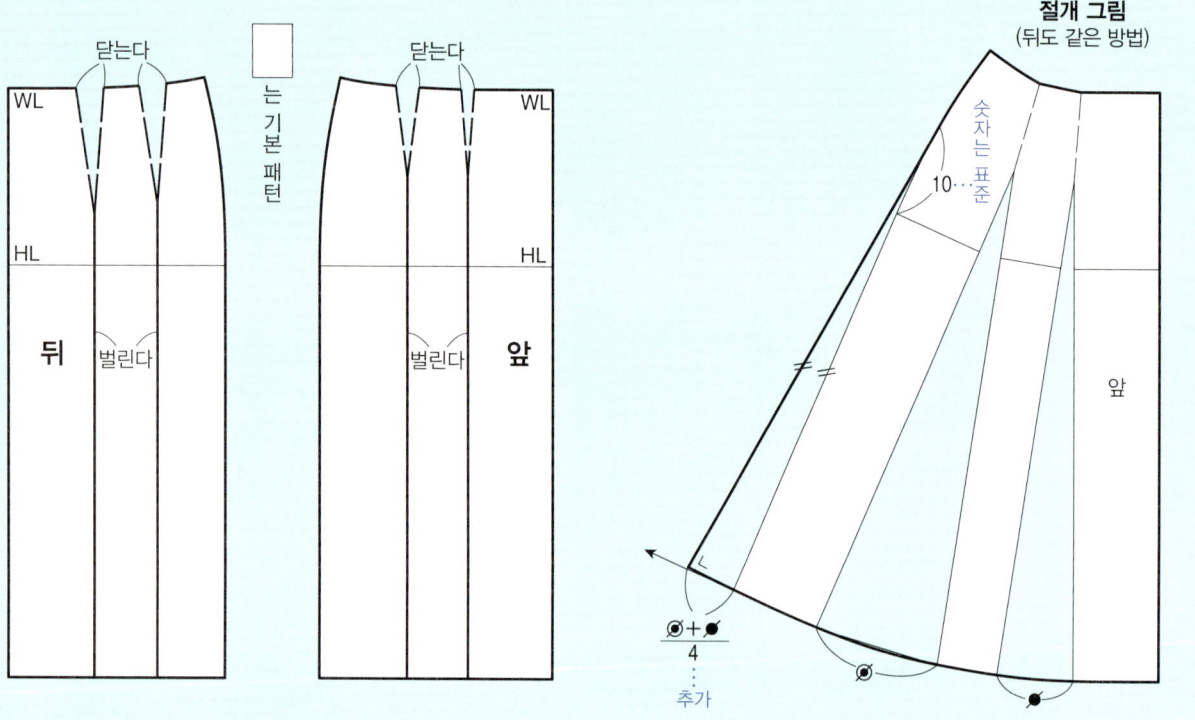

BACK

SIDE

뒤   앞

FRONT

다트 분량에 따라 다르지만 플레어 분량이 적고 허리선이 수평인 중심 부근에는 플레어가 들어가지 않는다.
앞보다 뒤 다트 분량이 많은 것에 비례해 뒤의 플레어 분량이 많아진다. 다트를 완전히 닫기 때문에 허리에서 중간 엉덩이까지는 몸에 꼭 맞는다.

 → 플레어의 기준점 위치…P.98, 플레어 분량을 잘라서 벌린 후의 수정…P.101, 천 차이에 따른 비교…P.105, 닫는다·벌린다(다트를 모두 닫는다)…P.168

허리부터 밑단 쪽으로 아름다운 플레어가 물결치듯 퍼지는 스커트. 플레어는 밑단선이 나팔꽃 모양으로 벌어지는 것을 말한다.
밑단에 플레어 분량을 넣으면 엉덩이의 여유가 늘어나고 WL의 곡선은 급해져 착용하면 WL과 밑단이 수평이 되면서 플레어가 생긴다.
천 선택이나 플레어를 넣는 방법과 분량에 따라 다양한 실루엣을 만들 수 있다.
🅘~🅛은 기본 패턴에 처리를 하고, 🅜~🅟는 원을 이용해 패턴을 만드는 방법을 소개한다.

🅙 다트를 닫아 벌어지는 분량 이상으로 밑단을 벌린다(반원)

다트를 전부 닫고 WL의 닫은 위치를 기준점으로 다시 벌린다.
벌리는 치수는 반원(🅝)에 가깝게 설정한다.
벌린 플레어 분량(1곳)의 반을 옆 밑단에서 추가하고,
엉덩이 곡선과 자연스럽게 연결해 옆선을 그린다. 여기서는 12cm 위치와 연결했다.

! 옆 밑단의 추가 분량은 앞뒤를 연결했을 때 1곳에서 벌리는 분량과 같도록 그 분량의 반으로 하는 것이 기본이다.

플레어 스커트

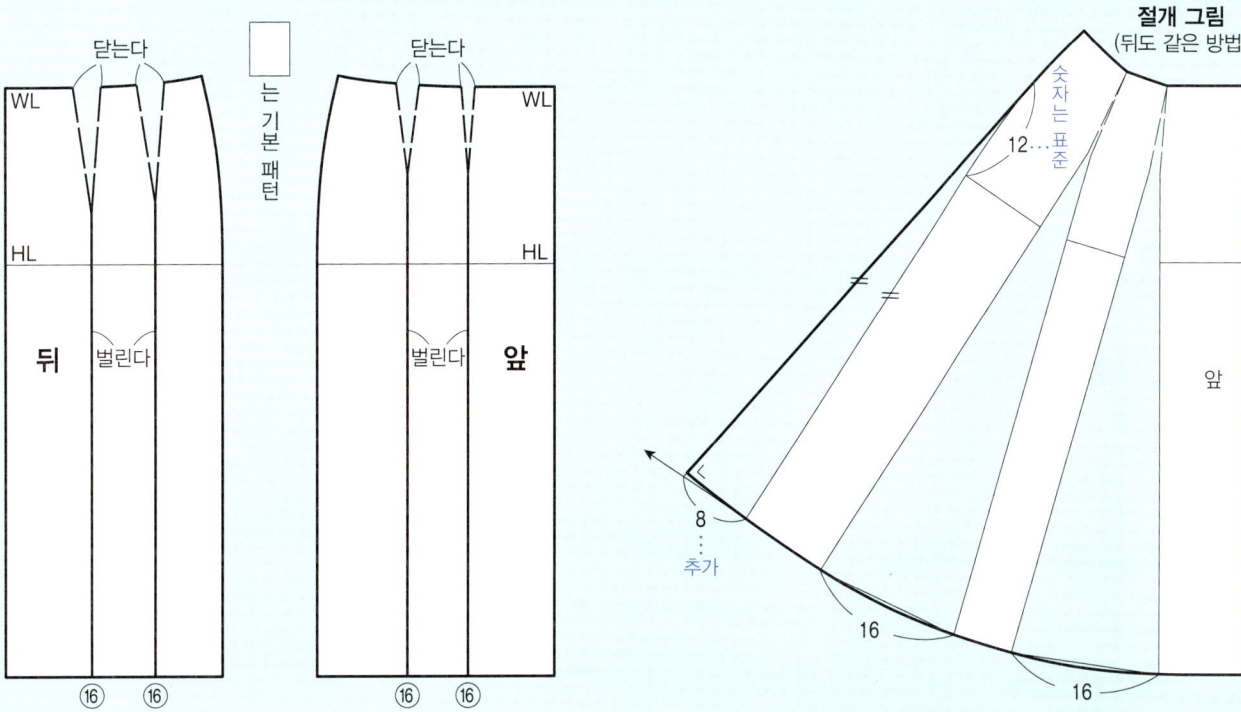

BACK

SIDE

뒤   앞

FRONT

허리 조금 아래부터 플레어 라인이 생기고, 허리선이 수평인 중심 부근에는 플레어가 들어가지 않는다.
🅘보다 플레어 수는 늘어나지만 밑단의 웨이브는 작다.

플레어의 기준점 위치…P.98, 플레어 분량을 잘라서 벌린 후의 수정…P.101, 천 차이에 따른 비교…P.105, 닫는다·벌린다(닫아서 벌어지는 분량 이상으로 벌린다)…P.169

플레어 스커트
―Flared skirt―

K 다트를 닫아 벌어지는 분량 이상으로 밑단을 벌린다 ($\frac{3}{4}$원)

방법은 **J**와 같고, 벌리는 분량을 많이 했다.
벌리는 치수는 $\frac{3}{4}$원(**O**)에 가깝게 설정한다.
벌린 플레어 분량(1곳)의 반을 옆에서 추가하고, WL과 직선으로 연결한다.
플레어 분량은 **J**의 약 1.6배.

> ! 옆 밑단의 추가 분량은 앞뒤를 연결했을 때 1곳에서 벌리는 분량과 같도록 그 분량의 반으로 하는 것이 기본이다.

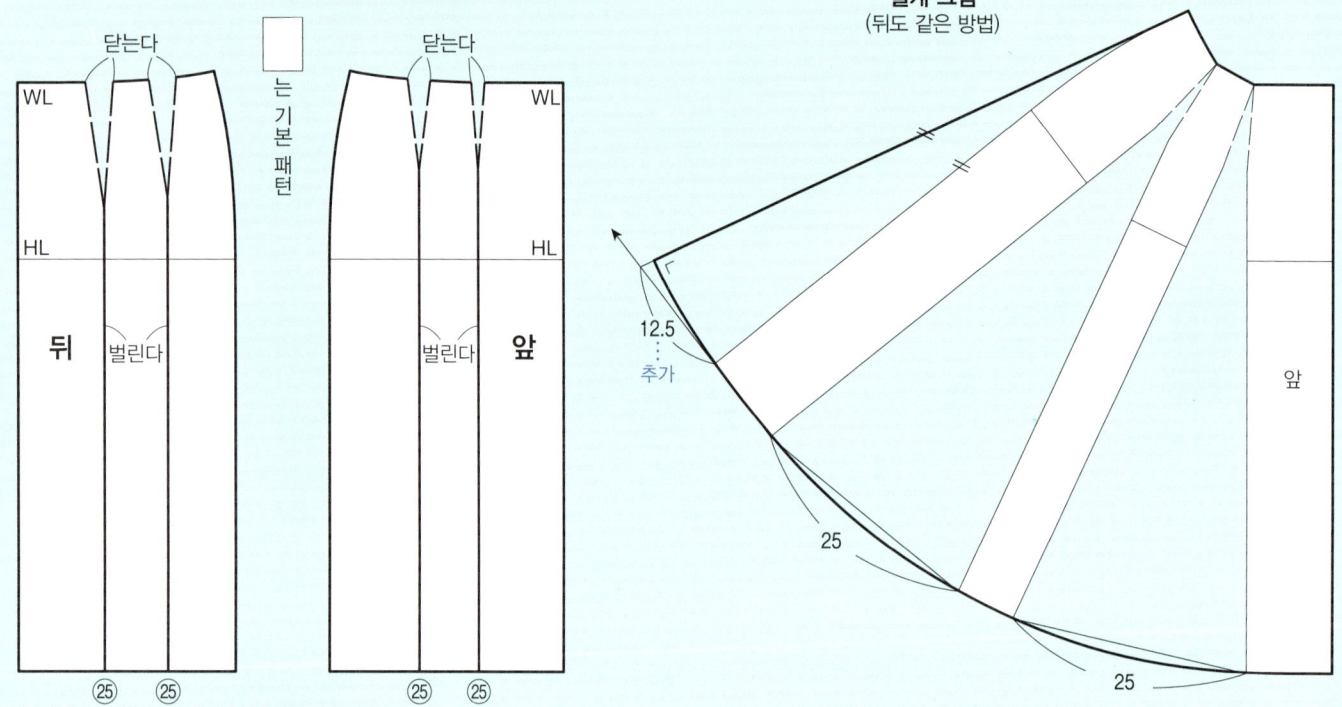

절개 그림
(뒤도 같은 방법)

BACK

SIDE
뒤   앞

FRONT

허리부터 플레어 라인이 생기고 **J**보다 밑단의 웨이브가 커져 물결이 겹친다.
엉덩이 주위는 여유가 많고 와이드한 느낌이 난다. 옆선은 직선이지만 천 무게로 인해 둥글림이 있는 곡선으로.

→ 플레어의 기준점 위치…P.98, 플레어 분량을 잘라서 벌린 후의 수정…P.101, 천 차이에 따른 비교…P.105, 닫는다 · 벌린다(닫아서 벌어지는 분량 이상으로 벌린다)…P.169

다트를 닫아 벌어지는 분량 이상으로 밑단을 벌린다(원)

방법은 **J**. **K**와 같고, 벌리는 분량을 **K**보다 더 많이 했다.
벌리는 치수는 원(**P**)에 가깝게 설정한다.
벌린 플레어 분량(1곳)의 반을 옆 밑단에서 추가하고, WL과 직선으로 연결한다.
플레어 분량은 **J**의 약 2.2배.

 옆 밑단의 추가 분량은 앞뒤를 연결했을 때 1곳에서 벌리는 분량과 같도록 그 분량의 반으로 하는 것이 기본이다.

절개 그림
(뒤도 같은 방법)

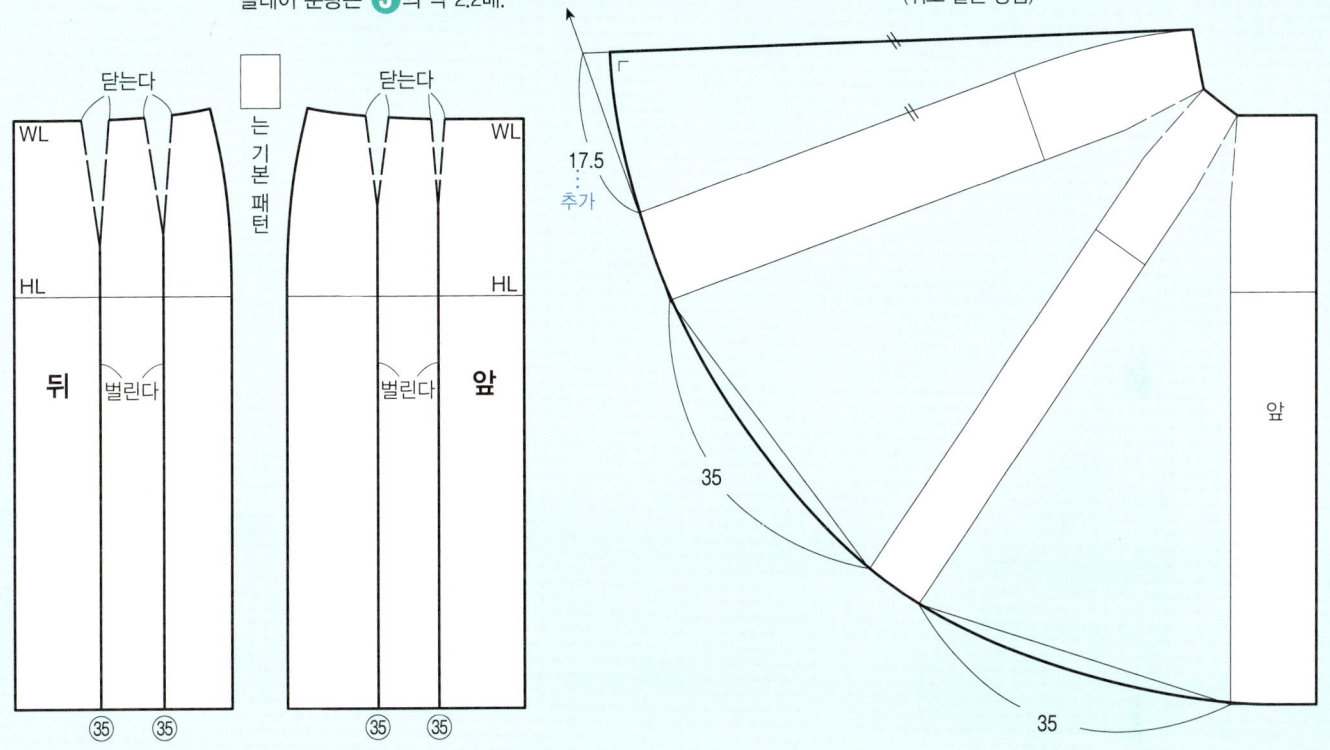

닫는다 / 닫는다 / WL / WL / 는 기본 패턴 / HL / HL / 뒤 / 앞 / 벌린다 / 벌린다 / ㉟ ㉟ ㉟ ㉟

17.5 추가 / 35 / 35 / 앞

BACK

SIDE

뒤 / 앞

FRONT

허리부터 또렷하게 플레어 라인이 생기고 밑단의 웨이브가 **K**보다 더 깊어져 접은 것처럼 보인다.
엉덩이 주위는 여유가 많고 볼륨이 크다. 옆선은 직선이지만 천 무게로 인해 둥글림이 있는 곡선으로.

3 플레어 스커트
— Flared skirt —

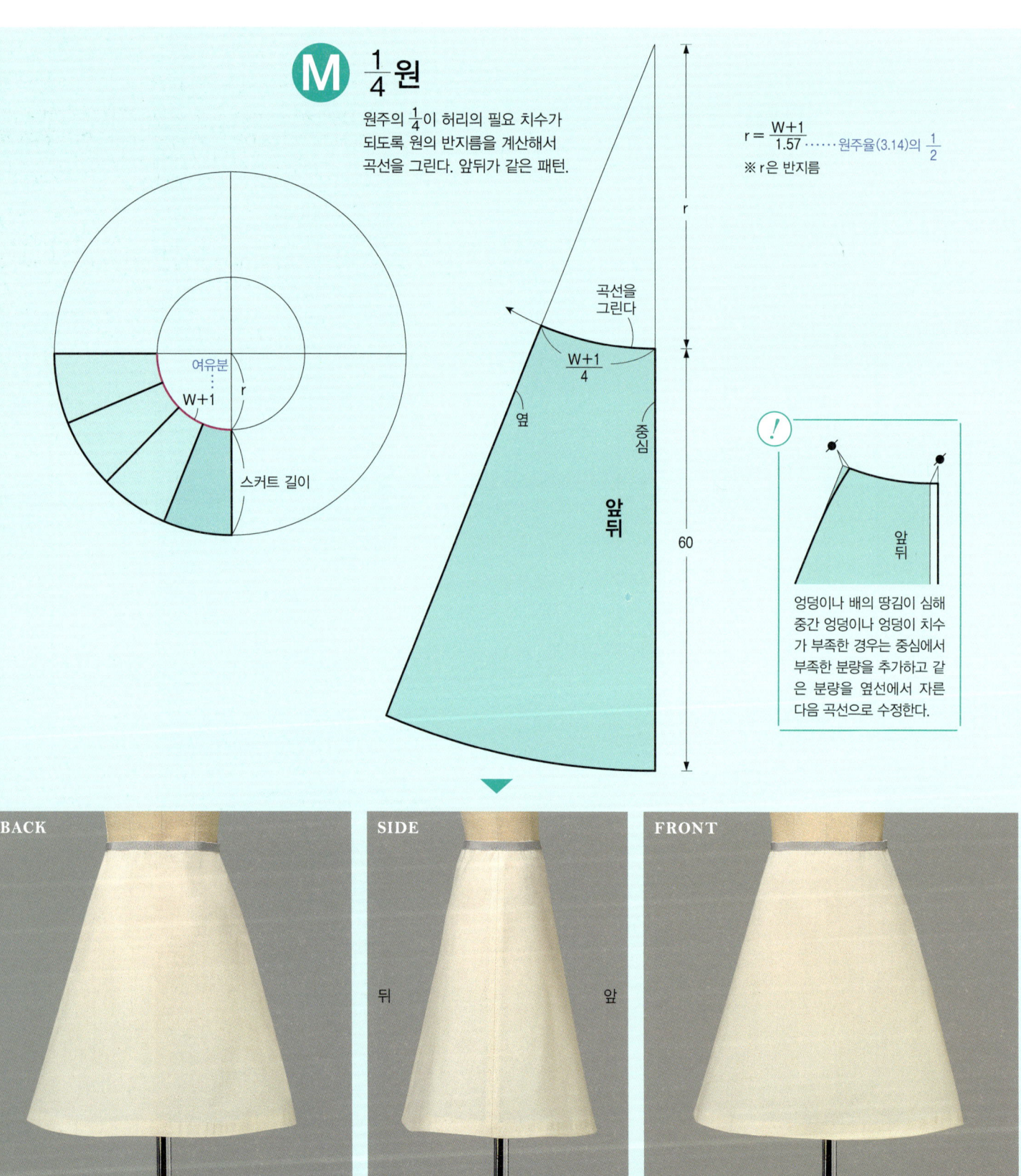

M $\frac{1}{4}$ 원

원주의 $\frac{1}{4}$이 허리의 필요 치수가
되도록 원의 반지름을 계산해서
곡선을 그린다. 앞뒤가 같은 패턴.

$$r = \frac{W+1}{1.57} \quad \cdots\cdots \text{원주율(3.14)의 } \frac{1}{2}$$
※ r은 반지름

여유분
W+1
r
스커트 길이

r

곡선을
그린다

$\frac{W+1}{4}$

옆

중심

앞뒤

60

(!) 앞뒤

엉덩이나 배의 땅김이 심해
중간 엉덩이나 엉덩이 치수
가 부족한 경우는 중심에서
부족한 분량을 추가하고 같
은 분량을 옆선에서 자른 다
음 곡선으로 수정한다.

BACK

SIDE 뒤 앞

FRONT

원을 이용하는 것 중에 플레어 분량이 최소. 옆은 직선으로 사다리꼴에 가까운 샤프한 실루엣이다.

 반원

원주의 반이 허리의 필요 치수가 되도록
원의 반지름을 계산해서 곡선을 그린다.
앞뒤가 같은 패턴.

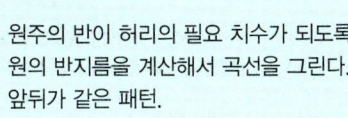

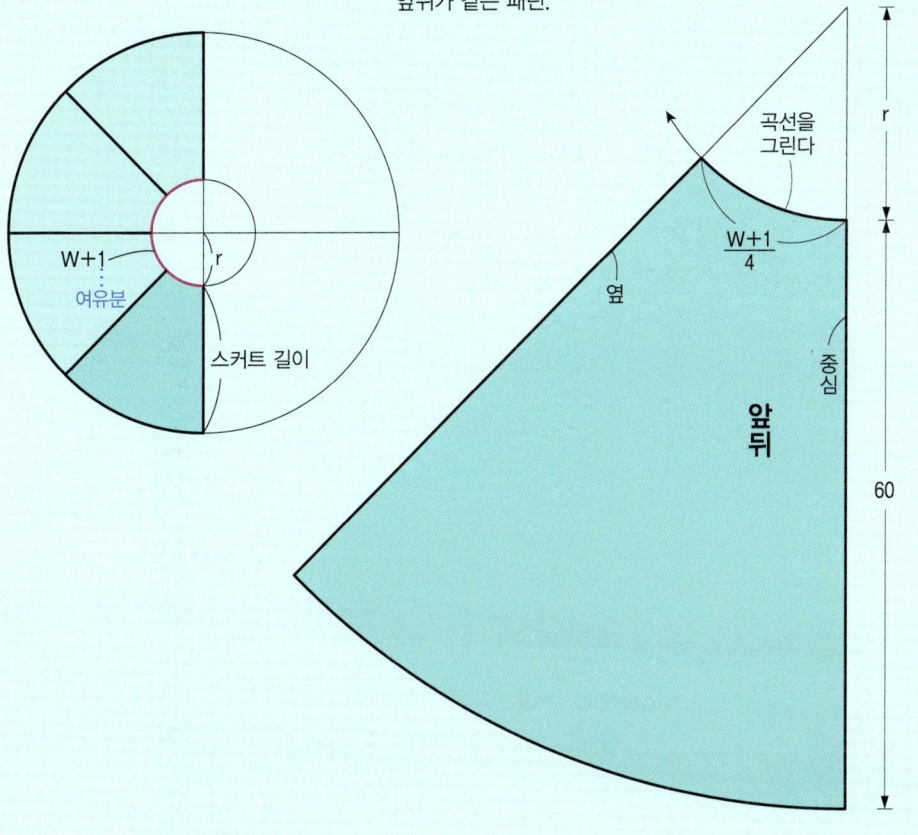

곡선을
그린다

$\dfrac{W+1}{4}$

옆

r

중심

앞뒤

60

W+1
···
여유분

r

스커트 길이

$r = \dfrac{W+1}{3.14}$ ······ 원주율

※ r은 반지름

BACK

SIDE

뒤   앞

FRONT

허리부터 플레어 라인이 생긴다.
실루엣은 **J**와 거의 같지만 허리가 곡선이라 플레어가 고르게 배치된다. 옆은 직선.

→ **천 차이에 따른 비교**···P.105, **제도 방법**···P.158

3 플레어 스커트
─Flared skirt─

O 3/4 원

원주의 $\frac{3}{4}$이 허리의 필요 치수가 되도록
원의 반지름을 계산해서 곡선을 그린다.
앞뒤가 같은 패턴.

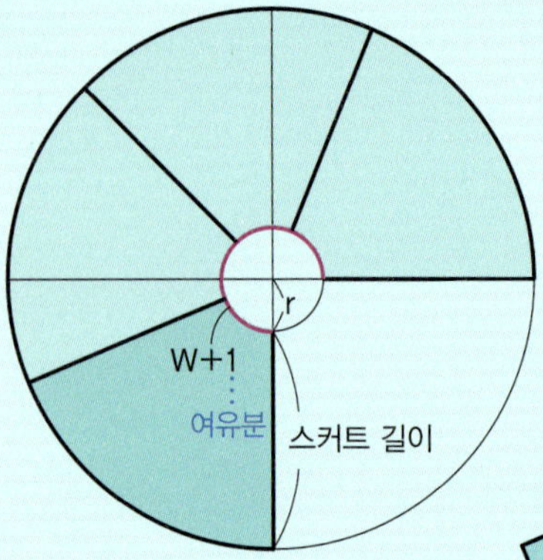

W+1
여유분   스커트 길이

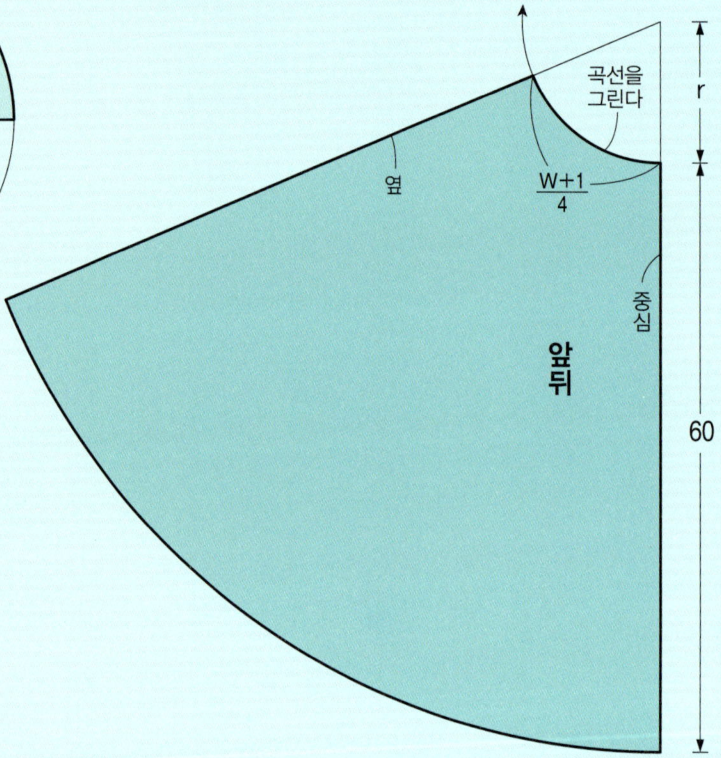

곡선을
그린다
옆
$\frac{W+1}{4}$
중심
앞뒤
r
r
60

$r = \frac{W+1}{4.71}$ ……원주율(3.14)의
※r은 반지름   1.5배

BACK

SIDE
뒤   앞

FRONT

허리부터 플레어 라인이 생기고 볼륨이 크다.
실루엣은 **K**와 거의 같지만 허리가 곡선이라 플레어가 고르게 배치된다.

P 원

원주 전체가 허리의 필요 치수가 되도록 원의 반지름을 계산해서
곡선을 그린다. 앞뒤가 같은 패턴.

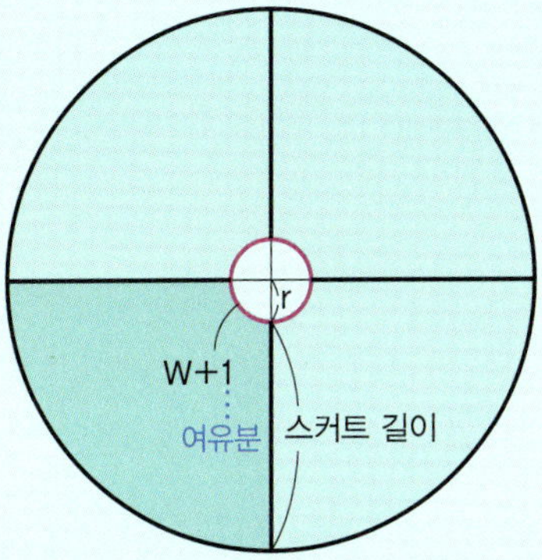

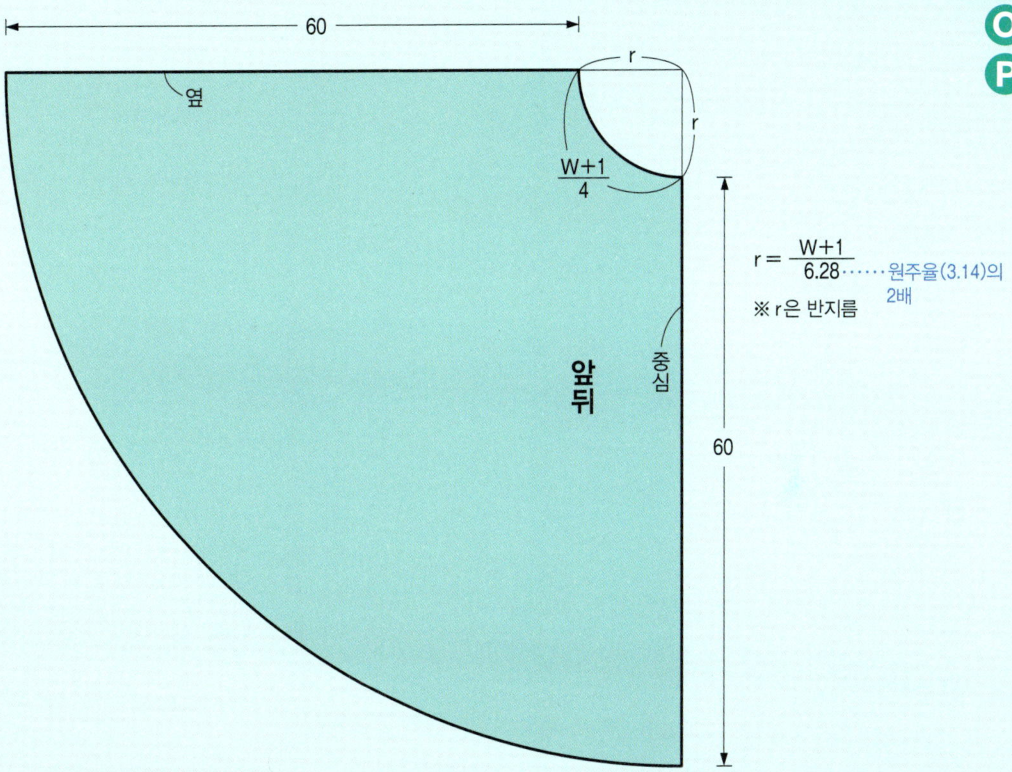

60

옆

r

r

$$\frac{W+1}{4}$$

앞뒤 중심

$$r = \frac{W+1}{6.28}$$ ······원주율(3.14)의 2배

※ r은 반지름

60

W+1

r

여유분 스커트 길이

BACK

SIDE

뒤   앞

FRONT

허리부터 또렷하게 플레어 라인이 생기고 볼륨이 크다.
실루엣은 L과 거의 같지만 허리가 곡선이라 플레어가 고르게 배치된다.

→ 천 차이에 따른 비교···P.105

4 교시 개더 스커트
— Gather skirt —

Q 중심에 개더 분량(0.5배)을 추가

기본 패턴의 앞 스커트만 사용하는 앞뒤가 같은 패턴이다.
허리의 필요 치수를 토대로 개더 분량을 계산하고 중심 쪽에서 추가한다.
밑단 너비를 옆 밑단에서 2cm 넓히고 엉덩이 곡선과 자연스럽게 연결해 옆선을 그린다.
여기서는 6cm 위치와 연결했다.

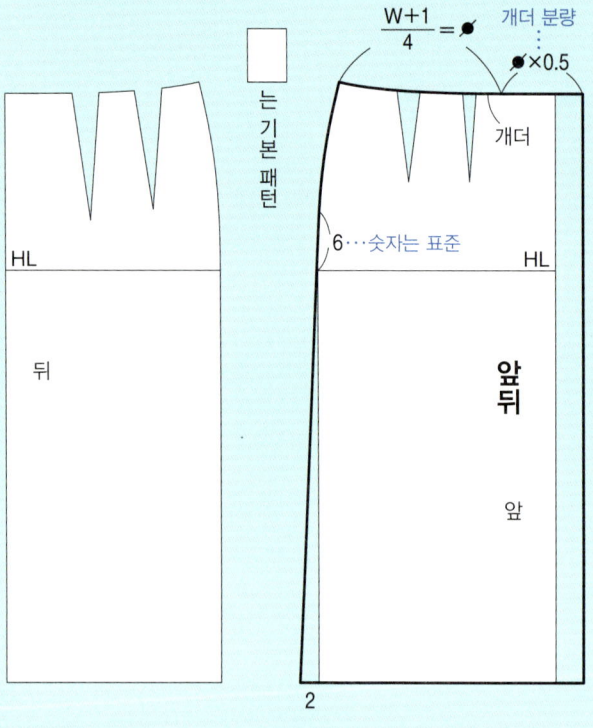

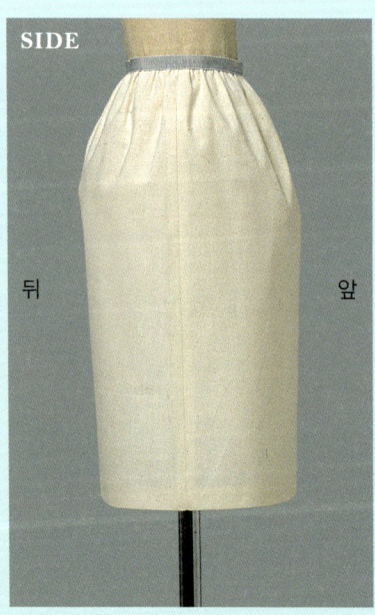

개더 분량은 적다. 허리 필요 치수의 반을 개더 분량으로 추가한 상태.
엉덩이 주위에 여유가 있는 타이트 실루엣.

 → 옆선의 형태…P.99, 천 차이에 따른 비교…P.104

개더를 잡은 스커트. 개더는 천을 꿰매서 줄여 만든 주름을 말한다. 개더 분량이 같아도 천의 두께나 장력이 다르면 볼륨과 실루엣이 바뀐다.
개더 분량은 두꺼운 천은 0.7~1배, 얇은 천은 1~2배 정도가 표준이지만 취향대로 조절이 가능하다. 패턴 만드는 법은 3종류.
Q~**T**는 기본 패턴에 개더 분량을 추가한다. **U**~**X**는 직사각형을 이용해 패턴을 만들지 않고 재단할 수 있을 정도로 간단하며
실루엣은 **Q**~**T**와 거의 같다. **Y**, **Z**는 기본 패턴을 잘라서 벌리고 개더 분량을 넣는다.

R 중심에 개더 분량(1배)을 추가

개더
스커트
Q
R

기본 패턴의 앞 스커트만 사용하는 앞뒤가 같은 패턴이다.
허리의 필요 치수를 토대로 개더 분량을 계산하고 중심 쪽에서 추가한다.
밑단 너비를 옆 밑단에서 2cm 넓히고 엉덩이 곡선과 자연스럽게 연결해 옆선을 그린다.
여기서는 6cm 위치와 연결했다.

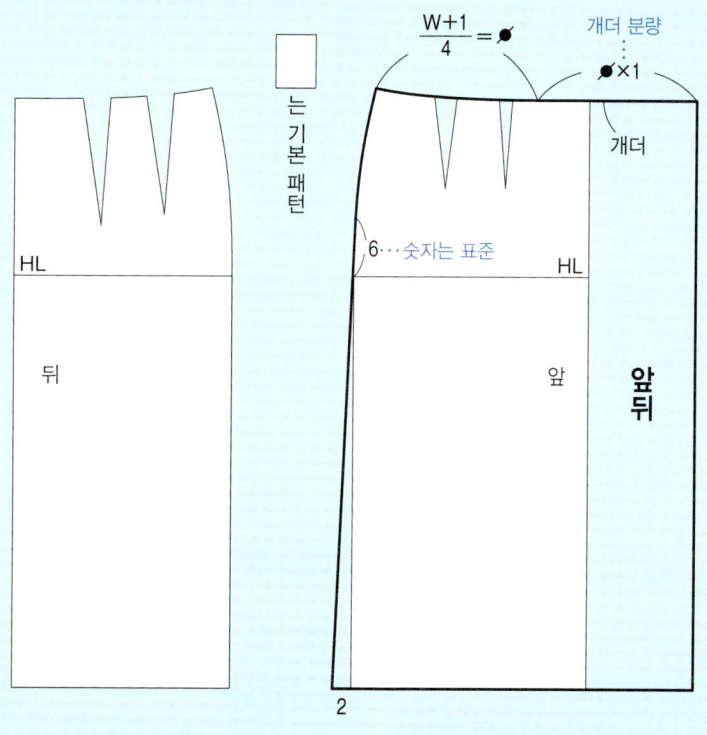

개더 분량은 표준적이다. 허리 필요 치수와 같은 치수로 개더 분량을 넣은 상태.
볼륨은 중간 정도이고, 밑단이 퍼진다. **Q**에 비해 개더 스커트답고 둥글림이 있는 실루엣.

→ 옆선의 형태…P.99, 천 차이에 따른 비교…P.104

4 개더 스커트
── Gather skirt ──

S 중심에 개더 분량(1.5배)을 추가

기본 패턴의 앞 스커트를 사용하는 앞뒤가 같은 패턴이다.
허리의 필요 치수를 토대로 개더 분량을 계산하고 중심 쪽에서 추가한다.
밑단 너비를 옆 밑단에서 2cm 넓히고 엉덩이 곡선과 자연스럽게 연결해 옆선을 그린다.
여기서는 6cm 위치와 연결했다.

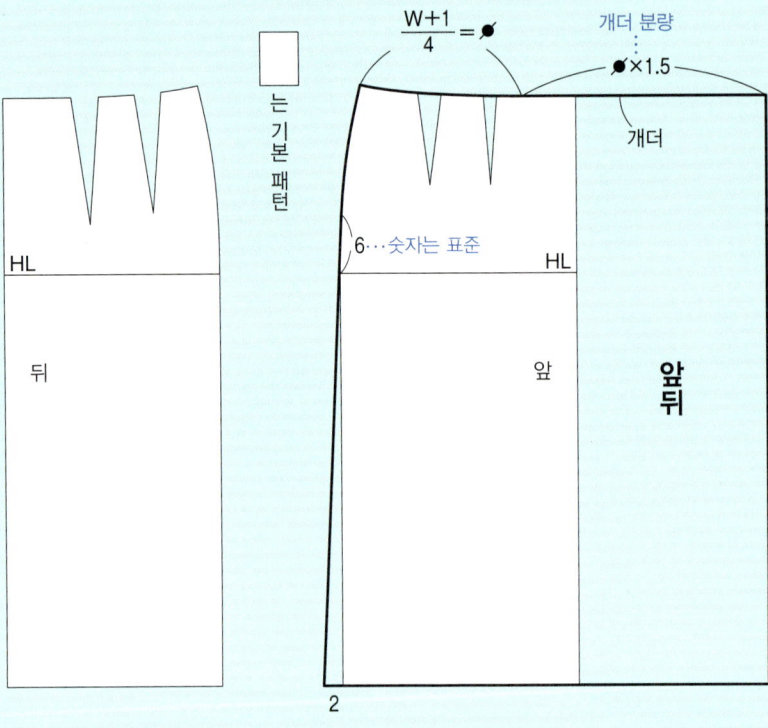

는 기본 패턴

$$\frac{W+1}{4} = \bullet$$

개더 분량
$\bullet \times 1.5$

개더

6…숫자는 표준

HL

뒤

앞

앞뒤

2

BACK

SIDE

뒤   앞

FRONT

개더 분량은 조금 많다.
허리 필요 치수의 1.5배로 개더 분량을 넣은 상태. 볼륨은 크고 밑단이 Ⓡ에 비해 꽤 퍼지는 느낌이다.

중심에 개더 분량(2배)을 추가

기본 패턴의 앞 스커트를 사용하는 앞뒤가 같은 패턴이다.
허리의 필요 치수를 토대로 개더 분량을 계산하고 중심 쪽에서 추가한다.
밑단 너비를 옆 밑단에서 2cm 넓히고 엉덩이 곡선과 자연스럽게 연결해 옆선을 그린다.
여기서는 6cm 위치와 연결했다.

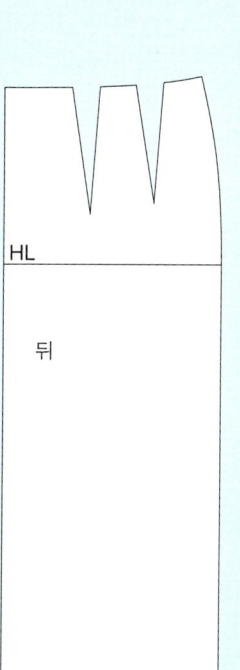

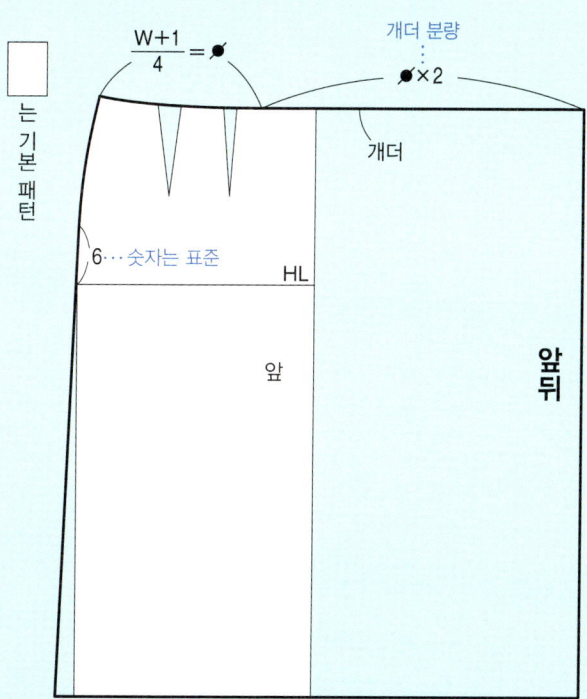

개더 분량이 꽤 많다.
허리 필요 치수의 2배로 개더 분량을 넣은 상태. 볼륨, 밑단 너비 모두 커진다.

→ 옆선의 형태…P.99, 천 차이에 따른 비교…P.104

4교시 개더 스커트
—Gather skirt—

U 직사각형(개더 분량 0.5배)

허리의 필요 치수를 토대로 개더 분량을 계산해서 직사각형을 그린다. 앞뒤가 같은 패턴.
밑단 너비나 길이에 따라서 벤트나 슬릿을 만들어 보행을 위한 기능성을 보완한다.

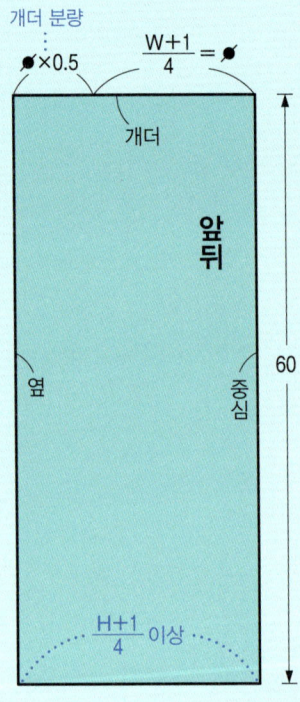

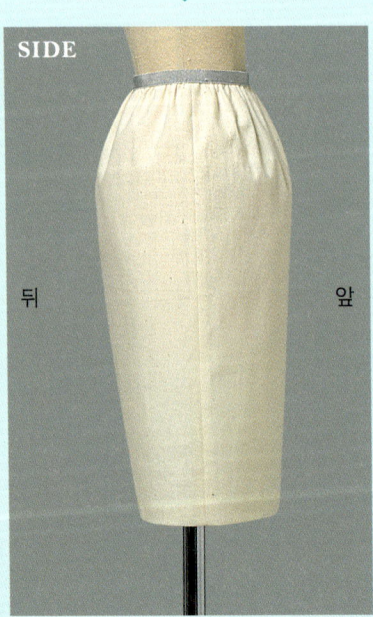

Q와 비슷한 타이트 실루엣.
밑단 너비가 조금 좁고 옆에서 보면 밑단이 오므라든다.

직사각형(개더 분량 1배)

허리의 필요 치수에 같은 분량의 개더 분량을 추가해서
직사각형을 그린다. 앞뒤가 같은 패턴.

개더
스커트

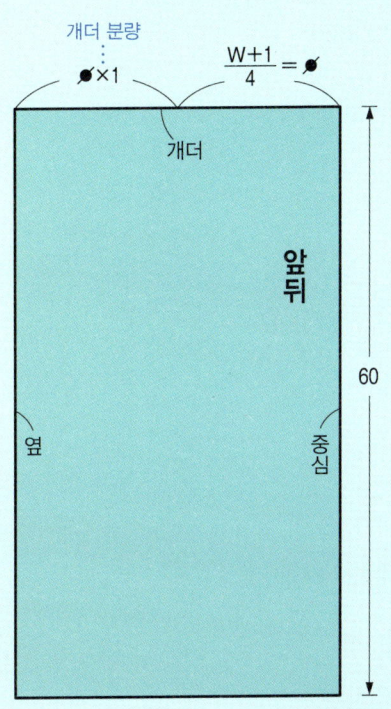

개더 분량

$\circ×1$ $\dfrac{W+1}{4} = \circ$

개더

앞
뒤

옆   중심

60

BACK

SIDE

뒤   앞

FRONT

볼륨은 중간 정도로 밑단이 퍼진다.
Ⓡ에 비하면 밑단 너비가 약간 좁지만 실루엣은 비슷하다.

→ 천 차이에 따른 비교…P.104
39

4 개더 스커트
— Gather skirt —

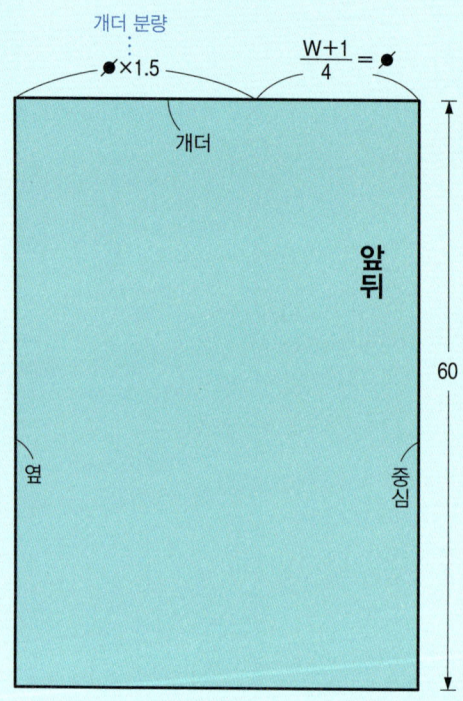

W 직사각형(개더 분량 1.5배)

허리의 필요 치수를 토대로 개더 분량을 계산해서 직사각형을 그린다.
앞뒤가 같은 패턴.

개더 분량

$ \bullet \times 1.5 $

$ \dfrac{W+1}{4} = \bullet $

개더

앞뒤

옆

중심

60

BACK

SIDE

뒤   앞

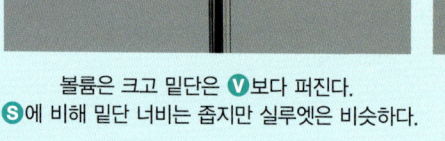

FRONT

볼륨은 크고 밑단은 **V**보다 퍼진다.
S에 비해 밑단 너비는 좁지만 실루엣은 비슷하다.

직사각형(개더 분량 2배)

허리의 필요 치수를 토대로 개더 분량을 계산해서 직사각형을 그린다.
앞뒤가 같은 패턴.

개더
스커트

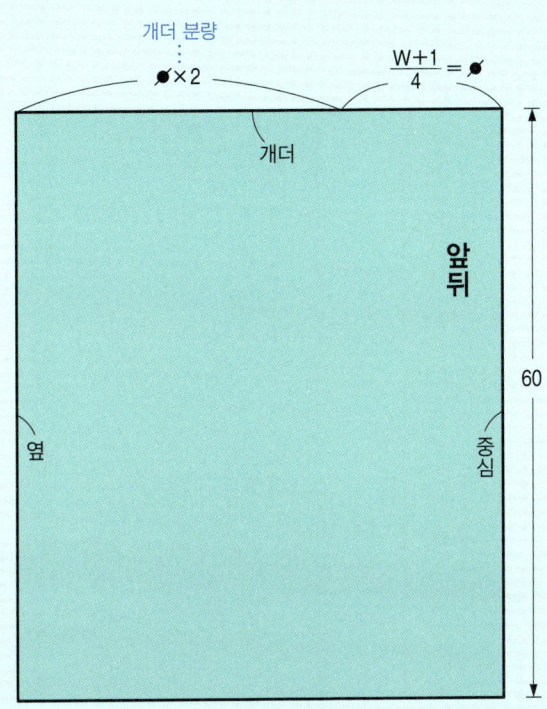

개더 분량

$●×2$

$\dfrac{W+1}{4} = ●$

개더

앞뒤

60

옆

중심

BACK

SIDE

뒤   앞

FRONT

볼륨은 크고 밑단은 W 보다 퍼진다.
T 에 비해 밑단 너비는 좁지만 실루엣은 비슷하다.

→ 천 차이에 따른 비교…P.104

4 개더 스커트
— Gather skirt —

Y 잘라서 벌리고 개더 분량을 추가(허리＜밑단)

다트 끝에서 밑단까지 수직으로 절개선을 넣어 잘라서 벌리고 개더 분량을 넣는다.
밑단 절개 분량(1곳)의 반을 옆 밑단에서 추가하고, 엉덩이 곡선과 자연스럽게 연결해(예는 13cm) 옆선을 그린다.
여기서는 허리의 필요 치수와 같은 분량을 허리에, 그 2.5배를 밑단에 추가한다.

! 옆 밑단의 추가 분량은 앞뒤를 연결했을 때 1곳에서 벌리는 분량과 같도록 그 분량의 반으로 하는 것이 기본이다.

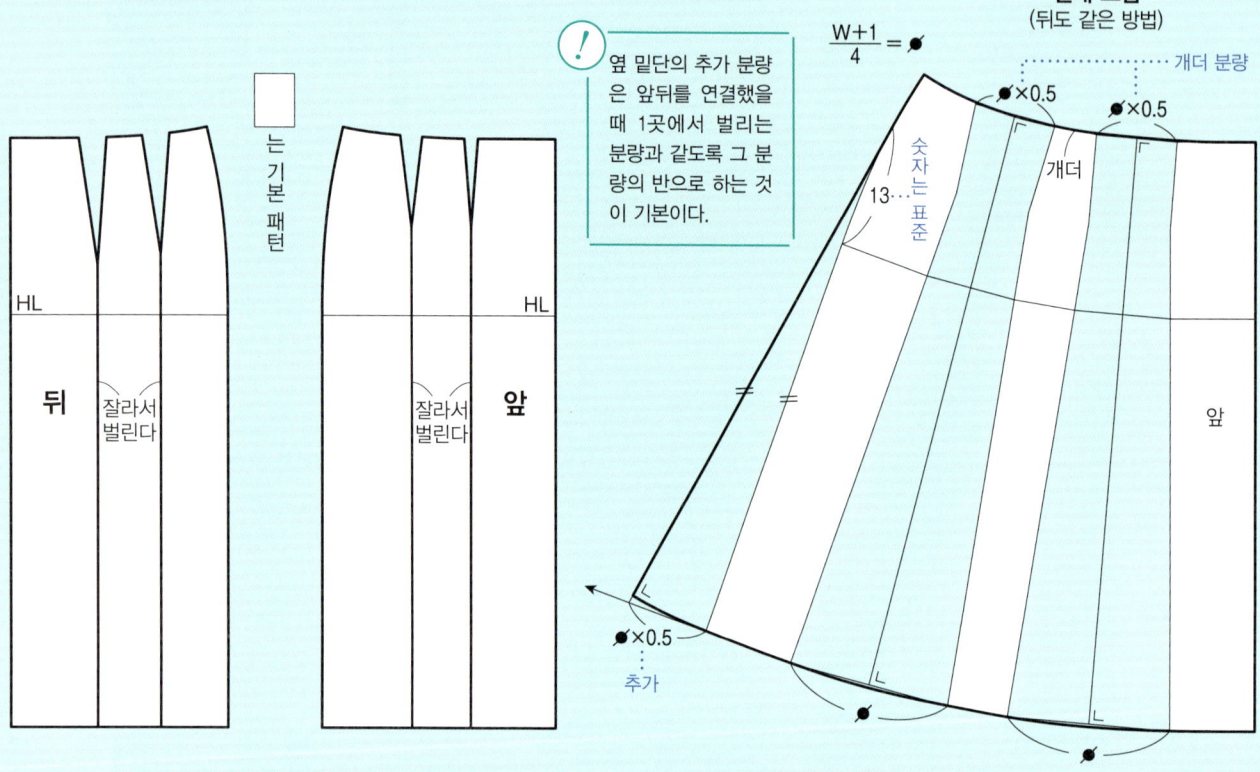

BACK

SIDE   뒤   앞

FRONT

허리의 개더 분량은 **R**과 같지만 둥글림이 줄고 플레어 실루엣이 직선적이다.
밑단에 볼륨감이 있고 큰 웨이브가 나타난다.

 → 천 차이에 따른 비교…P.104, 위아래에서 다른 치수를 잘라서 벌린다…P.172

잘라서 벌리고 개더 분량을 추가(허리 > 밑단)

다트 끝에서 밑단까지 수직으로 절개선을 넣어 잘라서 벌리고 개더 분량을 넣는다.
여기서는 허리 필요 치수의 2배를 허리에, 그 반을 밑단에 추가한다.

개더
스커트

Y
Z

$$\frac{W+1}{4} = ●$$

절개 그림
(뒤도 같은 방법)

개더 분량

개더

는 기본 패턴

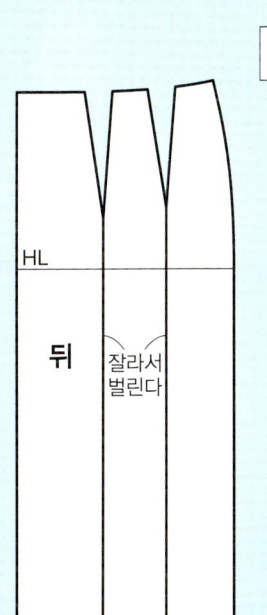

뒤

잘라서
벌린다

HL

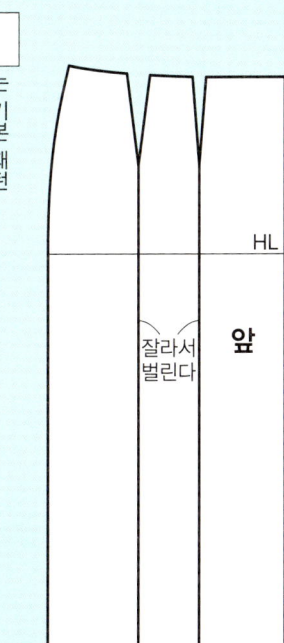

잘라서
벌린다

앞

HL

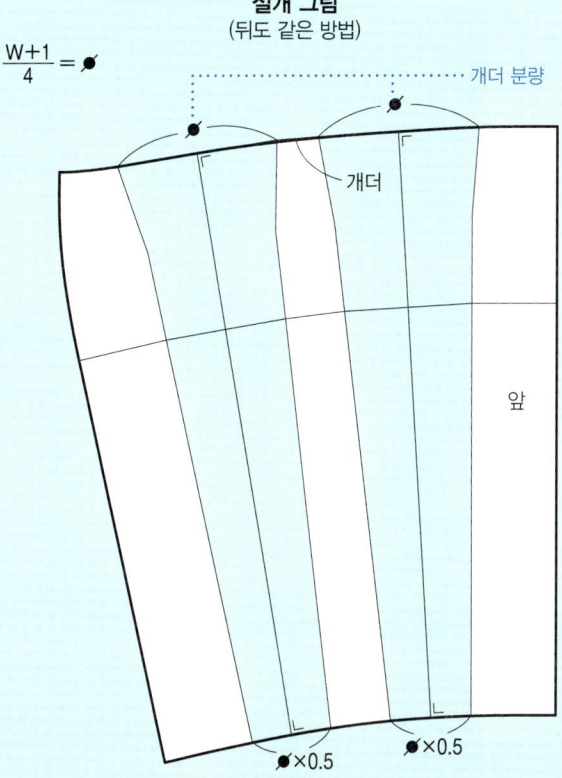

앞

●×0.5   ●×0.5

BACK

SIDE

뒤   앞

FRONT

허리의 개더 분량은 **T**와 같지만 실루엣은 곡선적으로 벌룬형이다.
엉덩이 주위에 볼륨감이 있고 밑단은 적게 퍼진다.

→ 천 차이에 따른 비교…P.104, 위아래에서 다른 치수를 잘라서 벌린다…P.172

5교시 플리티드 스커트
— Pleated skirt —

ⓐ 앞 중심에 주름 분량을 추가

앞 중심에만 주름 분량을 많이 추가한다.
앞뒤 모두 밑단 너비를 옆 밑단에서 2cm 넓히고 엉덩이 곡선과 자연스럽게 연결해 옆선을 그린다.
여기서는 6cm 위치와 연결했다. 추가한 주름 분량은 보행을 위한 기능적인 역할도 한다.
박음질 끝은 다트 끝과 같은 위치.

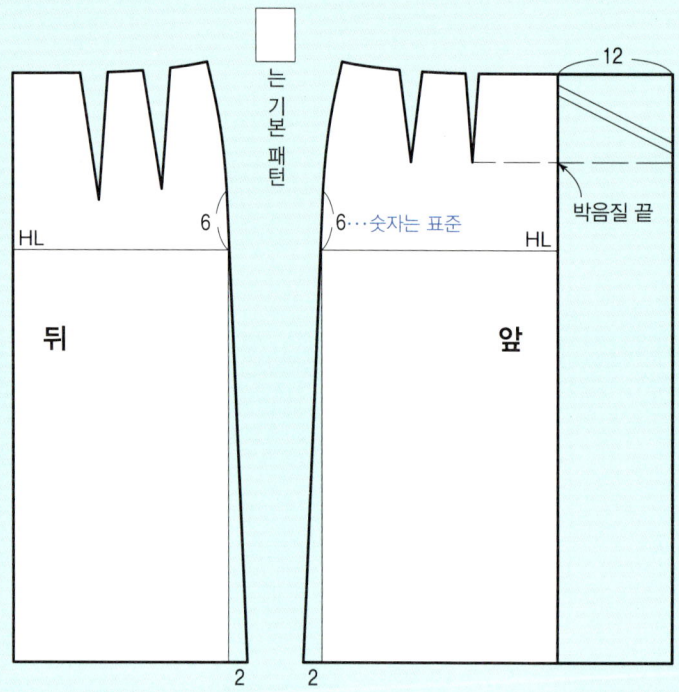

는 기본 패턴

6…숫자는 표준

박음질 끝

! 중심에 주름선을 맞댄 플리트를 넣은 스커트를 인버티드 플리트 스커트라고 한다.

! 앞뒤 각각 다트 분량이 2개 합쳐서 3cm 이하인 경우는 조정한다.

BACK

SIDE

뒤   앞

FRONT

앞 중심에서 플리트를 맞댄다. 실루엣은 ⓑ와 같다.

플리트를 잡은 스커트. 플리트는 접음선을 내는 주름을 말한다.
여기서는 WL에서 밑단으로 세로로 배치한 일반적인 디자인을 소개한다. 접는 위치, 개수, 분량, 꺾는 방향에 따라
다양한 변형이 가능하다. 플리트를 중간 엉덩이 부근까지 박아야 안정적이다.
확실하게 접음선을 잡아서 개더나 턱 같은 볼륨은 없다.

ⓑ 직사각형(전체 플리티드 스커트)

스커트 길이와 엉덩이 치수를 토대로 전체 분량의 직사각형을 그리고, WL의 옆에서 1cm 올려
앞뒤 중심과 각각 연결한다. 겉주름 폭(∅)과 주름 분량(∅×2)은 계산해서 구하고,
HL 위에서 전체로 배분한다. 허리는 엉덩이 치수와의 차이를 전체로 배분(주름 분량으로 흡수)하고
박음질 끝 위치와 연결한다. 박음질 끝 위치의 파선은 앞뒤 중심에서 ☆까지는 수평이다.
플리트를 자연스럽게 접기 위해 밑단은 조금씩 넓혀서 박음질 끝과 연결해 완성선을 그린다.

이처럼 한쪽 방향의 주름을 원웨이 플리트(바퀴주름)라고 한다.

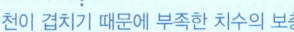

플리티드 스커트
ⓐ
ⓑ

$$\frac{H+6}{2} \div 12 = \varnothing$$

반신에 넣는 주름의 수

$$\left\langle \frac{H+6}{2} - \left(\frac{W+1}{2} + 2 \right) \right\rangle \div (12 \times 2) = \bullet$$

천이 겹치기 때문에 부족한 치수의 보충

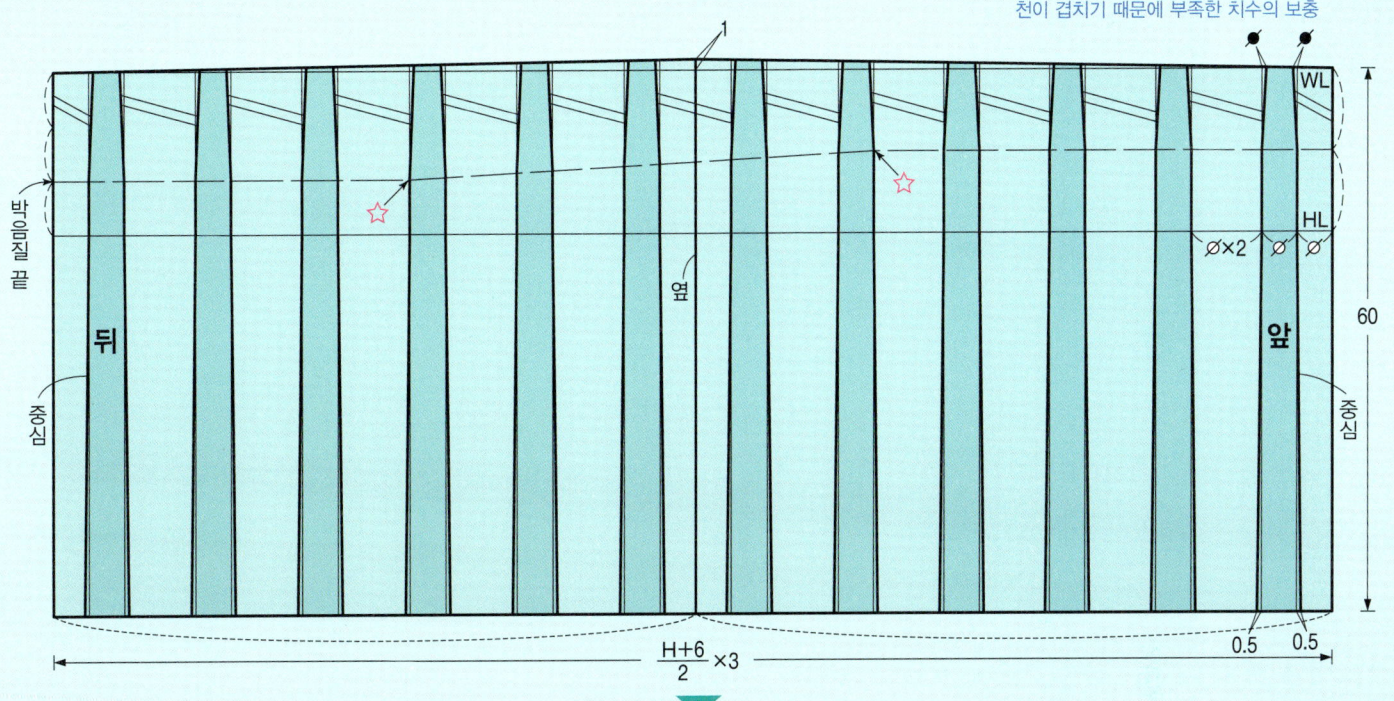

균등하게 한쪽 방향으로 접은 플리트가 한 바퀴에 24개 들어간다. 엉덩이에서 밑단 쪽으로 살짝 경사지게 접음선을 넣어 실루엣은 사다리꼴이다.

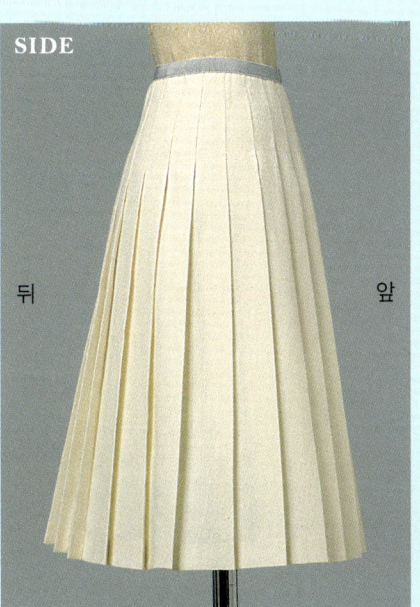

→ 옆선이나 주름선의 경사…P.97

 5 교시 **플리티드 스커트**
—Pleated skirt—

C 다트 위치에 주름 분량을 추가

밑단 너비를 옆 밑단에서 2cm 넓히고 엉덩이 곡선과 자연스럽게 연결해 옆선을 그린다. 여기서는 6cm 위치와 연결했다.
중심 쪽의 다트 끝에서 밑단까지 수직으로 절개선을 넣고 주름 분량을 잘라서 벌린다.

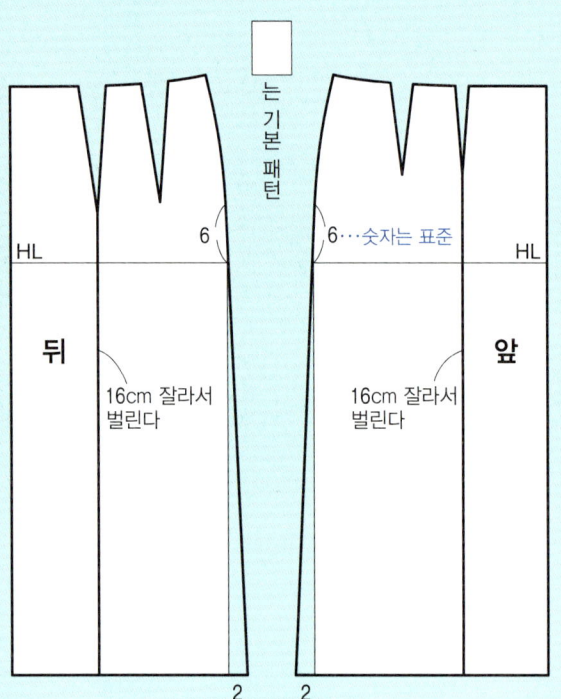

절개 그림
(뒤도 같은 방법)

앞뒤 각각 다트 분량이 0.6cm 미만인 경우는 옆에서 다트 분량을 자르거나 여유분 줄임으로 처리한다.

는 기본 패턴

HL

6

6…숫자는 표준

HL

뒤

앞

16cm 잘라서 벌린다

16cm 잘라서 벌린다

2

2

박음질 끝

16

앞

BACK

SIDE

뒤

앞

FRONT

플리트를 2개 넣어 세로 라인이 강조된다. ⓐ보다 밑단 둘레 치수가 커져 플리트가 벌어지므로 실루엣은 약간 사다리꼴이다.
플리트 접는 방법은 깊이가 생겨 입체감 있는 맞주름으로.

플리트 접는 방향에 따른 다양한 표정

같은 분량이라도 접는 방향에 따라 느낌이 달라진다.

패턴
(뒤도 같은 방법)

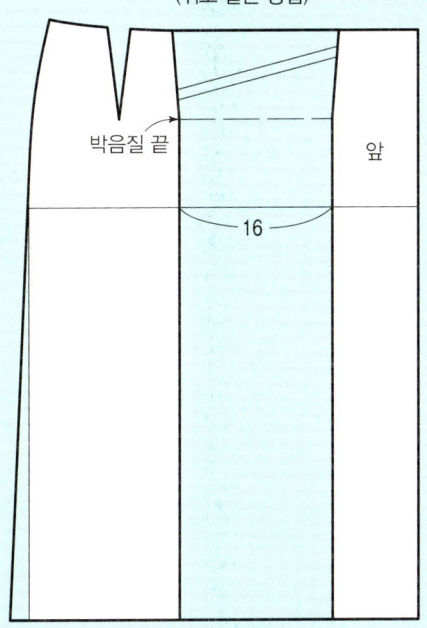

박음질 끝

앞

16

SIDE

뒤   앞

FRONT

플리트를 옆쪽으로 접으면 엉덩이 곡선과 맞춰지며
깔끔하고 우아한 인상이다.

패턴
(뒤도 같은 방법)

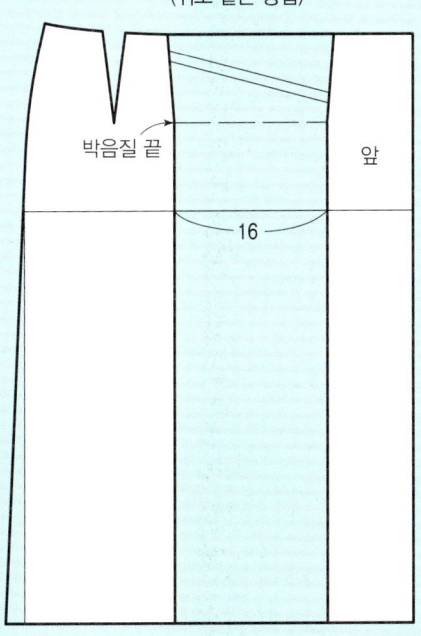

박음질 끝

앞

16

SIDE

뒤   앞

FRONT

플리트를 중심 쪽으로 접으면 엉덩이 곡선과 반대가 되어 음영이 뚜렷해진다.
직선적이고 스마트한 인상.

47

5교시 플리티드 스커트
—Pleated skirt—

 d 밑단 너비를 넓히고 다트 위치에 주름 분량을 추가

밑단 너비를 옆 밑단에서 2cm 넓히고, 엉덩이 곡선과 자연스럽게 연결해 옆선을 그린다.
여기서는 6cm 위치와 연결했다.
다트 끝에서 밑단 너비를 넓혀 절개선을 넣고 주름 분량을 잘라서 벌린다.

절개 그림
(뒤도 같은 방법)

□ 는 기본 패턴

숫자는 표준

6

HL

뒤

8cm 잘라서 벌린다

8cm 잘라서 벌린다

1.5 1.5 1.5 1.5 2

6…표준

HL

앞

8cm 잘라서 벌린다

8cm 잘라서 벌린다

2 1.5 1.5 1.5 1.5

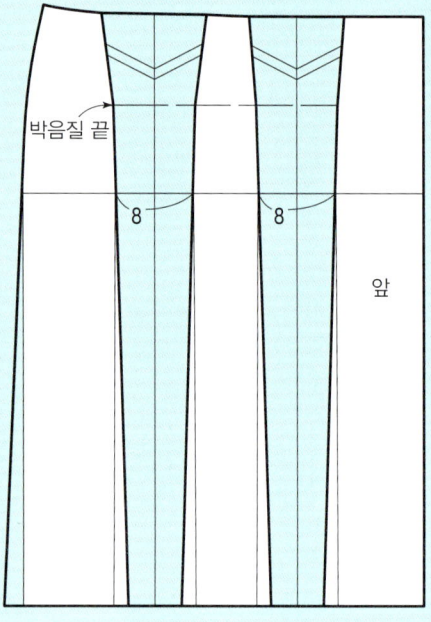

박음질 끝

8   8

앞

BACK

SIDE

뒤   앞

FRONT

플리트가 4개가 되고 **c**보다 세로 라인이 더 강조된다.
밑단 쪽으로 주름 분량이 줄고, 실루엣은 옆으로 둥글림 있게 퍼지는 사다리꼴이다. 플리트 접는 방법은 입체감 있는 맞주름으로.

플리트 접는 방향에 따른 다양한 표정

같은 분량이라도 접는 방향에 따라 느낌이 달라진다.

패턴
(뒤도 같은 방법)

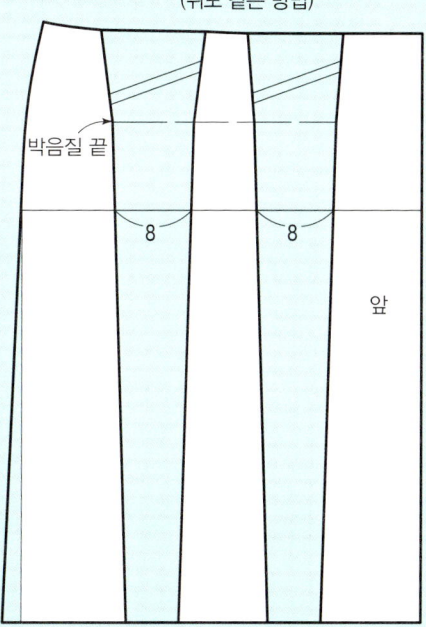

박음질 끝

8   8

앞

SIDE

뒤

FRONT

앞

플리트를 옆쪽으로 접으면 엉덩이 곡선과 맞춰지며 깔끔하고 우아한 인상이다.
플리트가 밑단 쪽으로 벌어져 보이고 실루엣은 직선적인 사다리꼴.

패턴
(뒤도 같은 방법)

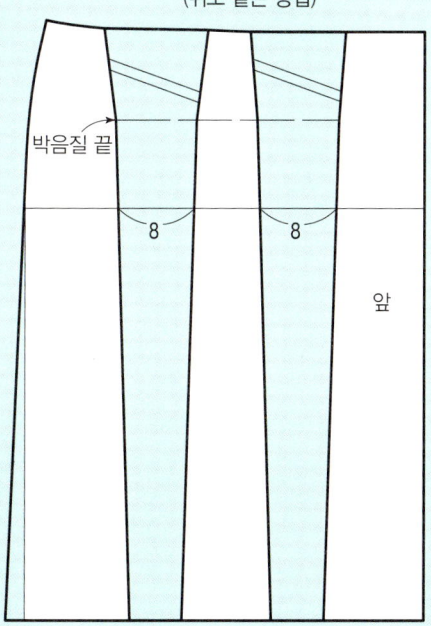

박음질 끝

8   8

앞

SIDE

뒤

FRONT

앞

플리트를 중심 쪽으로 접으면 엉덩이 곡선과 반대가 되어 음영이 뚜렷해진다.
앞뒤는 밑단 퍼짐이 적지만 그만큼 옆에서 퍼져 보인다.

6 교시 턱트 스커트
— Tucked skirt —

e 잘라서 벌리고 턱 분량을 추가(평행)

다트 끝에서 밑단까지 수직으로 절개선을 넣어 잘라서 벌리고 턱 분량을 넣는다.
여기서는 평행으로 잘라서 벌린다.

□ 는 기본 패턴

절개 그림
(뒤도 같은 방법)

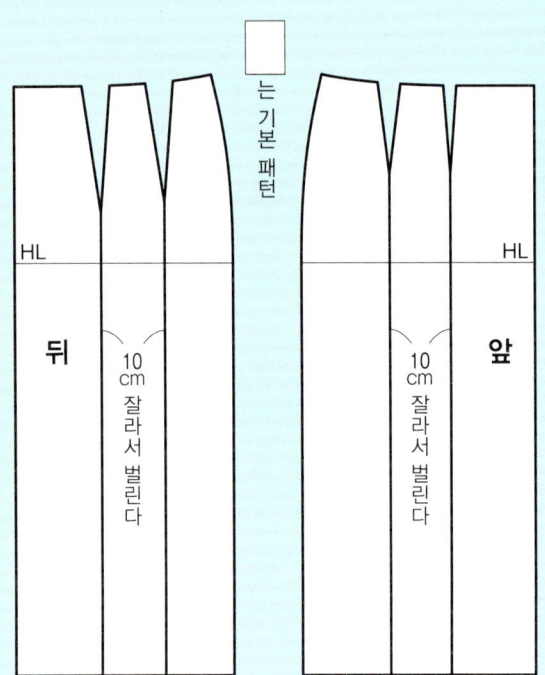

HL

뒤

10 cm 잘라서 벌린다

10 cm 잘라서 벌린다

앞

HL

10

10

앞

BACK

SIDE

뒤   앞

FRONT

평행으로 잘라서 벌리지만 다트 선을 그대로 사용해 비스듬히 접은 것으로, 밑단 쪽으로 턱 분량이 줄고 밑단이 퍼지는 실루엣이다.
접는 방법은 옆쪽으로 한쪽 방향.

턱을 잡은 스커트. 턱은 천을 접어 고정한 주름을 말한다. 주름에 접음선이 없어 볼륨이 산다.
턱을 접는 위치, 개수, 분량, 꺾는 방향에 따라 여러 가지로 변형이 가능하다.
특히 꺾는 방향은 실제로 천을 접어보면 느낌을 바로 알 수 있다.

턱 접는 방향에 따른 다양한 표정

턱트
스커트

같은 분량이라도 접는 방향에 따라 느낌이 달라진다.

패턴
(뒤도 같은 방법)

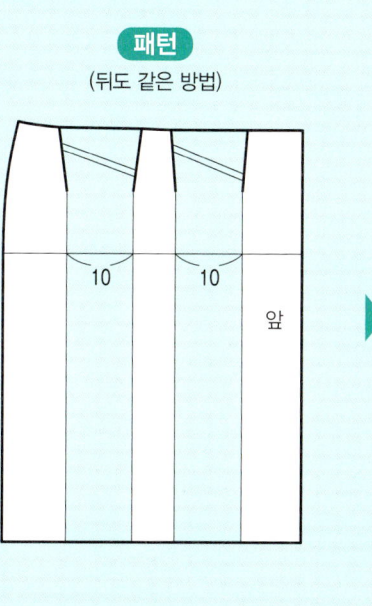

SIDE　　　　FRONT

뒤　　　　앞

턱을 중심 쪽으로 접으면 음영이 뚜렷해진다.
밑단 퍼짐이 덜하고 부드러운 느낌.

패턴
(뒤도 같은 방법)

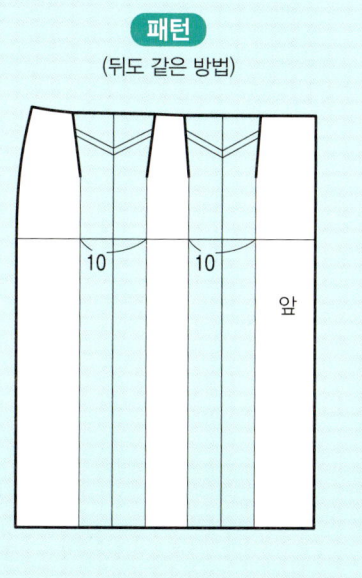

SIDE　　　　FRONT

뒤　　　　앞

턱을 맞대어 접으면 입체감이 살아난다.
밑단 퍼짐은 덜하면서 직선적이고 깔끔한 느낌.

6 교시 **턱트 스커트**
─Tucked skirt─

f **잘라서 벌리고 턱 분량을 추가**(허리<밑단)

다트 끝에서 밑단까지 수직으로 절개선을 넣어 잘라서 벌리고 턱 분량을 넣는다.
여기서는 허리에서 벌리는 분량의 2배를 밑단에서 벌린다.

절개 그림
(뒤도 같은 방법)

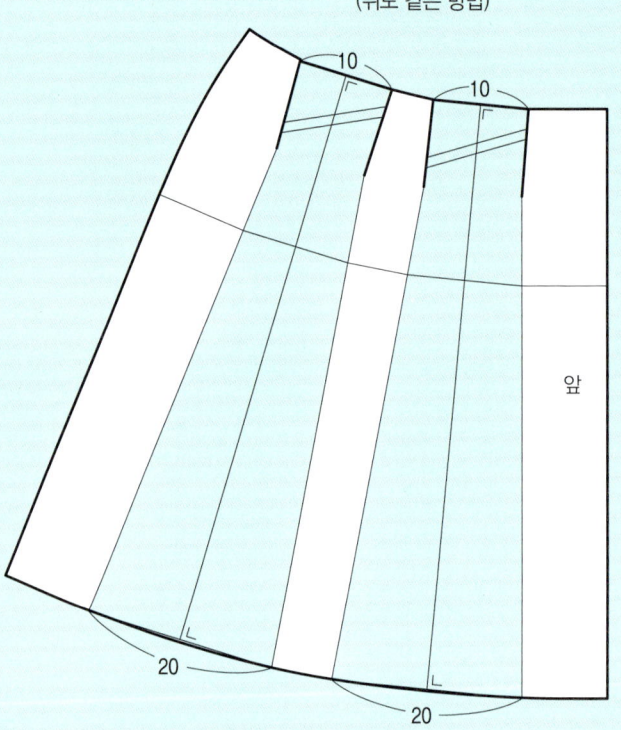

HL

⑩ ⑩

는 기 본 패 턴

⑩ ⑩

HL

뒤 잘라서 벌린다

잘라서 벌린다 **앞**

앞

⑳ ⑳

⑳ ⑳

10

10

20

20

20

BACK

SIDE

뒤   앞

FRONT

밑단이 퍼지는 실루엣은 **e** 와 같지만 밑단 둘레 치수가 크다.
턱을 접는 방법은 옆쪽으로 한쪽 방향. 밑단은 절개 분량이 많아 턱 분량이 겹치며 물결치고 볼륨감이 있다

턱 접는 방향에 따른 다양한 표정

같은 분량이라도 접는 방향에 따라 느낌이 달라진다.

턱트
스커트

f

패턴
(뒤도 같은 방법)

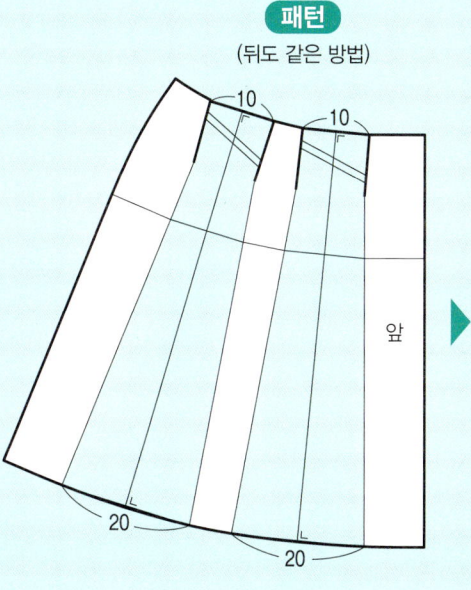

턱을 중심 쪽으로 접으면 음영이 뚜렷해진다. 밑단 퍼짐은 왼쪽 페이지와 같다.
리듬감이 느껴지는 활동적인 느낌.

패턴
(뒤도 같은 방법)

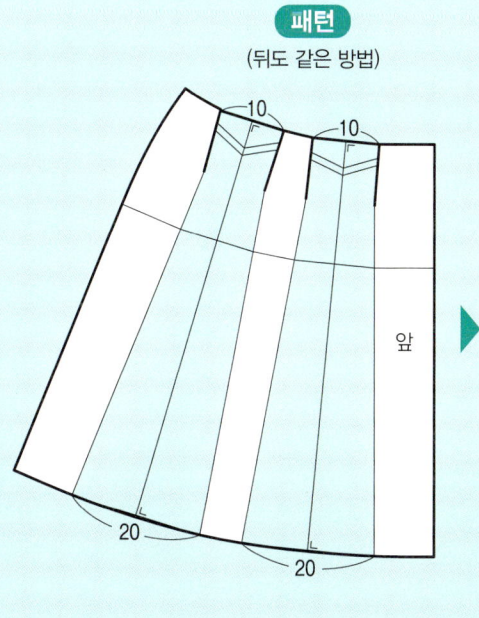

턱을 맞대어 접으면 입체감이 살고
밑단 퍼짐이 덜해 우아하고 부드러운 느낌이다.

53

6 턱트 스커트
—Tucked skirt—

g 잘라서 벌리고 턱 분량을 추가(허리 > 밑단)

다트 끝에서 밑단까지 수직으로 절개선을 넣어 잘라서 벌리고 턱 분량을 넣는다.
여기서는 f 와는 반대로 허리에서 벌리는 분량의 반을 밑단에서 벌린다.

는 기본 패턴

절개 그림
(뒤도 같은 방법)

⑳ ⑳   ⑳ ⑳   20   20

HL   HL

뒤   잘라서 벌린다   잘라서 벌린다   앞   앞

⑩ ⑩   ⑩ ⑩   10   10

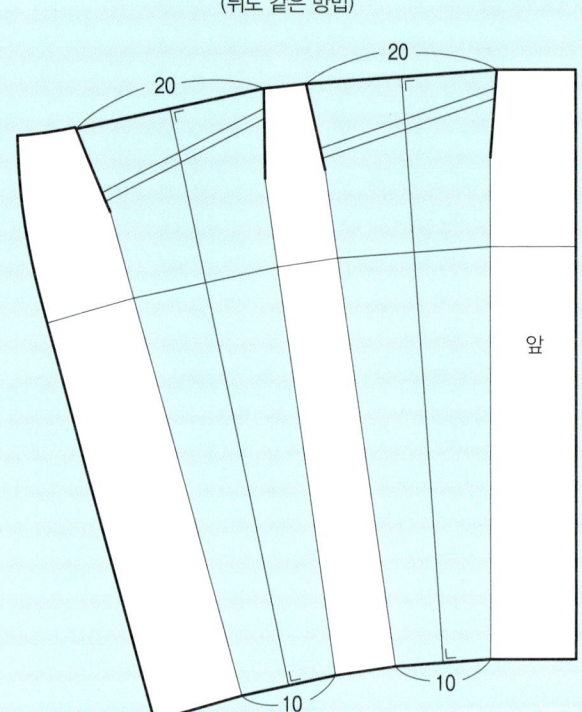

BACK

SIDE   뒤   앞

FRONT

허리의 턱 분량은 많지만 허리에서 고정되어 볼륨은 없다.
패턴이 밑단에서 오므라들어 밑단의 웨이브가 적고 e, f 에 비해 밑단 퍼짐도 덜하다. 턱을 접는 방법은 옆쪽으로 한쪽 방향.

턱 접는 방향에 따른 다양한 표정

같은 분량이라도 접는 방향에 따라 느낌이 달라진다.

패턴
(뒤도 같은 방법)

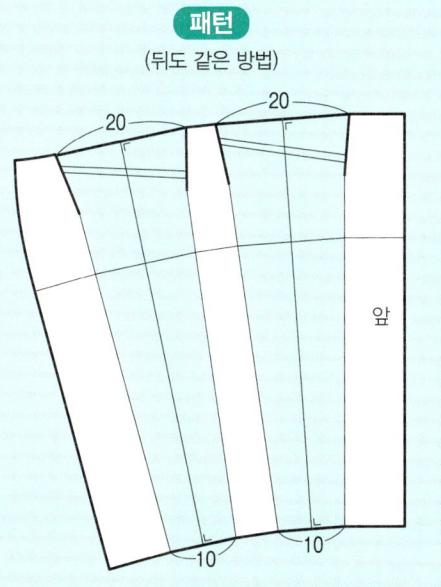

SIDE   FRONT

뒤   앞

턱을 중심 쪽으로 접으면 음영이 뚜렷해진다.
폭신하고 우아한 실루엣으로 부드러운 느낌.

패턴
(뒤도 같은 방법)

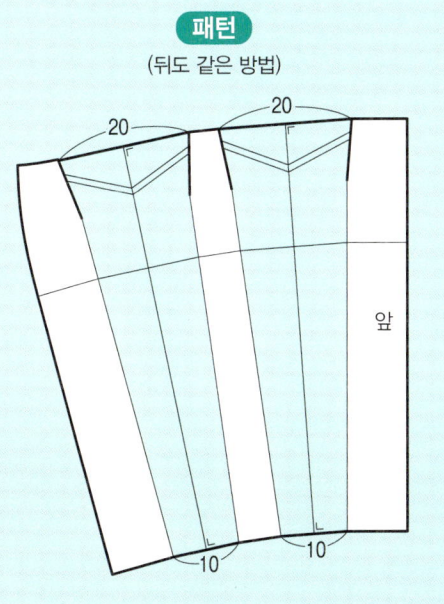

SIDE   FRONT

뒤   앞

턱을 맞대어 접으면 박스 플리트 같은 입체감이 살아난다.
세로 라인이 강조되어 직선적이면서 단정한 느낌.

55

6 턱트 스커트
—Tucked skirt—

h 중심에 턱 분량을 추가

기본 패턴의 앞 스커트만 사용하는 앞뒤가 같은 패턴이다.
허리의 필요 치수에 턱 분량을 계산해 중심 쪽에서 추가. 턱은 원하는 위치에 배분한다.
밑단 너비를 옆 밑단에서 2cm 넓히고 엉덩이 곡선과 자연스럽게 연결해 옆선을 그린다.
여기서는 6cm 위치와 연결했다.

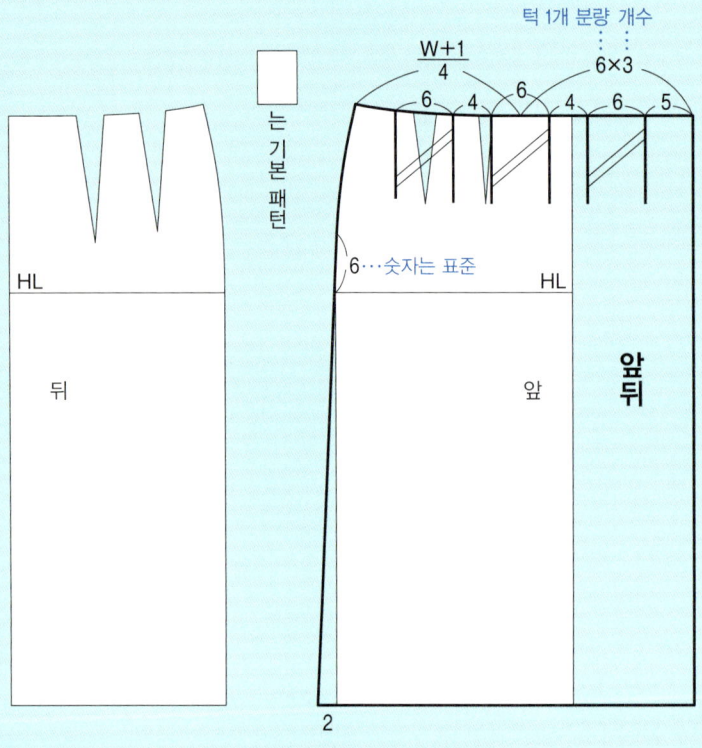

턱은 앞뒤 6개씩. 턱을 옆쪽으로 접으면 자연스럽게 입체감이 살아난다. 볼륨을 줄인 단정한 실루엣.

직사각형(전체 턱트 스커트)

허리의 필요 치수에 턱 분량을 계산해서 추가하고 직사각형을 그린다.
앞뒤가 같은 패턴. 턱은 위치를 균등하게 결정해서 배분한다.
가장 간단한 패턴으로, 입체적인 스커트가 된다.

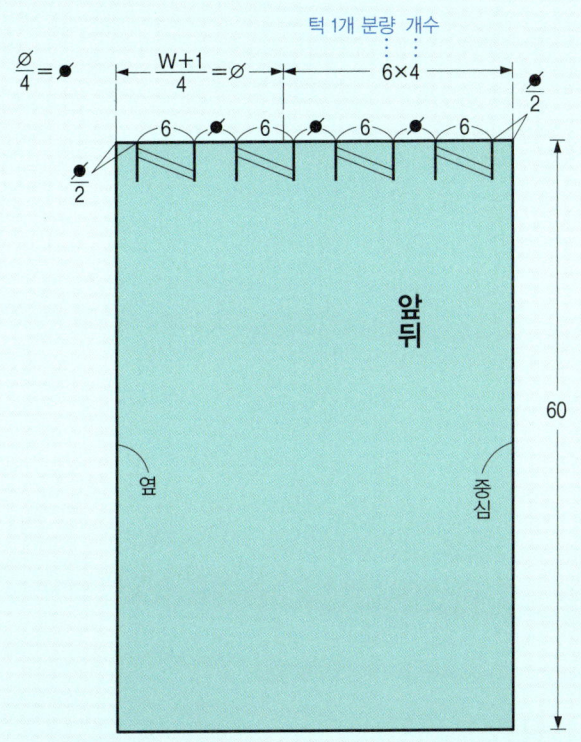

BACK

SIDE

뒤 앞

FRONT

허리 전체에 16개의 턱이 균등하게 들어간다. 접는 방법은 한쪽 방향. 음영이 적고 깔끔해 보인다. 볼륨은 중간 정도.

7 교시 머메이드 라인 스커트
— Mermaid line skirt —

j 세로 이음선(1개)을 넣고 플레어 분량을 추가

중심 쪽의 다트 끝에서 세로로 이음선을 넣어 중심 쪽과 옆쪽으로 나눈다.
각 파트의 밑단 쪽에 플레어 분량을 추가한다.

는 기본 패턴

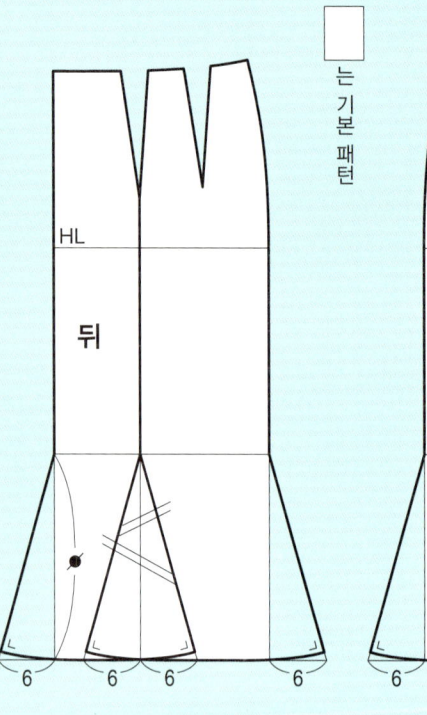

HL 뒤   앞 HL

6 6 6 6   6 6 6 6

(!) 앞뒤 각각 다트 분량
이 0.6cm 미만인 경
우는 옆에서 다트 분
량을 자르거나 여유분
줄임으로 처리한다.

옆쪽 다트에서 이음선을 넣으면…

플레어가 옆쪽으로 많아지고
밑단이 와이드한 느낌.

BACK

SIDE
뒤   앞

FRONT

밑단 부근에 플레어를 넣은 일반적인 머메이드 스타일.
무릎 근처까지 타이트한 느낌이 남아 적당히 샤프해 보이지만, 피트 & 플레어 라인은 완만하다.

머메이드는 인어를 뜻한다. 밑단 쪽으로 인어 지느러미처럼 퍼지는 실루엣의 스커트.
엉덩이 주위는 몸에 딱 맞게 기본 패턴을 사용한다. 밑단 퍼짐은 플레어 분량을 추가하거나 잘라서 벌려 모양을 만든다.
분량이나 면적을 많이 잡으면 엘레강스하고 화려한 느낌으로, 적게 하면 청초하고 단아한 분위기가 된다.

 세로 이음선을 넣고 덧천을 추가

중심 쪽의 다트 끝에서 세로로 이음선을 넣어 중심 쪽과 옆쪽으로 나눈다.
각 파트의 밑단 쪽에 별도로 재단한 덧천을 추가한다.

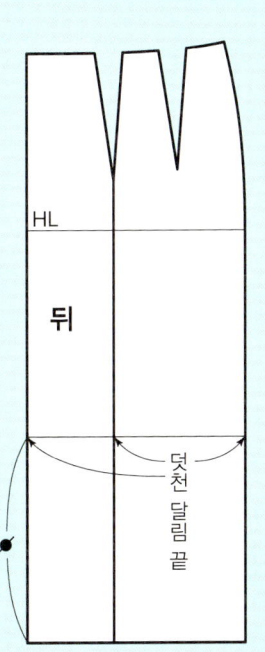

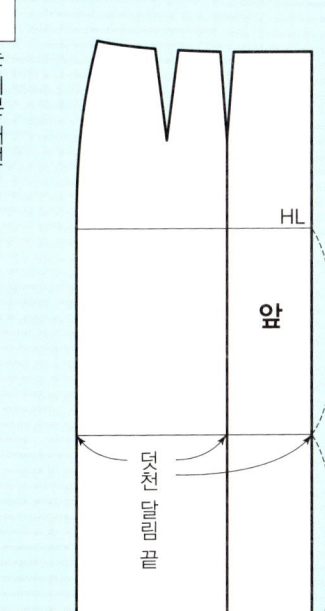

□ 는 기본 패턴

HL

뒤

앞

HL

덧천 달림 끝

덧천 달림 끝

! 앞뒤 각각 다트 분량
이 0.6cm 미만인 경
우는 옆에서 다트 분
량을 자르거나 여유분
줄임으로 처리한다.

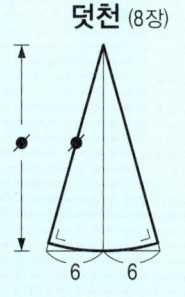

덧천 (8장)

6 6

BACK

SIDE

뒤   앞

FRONT

밑단에 ⓘ와 같은 분량의 덧천을 넣어 실루엣은 같다. 덧천을 별도로 재단해 경계선이 도드라지고 형태에 리듬감이 살아난다.
덧천의 올 방향을 바꾸거나 다른 천으로 하면 디자인에도 변화를 줄 수 있다.

59

7 교시 **머메이드 라인 스커트**
—Mermaid line skirt—

● 세로 이음선(2개)을 넣고 플레어 분량을 추가

다트 끝에서 세로로 이음선을 넣어 셋으로 나눈다.
각 파트의 밑단 쪽에 플레어 분량을 추가한다.

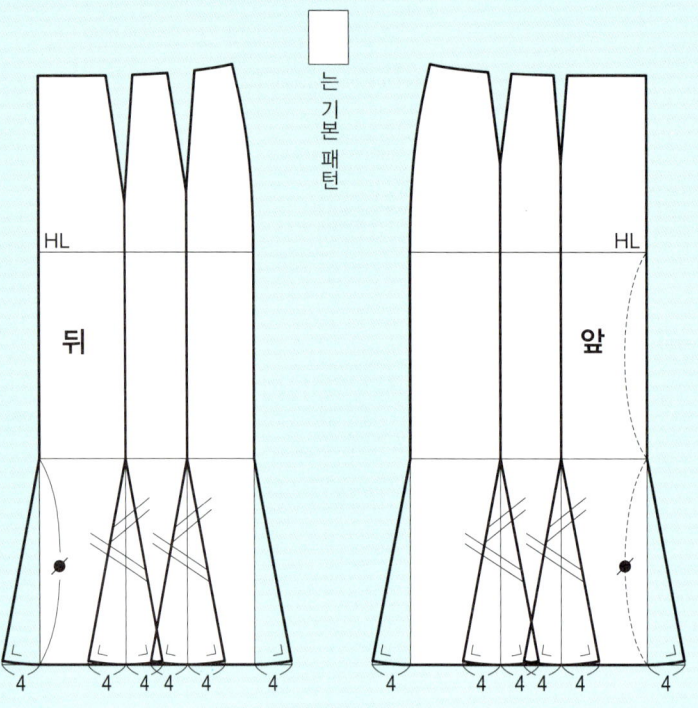

는 기본 패턴

HL   뒤   앞   HL

4   4 4 4   4   4   4 4 4   4

BACK   SIDE   FRONT

뒤   앞

밑단에 ●와 같은 분량을 분산시켜 추가한다. 이음선을 많이 넣어서 1곳의 플레어 분량을 줄였다. 물결 수는 늘고 크기는 작아져
우아하고 섬세한 느낌이다. 실루엣은 ●와 같고, 무릎 근처까지 타이트한 느낌이 남아 적당히 샤프하게 보인다.

 밑단에 가로로 이음선을 넣고
플레어 분량을 잘라서 벌린다

가로로 이음선을 넣어 밑단 쪽 파트를 잘라서 벌리고 플레어 분량을 넣는다. 밑단 쪽을 독립적인 파트로 해서
플레어의 표정을 다채롭게 만들 수 있다. 중심과 옆에도 플레어 분량을 추가하고 직선으로 연결한다.

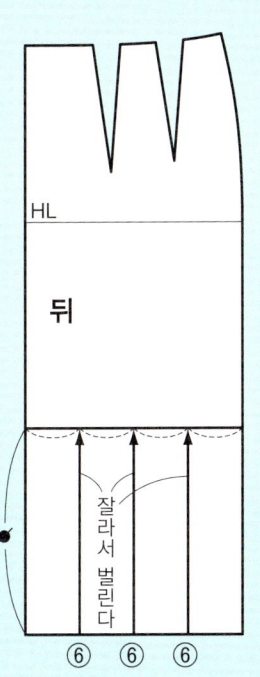

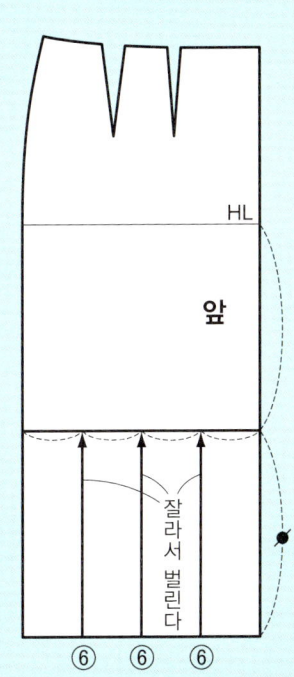

□ 는 기본 패턴

! 앞뒤 각각 다트 분량
이 2개 합쳐서 3cm
이하인 경우는 조정
한다.

! 중심과 옆의 밑단 추가
분량은 앞뒤를 연결했
을 때 1곳에서 벌리는
분량과 같도록 그 분량
의 반으로 하는 것이 기
본이다.

절개 그림
(뒤도 같은 방법)

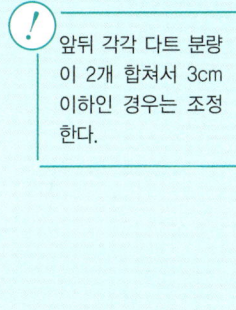
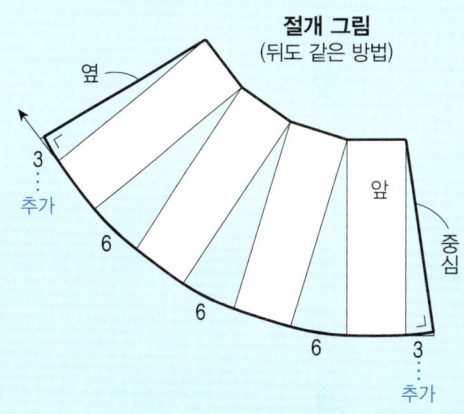

BACK

SIDE

뒤   앞

FRONT

전체의 플레어 분량은 ⓙ와 같다.
위아래로 분리한 것으로, 엉덩이 주위의 깔끔함과 세로 이음이 없는 플레어 웨이브의 대비가 돋보이며 리듬감을 더한다.

→ 플레어 분량을 잘라서 벌린 후의 수정…P.101, 다트 분량이 적은 경우 조정법…P.154, 기준점을 잡고 잘라서 벌린다…P.170

 7 교시 **머메이드 라인 스커트**
—Mermaid line skirt—

n 밑단에 비스듬히 이음선을 넣고
플레어 분량을 잘라서 벌린다

옆에서 중심 쪽으로 비스듬히 이음선을 넣고, 옆쪽의 삼각형 부분을 잘라서 벌리고 플레어 분량을 넣는다.
잘라서 벌리는 분량은 이음선의 길이에 비례해 중심 쪽에서 옆쪽으로 서서히 많이 잡는다.
이렇게 해야 플레어의 웨이브가 같아 보인다. 옆에도 플레어 분량을 추가하고 직선으로 연결한다.

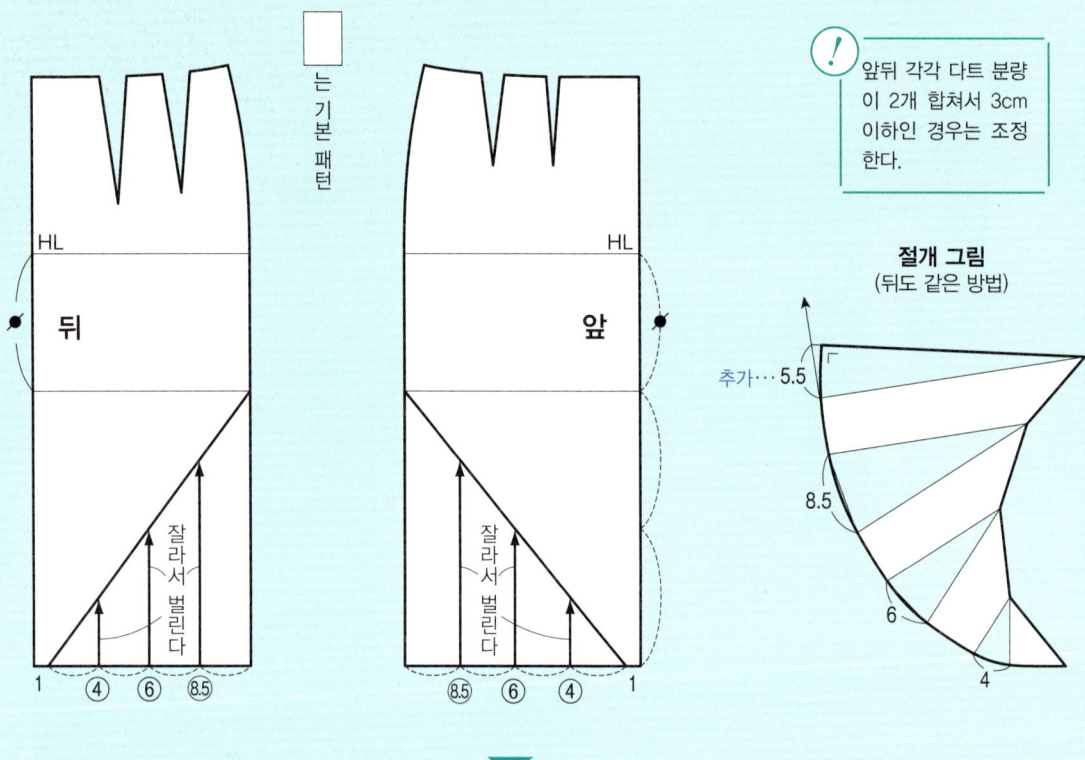

앞뒤 각각 다트 분량
이 2개 합쳐서 3cm
이하인 경우는 조정
한다.

절개 그림
(뒤도 같은 방법)

추가… 5.5

8.5

6

4

BACK

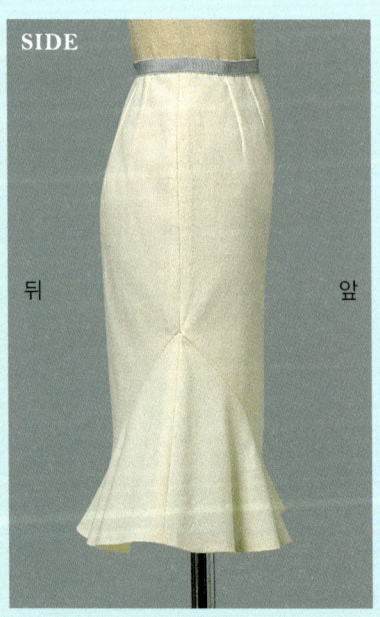

SIDE

뒤   앞

FRONT

양 사이드에 플레어가 들어간 머메이드 스타일.
전체의 플레어 분량은 ⓘ와 같다. 비스듬하게 이음선을 넣어 타이트하면서도 생동감이 느껴지는 우아한 실루엣이다.

→ 플레어 분량을 잘라서 벌린 후의 수정…P.101, 다트 분량이 적은 경우 조정법…P.154, 기준점을 잡고 잘라서 벌린다…P.170

o 3단 이음선의 밑단에 플레어 분량을 잘라서 벌린다

앞뒤 모두 좌우를 펼친 전신 패턴을 사용한다.
비스듬히 2개의 이음선을 그리고, 하단 파트를 잘라서 벌리고 플레어 분량을 넣는다.
잘라서 벌리는 분량은 절개선의 길이에 비례해 왼쪽에서 오른쪽으로 서서히 많이 잡는다.
이렇게 해야 플레어의 웨이브가 같아 보인다.
좌우의 옆에도 플레어 분량을 추가하고 직선으로 연결한다.
오른쪽 반신의 다트는 다트 끝을 이음 위치로 이동하고 맞대어 처리한다.

머메이드
라인 스커트
n
o

! 앞뒤 각각 다트 분량
이 2개 합쳐서 3cm
이하인 경우는 조정
한다.

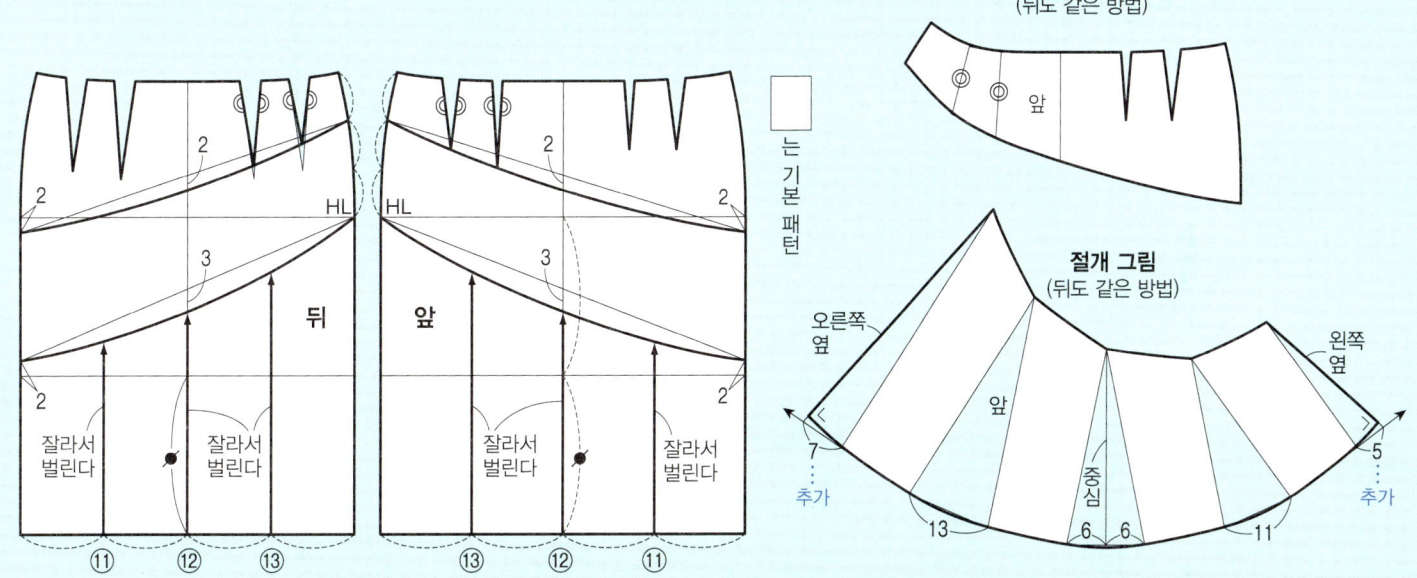

맞댄 그림
(뒤도 같은 방법)

절개 그림
(뒤도 같은 방법)

는 기본 패턴

BACK

SIDE

뒤   앞

FRONT

3단으로 이은 티어드 스타일의 머메이드. 타이트한 느낌은 적고 좌우 비대칭의 표정이 풍부한 디자인.
전체의 플레어 분량은 **j**와 같다.

→ 플레어 분량을 잘라서 벌린 후의 수정…P.101, 다트 분량이 적은 경우 조정법…P.154, 맞댄다…P.166, 기준점을 잡고 잘라서 벌린다…P.170

8교시 요크 스커트
— Yoke skirt —

p 밑단을 잘라서 벌리고 트라페즈로

앞은 다트 끝 위치를 지나게 요크 이음선을 그린다. 뒤는 앞과 같은 치수로
요크 이음선을 그리고, 아랫부분의 남은 중심 쪽 다트 분량은 여유분 줄임으로,
옆쪽 다트 분량은 옆에서 잘라 옆선을 HL까지 다시 그린다. 요크는 다트를 맞댄다.
아랫부분은 다트 끝에서 밑단까지 수직으로 절개선을 넣어 밑단을 잘라서 벌리고,
벌린 치수(1곳)의 반을 옆 밑단에서 추가해 엉덩이 곡선과 자연스럽게 연결해 옆선을 그린다.
여기서는 앞을 6cm(뒤는 1.5cm) 위치와 연결했다.

! 옆 밑단의 추가 분량
은 앞뒤를 연결했을
때 1곳에서 벌리는
분량과 같도록 그 분
량의 반으로 하는 것
이 기본이다.

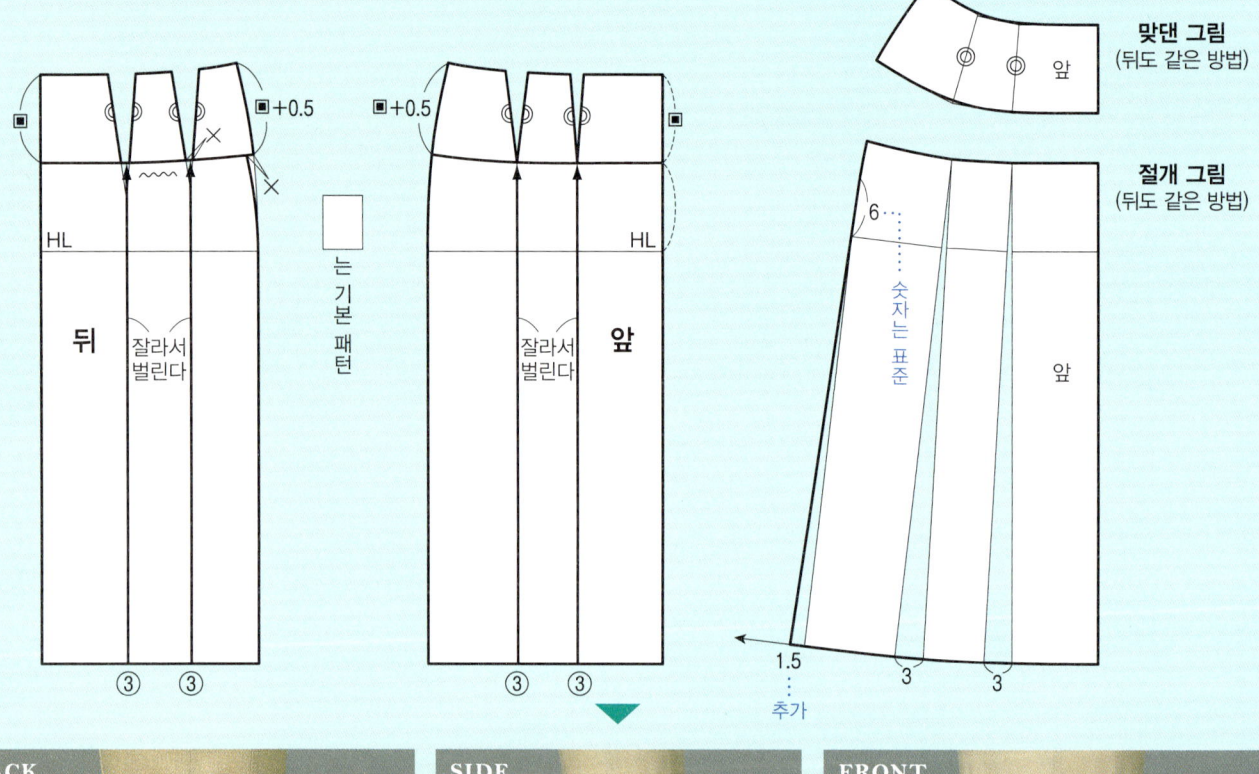

맞댄 그림
(뒤도 같은 방법)

절개 그림
(뒤도 같은 방법)

BACK

SIDE

뒤   앞

FRONT

실루엣은 트라페즈 스커트 G와 같고, 밑단이 퍼지는 세미타이트 실루엣.

위 엉덩이에 독립된 파트(요크)를 넣은 스커트이다.
여기서는 기본 패턴으로 앞뒤 요크의 이음 위치를 앞 다트 끝 길이에 맞춰 통일한 디자인을 소개한다.
이음 위치나 모양, 아래 파트의 응용에 따라 다양한 디자인이 가능하다.
요크는 다트를 맞대어 몸에 꼭 맞게 하기 때문에 어떤 디자인이든 위 엉덩이 주위는 깔끔하다.

q 밑단을 잘라서 벌리고 플레어로

앞은 다트 끝 위치를 지나게 요크 이음선을 그린다.
뒤는 앞과 같은 치수로 요크 이음선을 그리고, 아랫부분의 남은 다트 분량은
옆에서 자르고 옆선을 HL까지 다시 그린다. 요크는 다트를 맞댄다.
아랫부분은 다트 끝에서 밑단까지 수직으로 절개선을 넣어 밑단을 잘라서 벌리고,
벌린 치수(1곳)의 반을 옆 밑단에서 추가하고 직선으로 옆선을 그린다.
방법은 p와 같지만 절개 분량을 늘려 실루엣이 달라진다.

! 옆 밑단의 추가 분량은 앞뒤를 연결했을 때 1곳에서 벌리는 분량과 같도록 그 분량의 반으로 하는 것이 기본이다.

요크 스커트
p
q

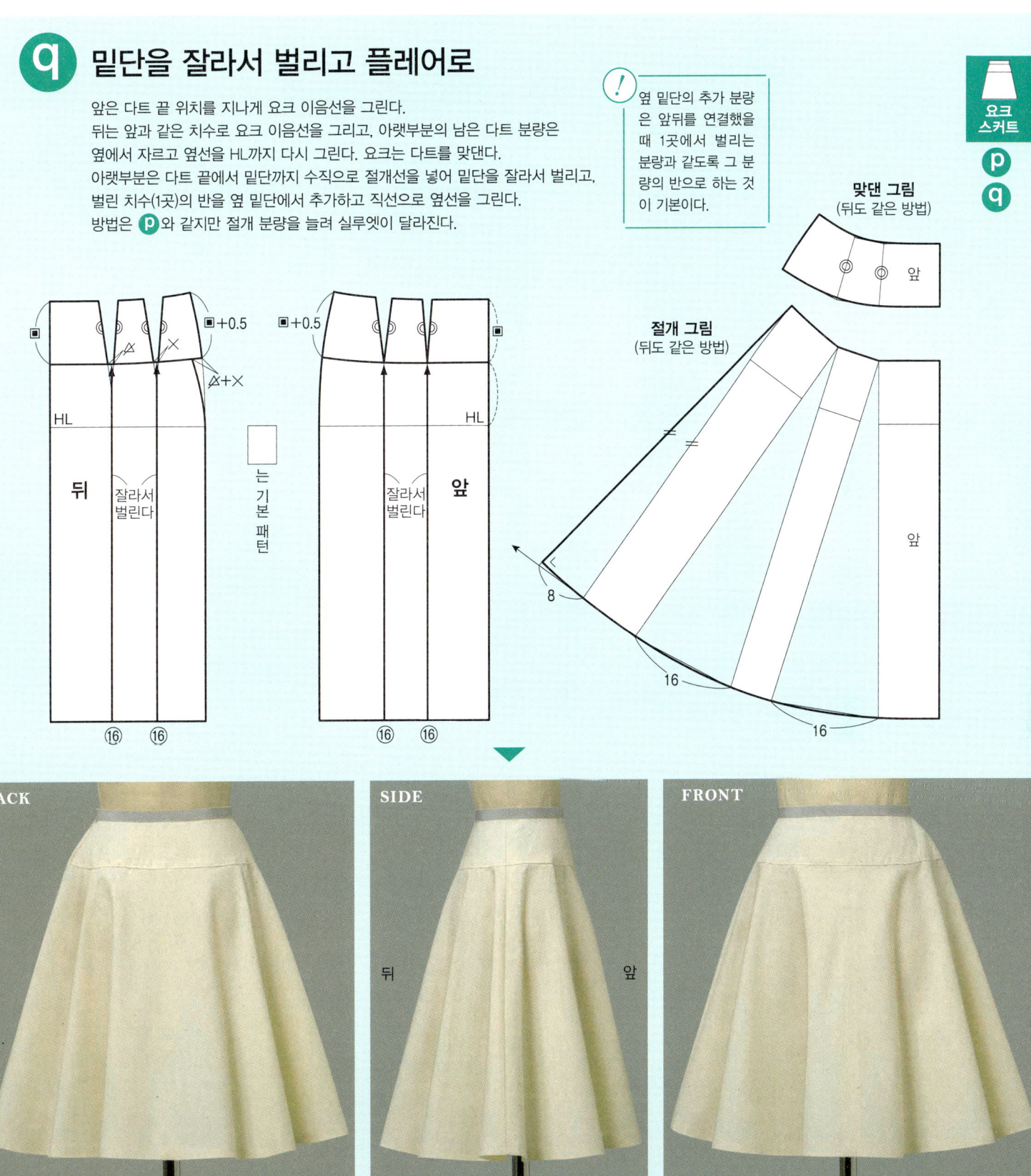

맞댄 그림
(뒤도 같은 방법)

절개 그림
(뒤도 같은 방법)

앞

8

16

16

뒤

잘라서
벌린다

는 기본 패턴

잘라서
벌린다

앞

HL

HL

+0.5

+0.5

16   16   16   16

BACK   SIDE   FRONT

뒤   앞

볼륨감 있는 플레어 스커트. 위 엉덩이 주위에는 플레어가 들어가지 않아 깔끔하다.
옆에도 앞뒤로 같은 플레어 분량이 들어가 옆에서 봤을 때도 느낌이 같다.

→ 플레어 분량을 잘라서 벌린 후의 수정…P.101, 천 차이에 따른 비교…P.105, 맞댄다…P.166, 기준점을 잡고 잘라서 벌린다…P.170

 요크 스커트
—Yoke skirt—

r 중심에 개더 분량을 추가

앞은 다트 끝 위치를 지나게 요크 이음선을 그린다. 뒤는 앞과 같은 치수로 요크 이음선을 그리고,
남은 다트 분량은 개더 분량으로 전환한다. 요크는 다트를 맞댄다.
아랫부분은 요크 이음선 치수를 이용해 개더 분량을 계산하고 중심 쪽에서 추가한다.
여기서는 1배. 밑단 너비를 옆 밑단에서 2cm 넓히고 엉덩이 곡선과
자연스럽게 연결해 옆선을 그린다. 여기서는 6cm 위치와 연결했다.

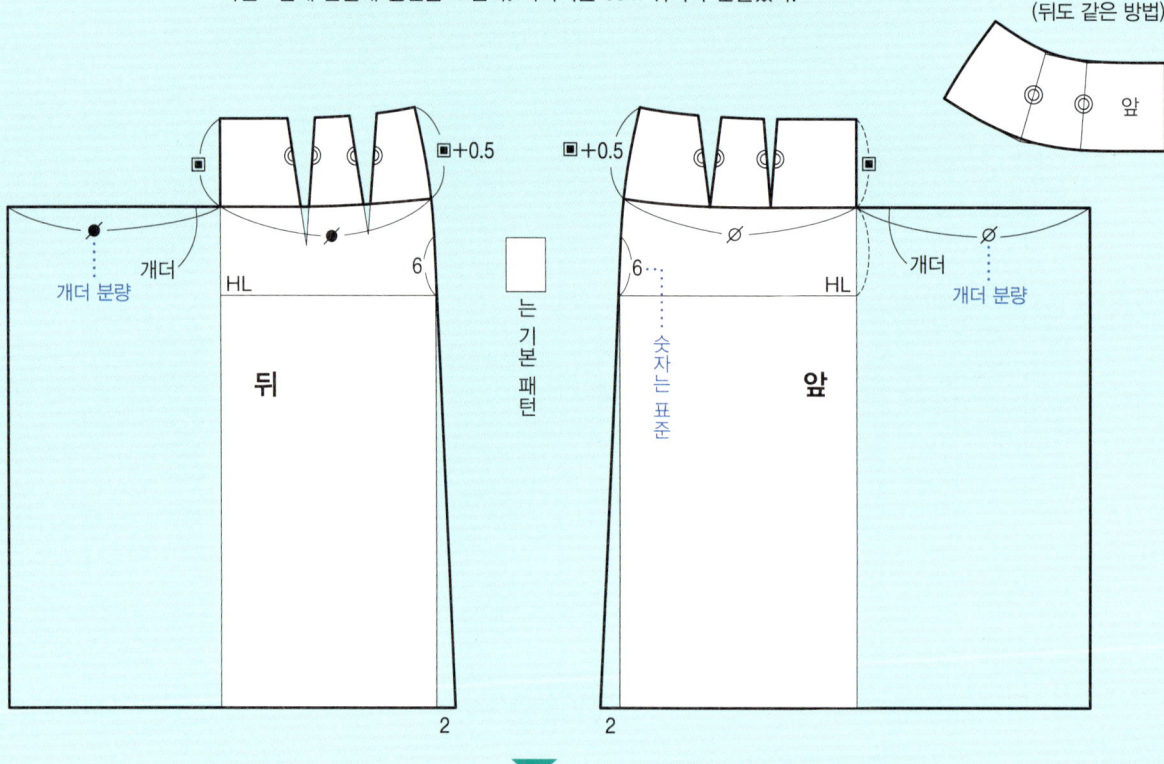

BACK

SIDE

뒤 앞

FRONT

중간 엉덩이부터 부드럽게 부풀어 퍼지는 개더 스커트. 개더가 전체에 촘촘하게 분산된 디자인으로 볼륨감을 강조하지 않아 소프트하고 우아한 인상이다.
실루엣은 q와 같고, 엉덩이 주위는 깔끔하게 몸에 딱 맞는다.

S 중심에 주름 분량을 추가(플리티드 스커트)

앞은 다트 끝 위치를 지나게 요크 이음선을 그린다. 뒤는 앞과 같은 치수로 요크 이음선을 그리고,
아랫부분의 남은 다트 분량은 주름 분량으로 전환한다. 요크는 다트를 맞댄다.
아랫부분은 주름 분량을 계산해 중심 쪽에서 추가하고 배분한다. 주름을 접는 위치, 개수,
방향에 따라 여러 가지 변형이 가능하다. 밑단 너비를 옆 밑단에서 2cm 넓히고, 엉덩이 곡선과
자연스럽게 연결해 옆선을 그린다. 여기서는 6cm 위치와 연결했다.

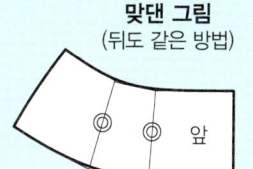

맞댄 그림
(뒤도 같은 방법)

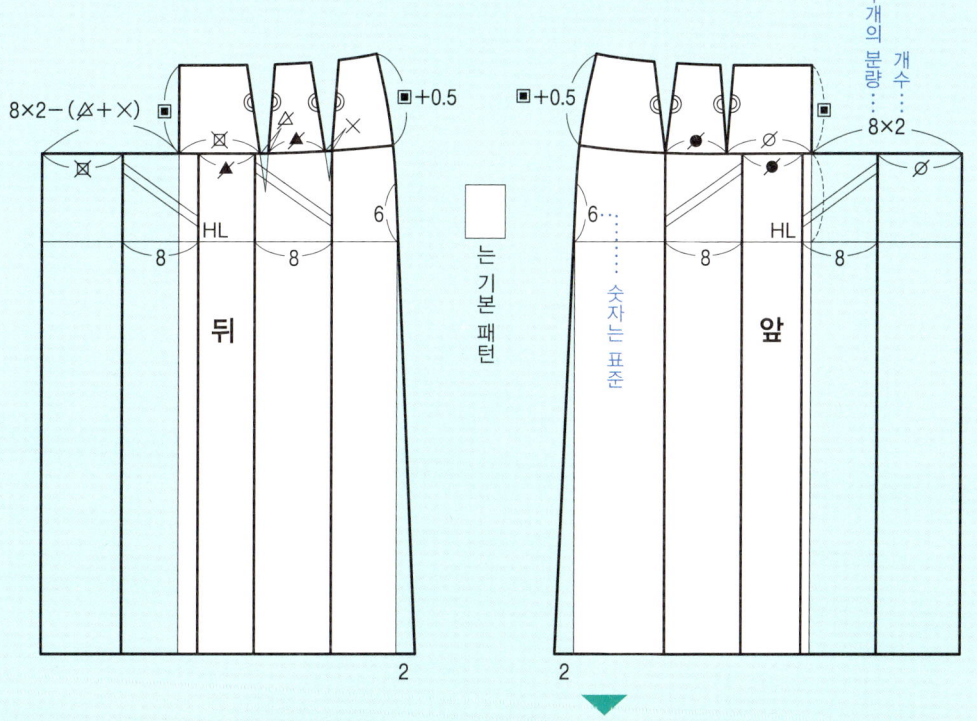

BACK   SIDE   뒤   앞   FRONT

주름을 확실하게 잡아 밑단 퍼짐은 덜하다.
트라페즈 스커트에 입체적인 음영이 더해진 느낌으로 볼륨감은 적다.

8 요크 스커트
—Yoke skirt—

t 중심에 턱 분량을 추가

앞은 다트 끝 위치를 지나게 요크 이음선을 그린다.
뒤는 앞과 같은 치수로 요크 이음선을 그리고, 아랫부분의 남은 다트 분량은 턱 분량으로 전환한다.
요크는 다트를 맞댄다. 아랫부분은 턱 분량을 계산해 중심 쪽에서 추가하고 균등하게 배분한다.
턱 분량을 접는 위치, 개수, 방향에 따라 여러 가지 변형이 가능하다.
밑단 너비를 옆 밑단에서 2cm 넓히고 엉덩이 곡선과 자연스럽게 연결해 옆선을 그린다.
여기서는 6cm 위치와 연결했다.

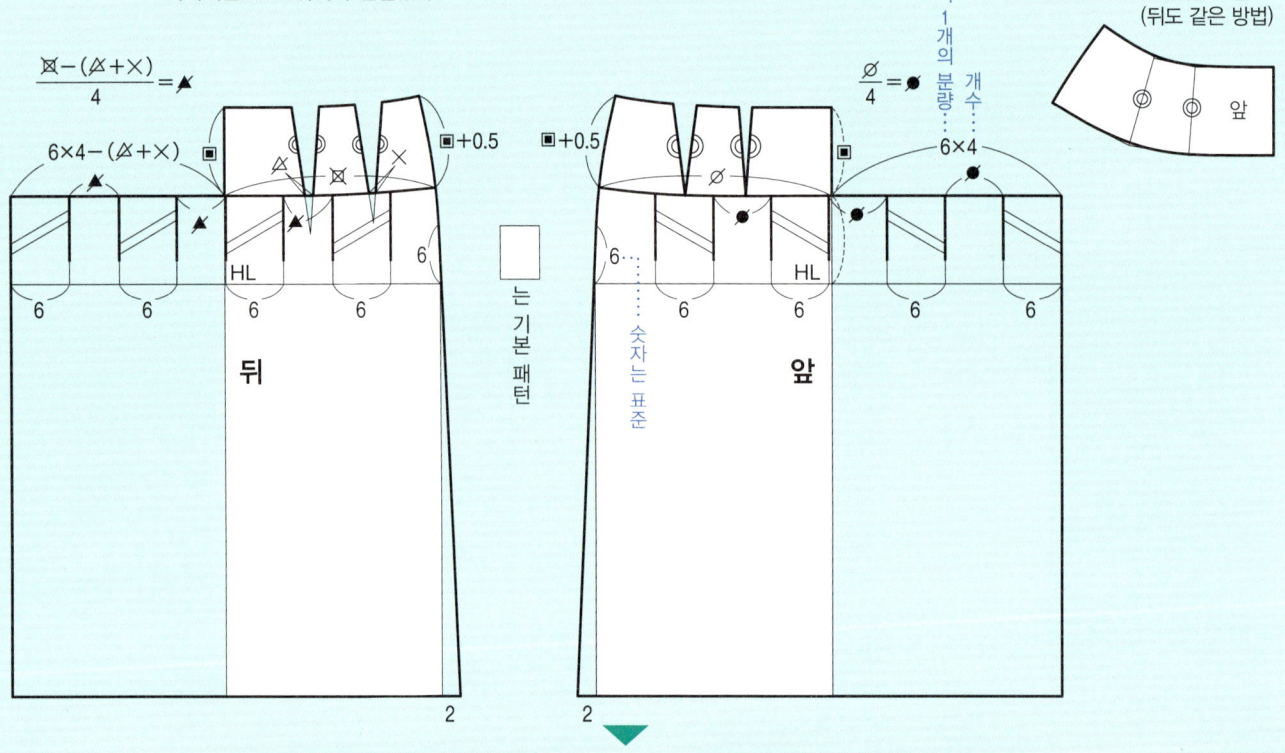

위 엉덩이 주위는 몸에 꼭 맞고 밑단이 부드럽게 부풀어 퍼지는 실루엣.
턱을 중심 쪽으로 좌우 대칭이 되게 꺾어서 음영이 뚜렷해지고 한층 입체적인 존재감을 발휘한다.

이음선을 넣고 밑단에 플레어 분량을 추가(머메이드 라인)

앞은 다트 끝 위치를 지나게 요크 이음선을 그린다.
뒤는 앞과 같은 치수로 요크 이음선을 그리고, 남은 중심 쪽 다트 분량은 여유분 줄임으로,
옆쪽 다트 분량은 옆에서 잘라 옆선을 HL까지 다시 그린다. 요크는 다트를 맞댄다.
아랫부분은 이음선을 넣어 중심 쪽과 옆쪽으로 나눈다. 여기서는 HL의 중간점에 이음선을 넣었다.
각 파트의 밑단 쪽에 플레어 분량을 추가한다.
요크 이음선이 있어 다트 위치를 신경 쓰지 않고 세로의 이음 위치를 자유롭게 결정할 수 있다.

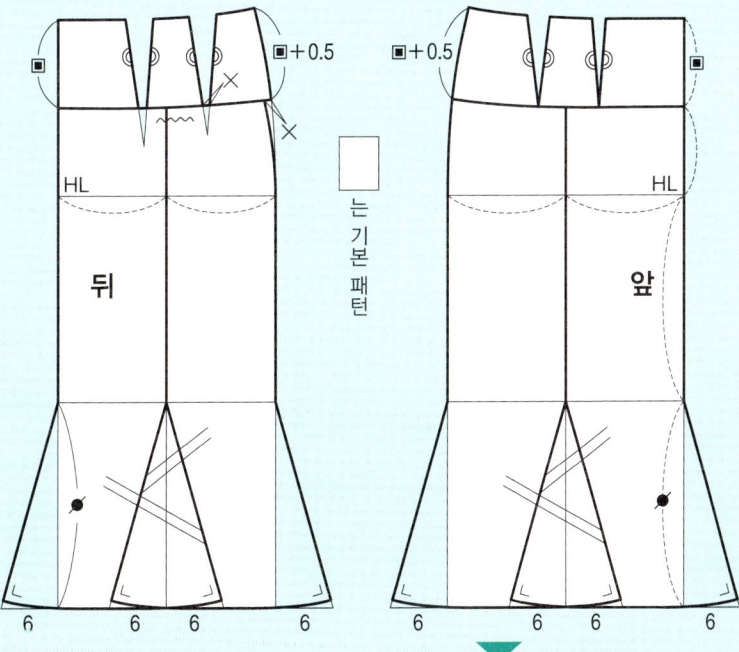

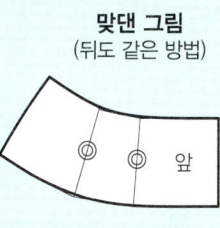

맞댄 그림
(뒤도 같은 방법)

앞

뒤

앞

는 기본 패턴

6 6 6 6

6 6 6 6

BACK

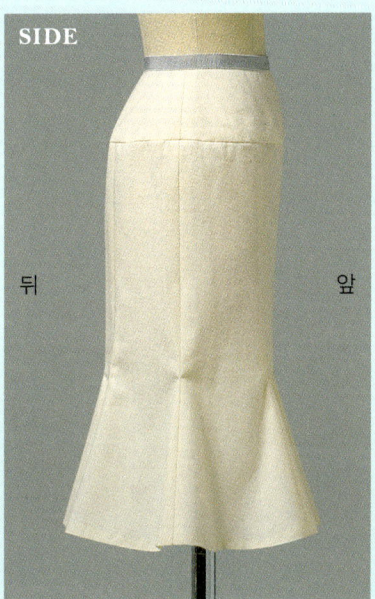

SIDE

뒤   앞

FRONT

플레어의 위치와 분량이 균등하고 규칙적으로 균형을 이루어 세련된 인상이다.
전체의 플레어 분량은 ⓙ와 같다.

→ 이음선의 모서리 수정···P.100, 맞댄다···P.166 **69**

 **9** 교시 **트임 없는 간단 스커트**
— Easy skirt —

 직사각형 ①

엉덩이 치수에 최소한의 여유분을
더한 너비(엉덩이의 필요 치수)와
스커트 길이로 직사각형을 그린다.
밑단 너비나 길이에 따라서
보행을 위한 밑단 트임이 필요하다.

 사다리꼴

를 토대로 밑단 너비를 추가하고
허리에 경사를 둔다.

 직사각형 ②

의 가로 폭을 배로 늘린다.

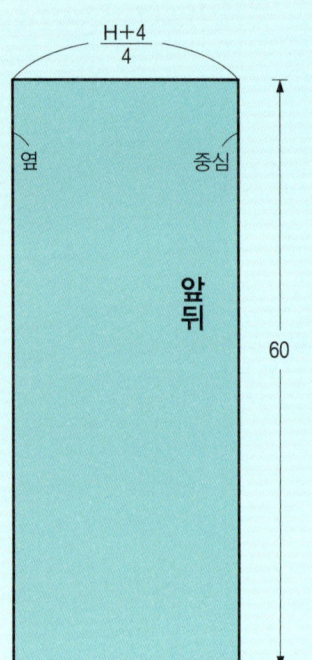

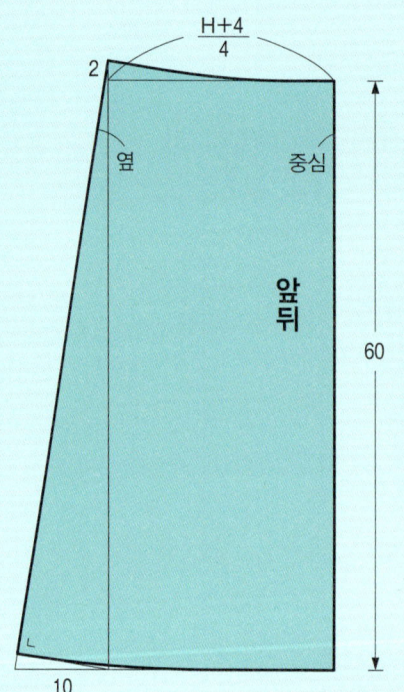

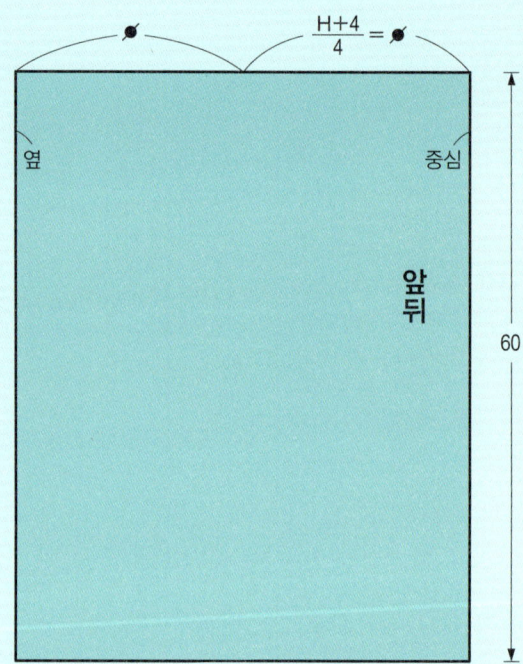

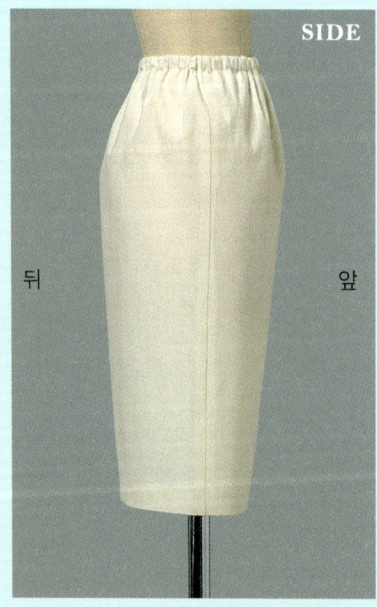

여유분을 최소한으로 잡은 타이트 실루엣.
앞뒤는 밑단이 완만하게 퍼지고 옆은 위 엉덩이가 개더로 인해 다소 부풀어 밑단이 오므라든다.

허리를 엉덩이 치수에 맞추어 설정한 앞뒤가 같은 심플한 패턴.
허리의 여분을 고무줄이나 끈으로 조정해 허리둘레 디자인은 모두 개더가 된다.
트임을 만들 필요가 없고, 박는 것도 쉽고 입고 벗기도 쉬운, 편안한 스커트이다.

W

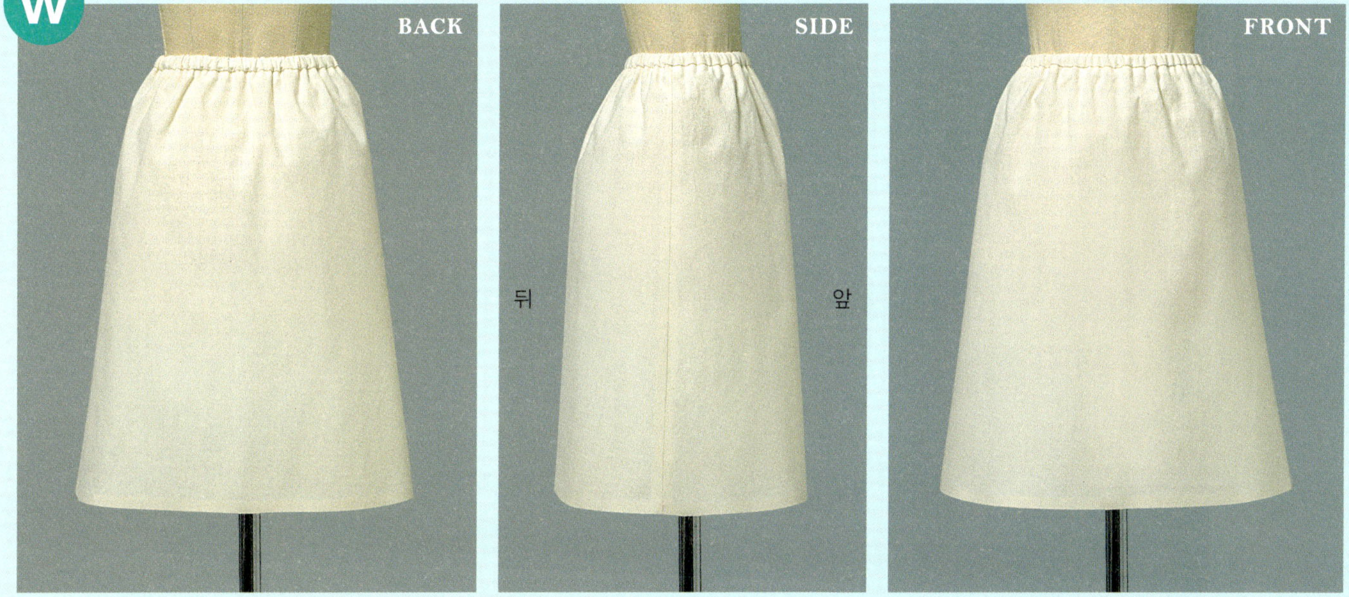

BACK　　　　　SIDE　　　　　FRONT

뒤　　　　　앞

완만한 경사로 밑단이 퍼진다.

X

BACK　　　　　SIDE　　　　　FRONT

뒤　　　　　앞

허리의 여분을 주름 잡아 개더가 풍성한 볼륨감 있는 실루엣.

9 트임 없는 간단 스커트
— Easy skirt —

y 티어드형

2개의 직사각형을 조합한 모양.
윗부분은 **v** 와 같이 엉덩이의 필요 치수로 위 엉덩이 주위를 커버한다.
아랫부분은 **x** 와 같이 개더 분량을 추가한다.

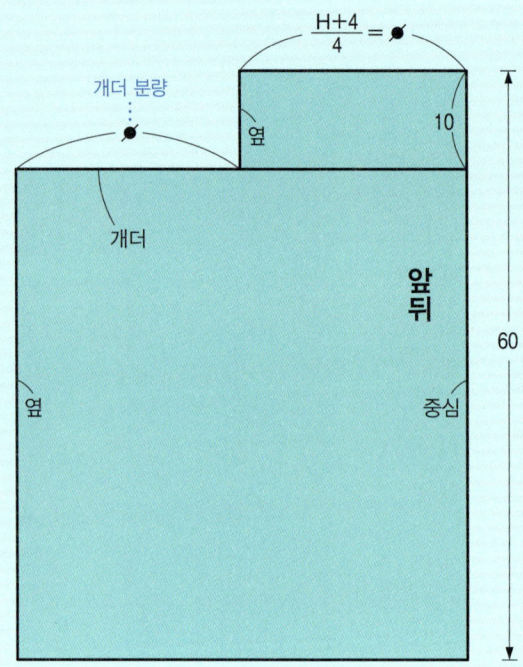

요크 스커트 같은 2단 티어드. 볼륨감 있게 밑단이 퍼지는 실루엣.

Z 반원

원주의 반이 엉덩이의 필요 치수가 되도록
원의 반지름을 계산해서 곡선을 그린다.

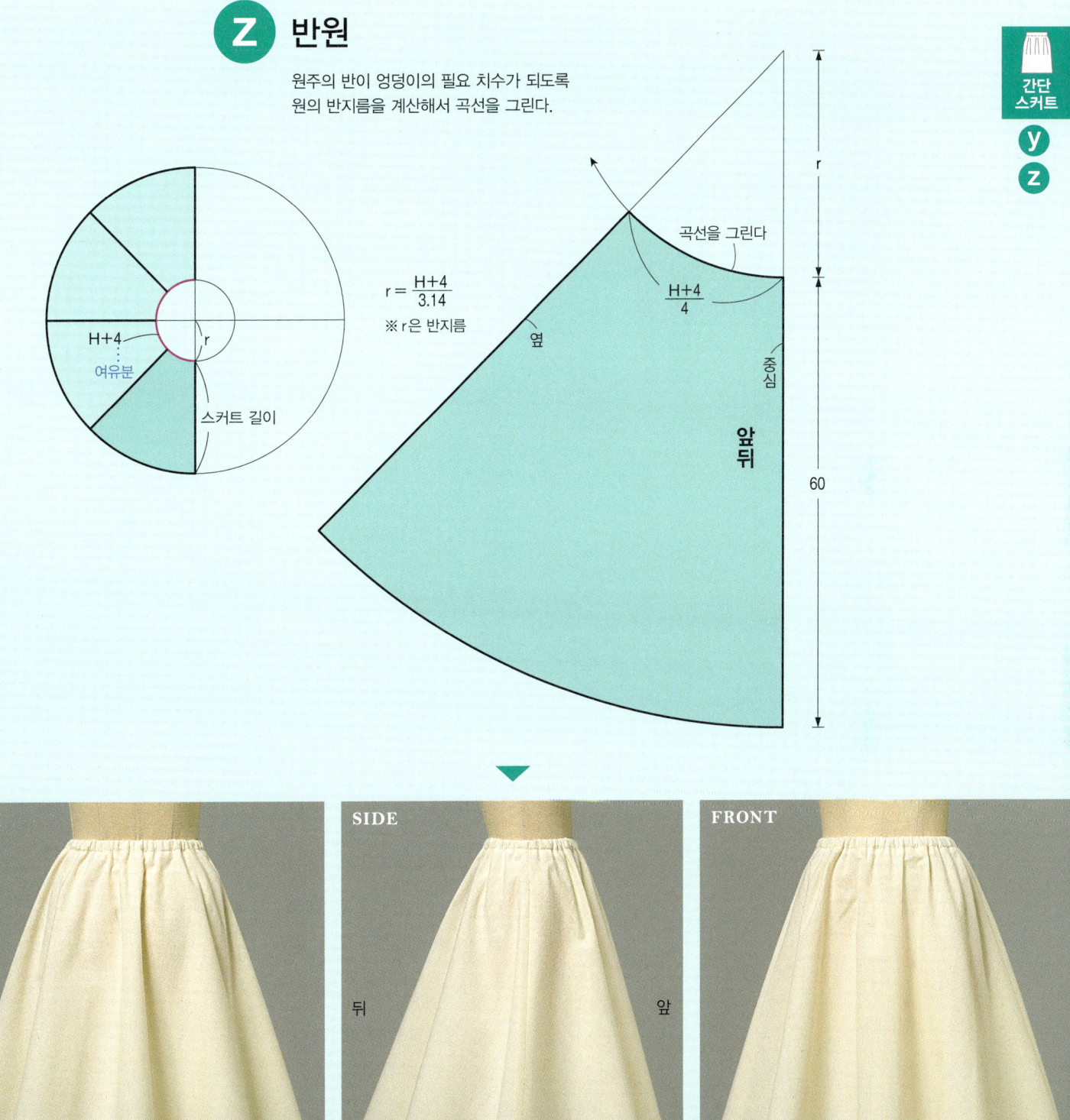

$$r = \frac{H+4}{3.14}$$

※ r은 반지름

H+4
여유분

스커트 길이

곡선을 그린다

$$\frac{H+4}{4}$$

옆

중심

앞
뒤

r

60

BACK

SIDE

뒤   앞

FRONT

밑단이 넓게 퍼지는 플레어 개더 스커트. 밑단 너비는 X보다 볼륨이 넓은 타입이지만 허리 주위는 깔끔하다.

10 교시 디자인 스커트
— Design skirt —

1 랩 스커트

기본 패턴을 사용한다.
옆에 턱 분량을 끼워 넣고 앞뒤를 연결해 1개의 패턴으로 통합한다.
앞 중심에는 겹침 분량을 추가한다.

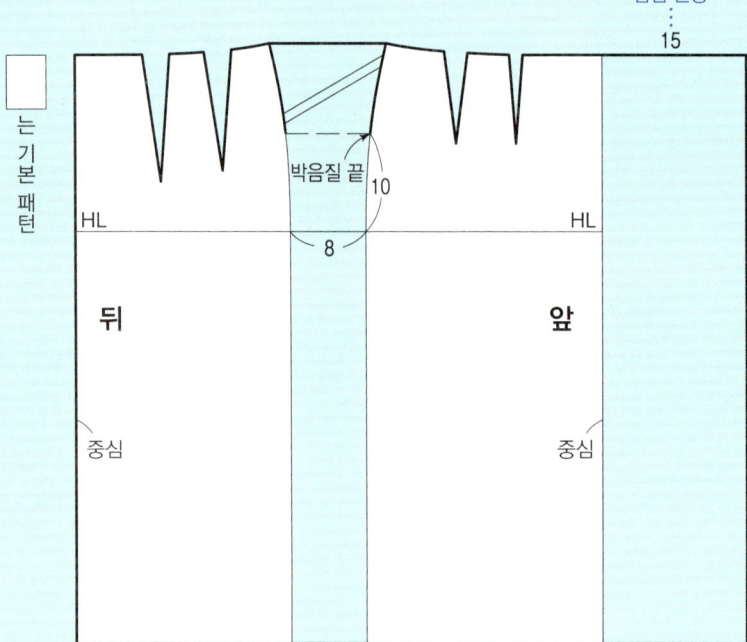

겹침 분량
15

박음질 끝 10
8

HL — HL

뒤 — 앞

중심 — 중심

는 기본 패턴

! 앞뒤 각각 다트 분량이 2개 합쳐서 3cm 이하인 경우는 조정한다.

BACK

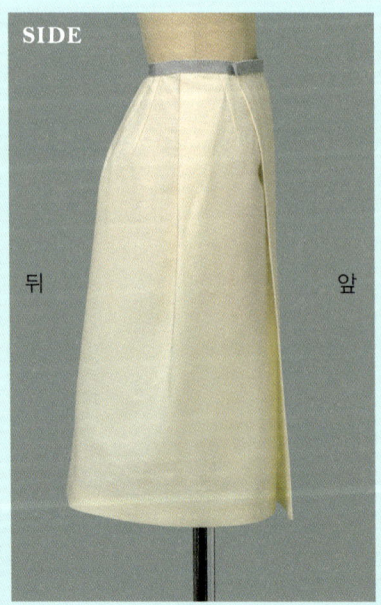

SIDE

뒤 — 앞

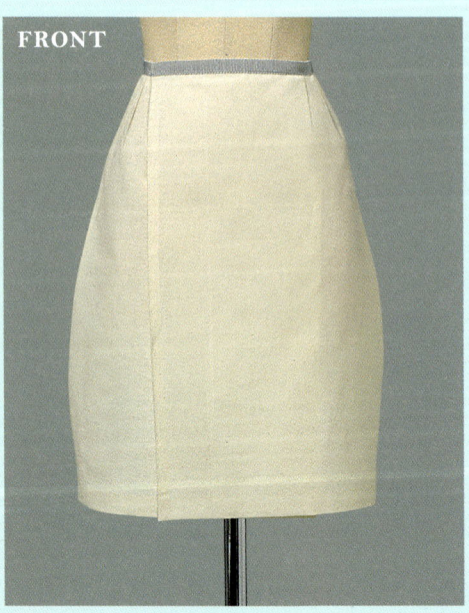

FRONT

휘감는 스커트 타입. 옆에 턱 분량을 추가해 밑단 둘레 치수가 늘어나고 보행을 위한 기능성도 커버한다.
둥글림을 살린 실루엣으로 기본적인 타이트 이미지를 없앴다.

지금까지 소개한 기본적인 타입의 스커트와는 조금 다른, 다양한 디자인의 스커트를 소개한다.
기본 패턴을 응용하거나 직사각형, 이와 비슷한 패턴 등 스타일과 취향에 따라 변형이 무궁무진하다.

② 랩풍 스커트

뒤는 엉덩이 치수를 토대로 여유분을 추가해 사다리꼴로 제도하고, 허리는 고무줄을 끼워 각자의 사이즈에 맞춘다.
앞은 엉덩이 치수를 토대로 여유분과 턱 분량을 추가해 좌우를 펼친 직사각형을 그리고, 허리의 좌우 옆쪽에 턱을 넣는다.
다시 앞 중심의 큰 턱을 태브로 고정하면 사이즈 조정이 가능하다.

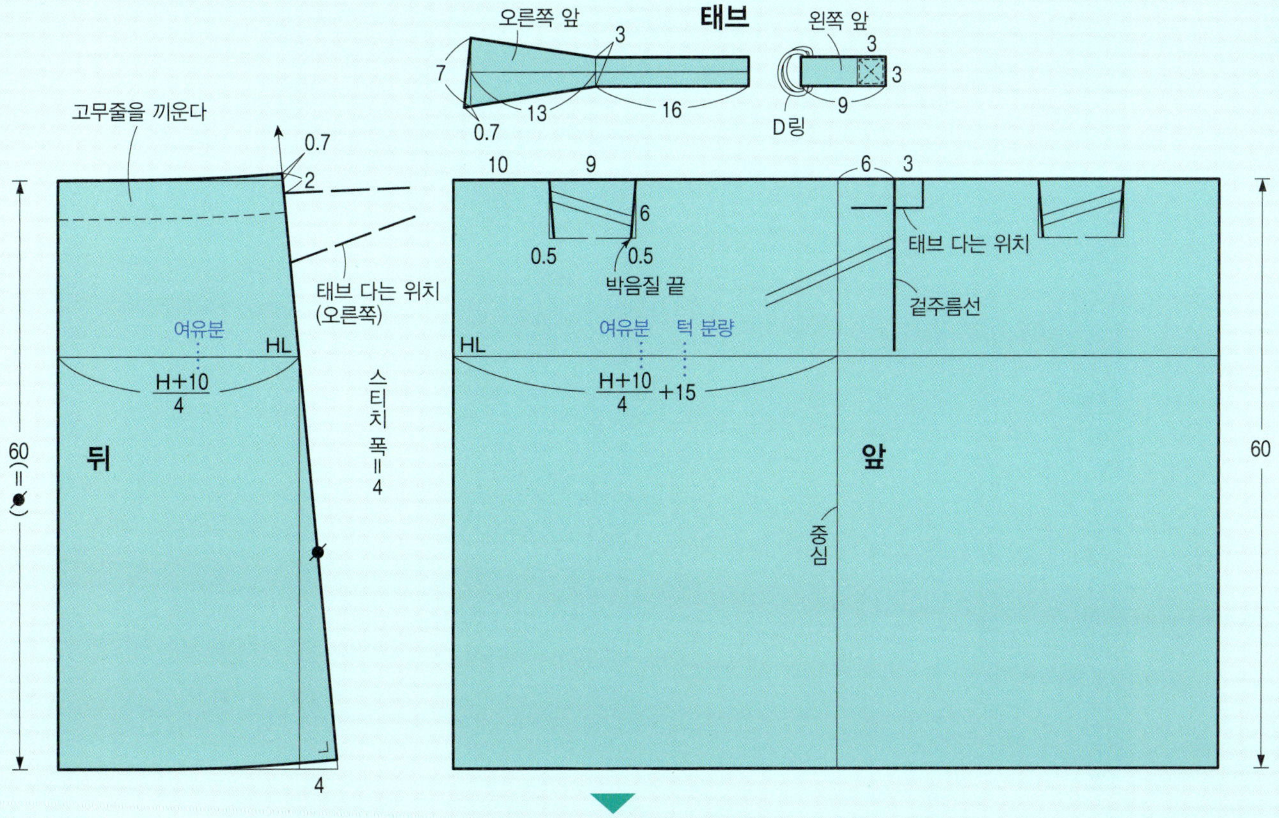

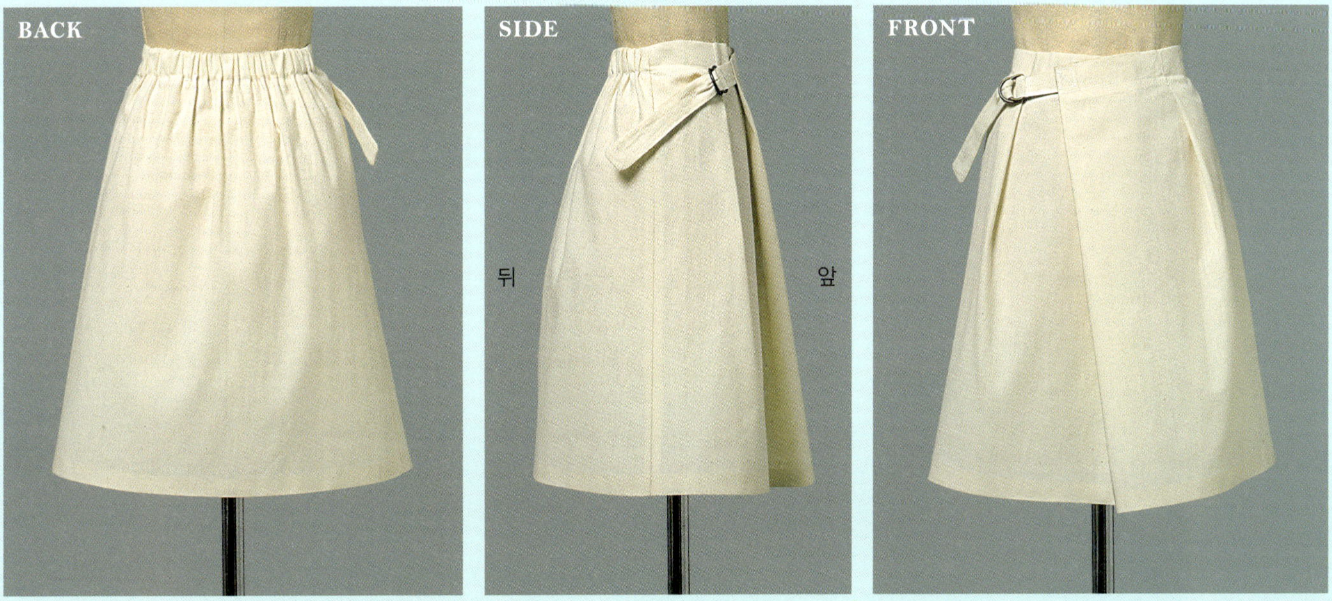

태브

오른쪽 앞 / 7 / 3 / 0.7 / 13 / 16

왼쪽 앞 / 3 / 3 / 9 / D링

고무줄을 끼운다

0.7
2

태브 다는 위치
(오른쪽)

여유분

HL

$\dfrac{H+10}{4}$

스티치
폭=4

뒤

60=

4

10   9

6

0.5   0.5
박음질 끝

HL

여유분   턱 분량

$\dfrac{H+10}{4}$ +15

6   3

태브 다는 위치

겉주름선

앞

중심

60

BACK

SIDE

뒤   앞

FRONT

태브를 이용한 큰 턱으로, 랩 스커트처럼 보이게 한 디자인. 볼륨감이 적어 밑단 퍼짐이 직선적인 실루엣.
원통 형태에서 뒤는 고무줄, 앞은 턱 & 태브로 허리를 딱 맞게 줄여준다.

10 교시 디자인 스커트
—— Design skirt ——

3 턱트 스커트

앞뒤를 연결한 패턴이다.
허리의 필요 치수에 턱 분량을 추가한 너비와 스커트 길이로 직사각형을 그린다.
턱은 위치를 균등하게 결정해서 배분하고 접는 방향에 경사를 준다.

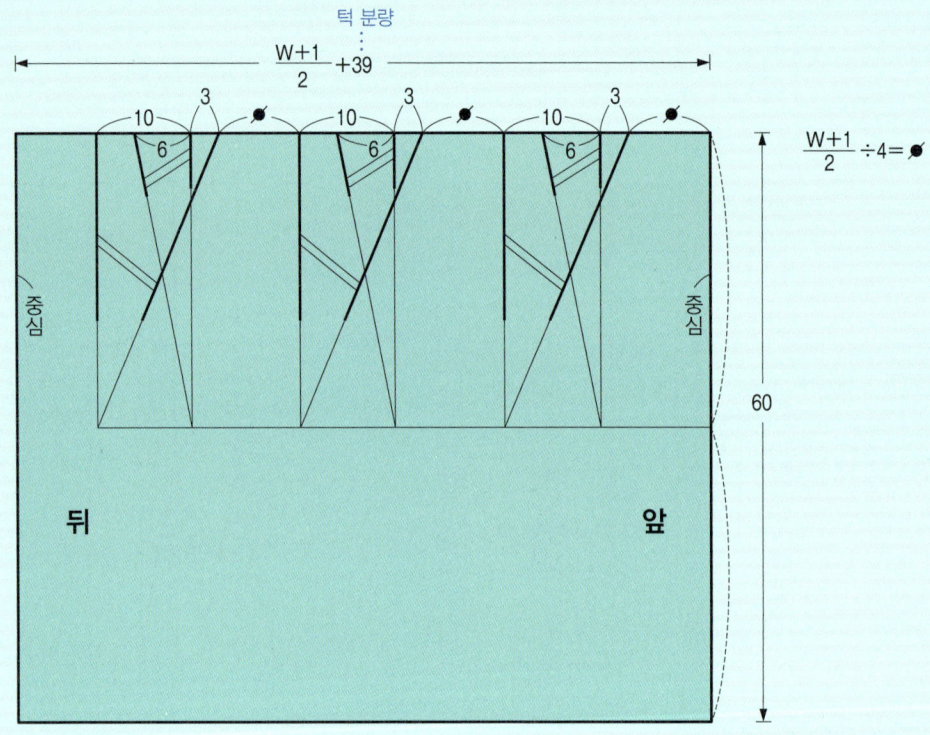

2개의 턱은 큰 턱 뒤에 작은 턱을 접은 이중 구조.
턱을 경사지게 접어 직사각형의 패턴이 입체적인 형태로. 밑단 퍼짐은 덜하다.

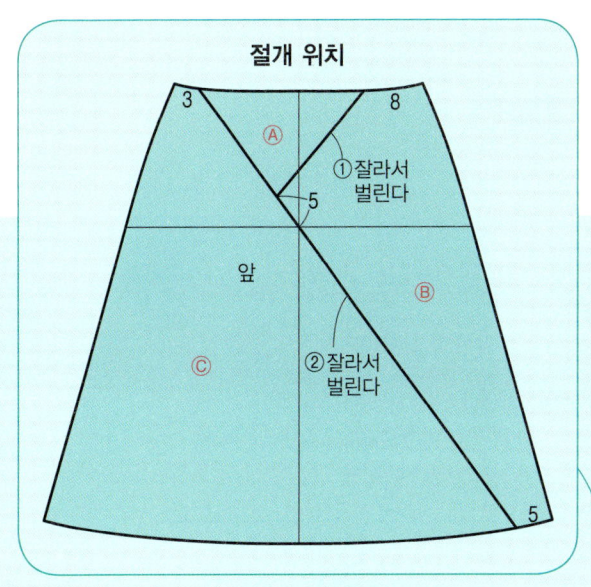

절개 위치

3　　　　8

Ⓐ

①잘라서 벌린다

5

앞

Ⓑ

Ⓒ

②잘라서 벌린다

5

디자인 스커트

❸
❹

4 드레이프 스커트 ①

앞뒤가 같은 기본 패턴을 제도한다.
중간 엉덩이 치수가 부족하지 않게
허리에서 엉덩이의 옆선은 곡선으로 한다.
뒤는 기본 패턴을 그대로 사용한다.
앞은 좌우를 펼친 전신 패턴으로 해서
비스듬한 절개선을 2개 넣고 턱 분량을 잘라서 벌린다.

접는 방향을 바꾸면…

심플하고 차분한 드레이프로.

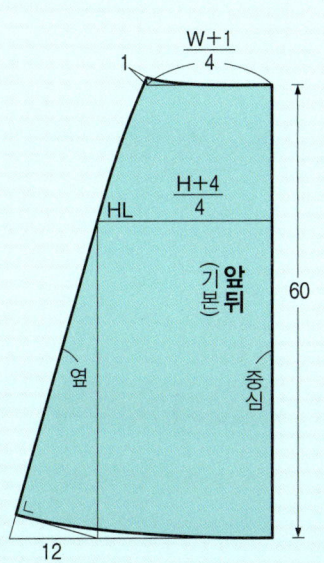

$\frac{W+1}{4}$

1

$\frac{H+4}{4}$

HL

(기본) 앞 뒤

옆

중심

60

12

절개 그림

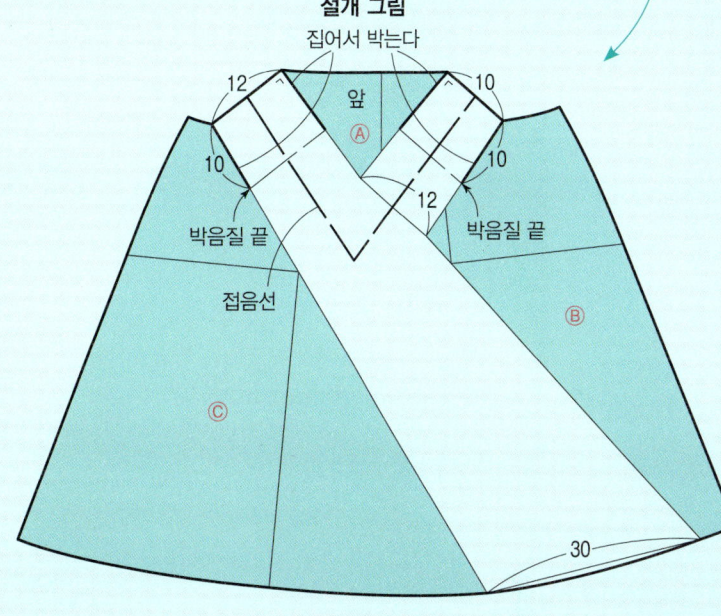

집어서 박는다

12　　　　　10

앞
Ⓐ

10　　　　　　　10

12

박음질 끝　　　　　　박음질 끝

접음선

Ⓒ

Ⓑ

30

BACK

SIDE

뒤　　　앞

FRONT

기본 실루엣은 사다리꼴의 플레어 라인. 앞에만 큰 턱을 겉으로 집어 크로스로 넣은 장식성이 돋보이는 디자인이다.

→ 제도 방법…P.155, 위아래에서 다른 치수를 잘라서 벌린다…P.172

10 디자인 스커트
― Design skirt ―

5 드레이프 스커트 ②

기본 패턴을 사용한다. 뒤는 변경하지 않는다.
앞은 좌우를 펼친 전신 패턴으로 해서 오른쪽 옆 윗부분 3곳에서 왼쪽 옆과 밑단으로 절개선을 넣는다.
왼쪽의 다트는 그대로 사용한다. 오른쪽은 다트 끝을 상단 절개선에 닿게 이동하고 맞댄다.
왼쪽 옆과 밑단을 기준점으로 턱 분량을 잘라서 벌린다. 밑단 너비나 길이에 따라서 벤트나
슬릿을 만들어 보행을 위한 기능성을 보완한다.

> ! 앞뒤 각각 다트 분량
> 이 2개 합쳐서 3cm
> 이하인 경우는 조정
> 한다.

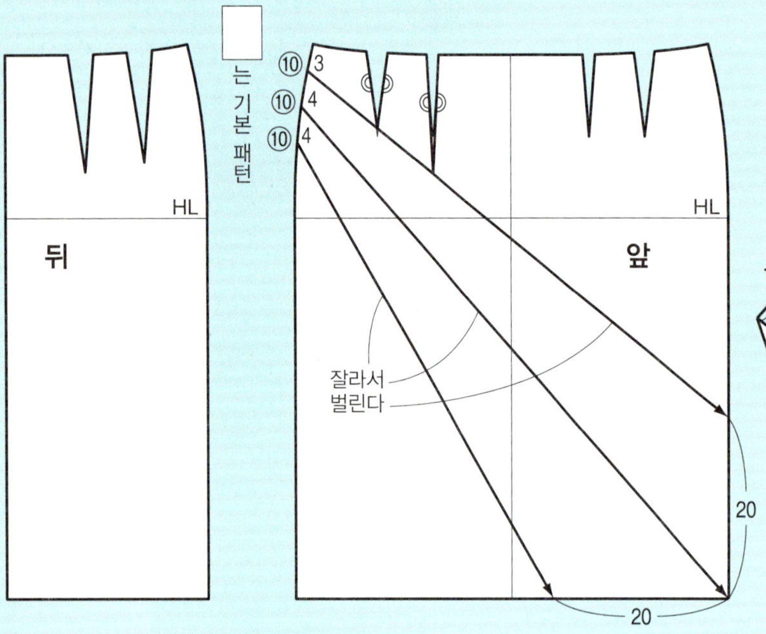

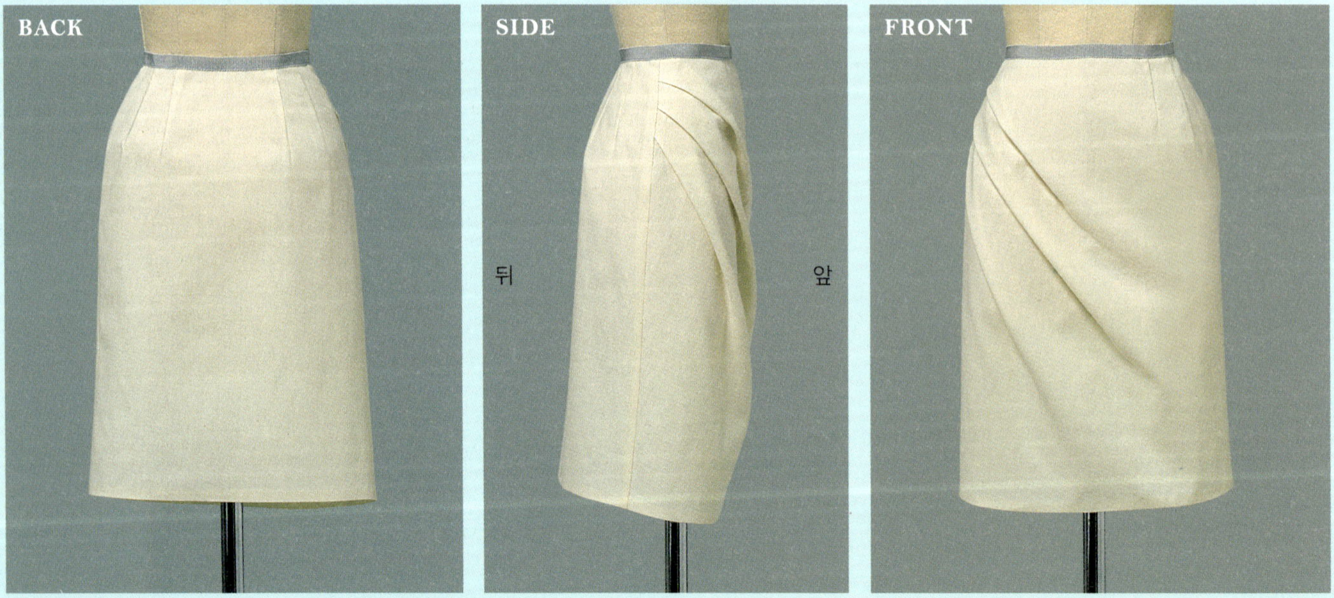

절개 그림

는 기본 패턴

뒤

HL

앞

10 3
10 4
10 4

잘라서
벌린다

20

20

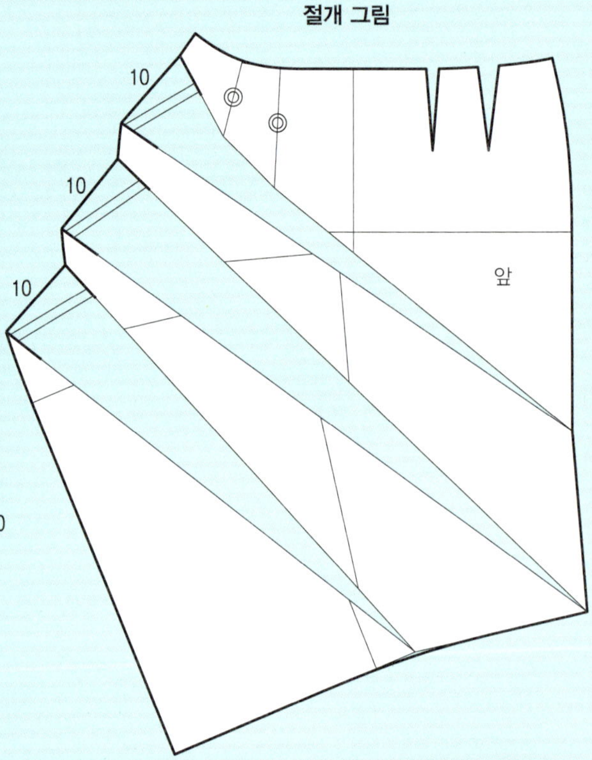

10

10

10

앞

BACK

SIDE

뒤   앞

FRONT

기본 실루엣은 타이트 라인. 오른쪽에서 왼쪽으로 비스듬히 크게 흐르는 드레이프이다.
옆에서 보면 잘라서 벌린 분량이 중력으로 인해 내려가 앞이 처진다.

 → 필요한 밑단 둘레 치수···P.17, 제도 방법···P.160, 다트 분량이 적은 경우 조정법···P.154, 기준점을 잡고 잘라서 벌린다···P.170

6 드레이프 스커트 ③

거의 직사각형에 요크 부분을 이은 패턴이다.
각 부분의 치수를 토대로 스커트 길이,
앞뒤 허리, 엉덩이 순으로 그려주고,
허리의 요크 달림 치수(∅, ✿)를 토대로
요크, 앞 끝선을 그린다.
이 2개의 파트가 스커트 전체 분량.

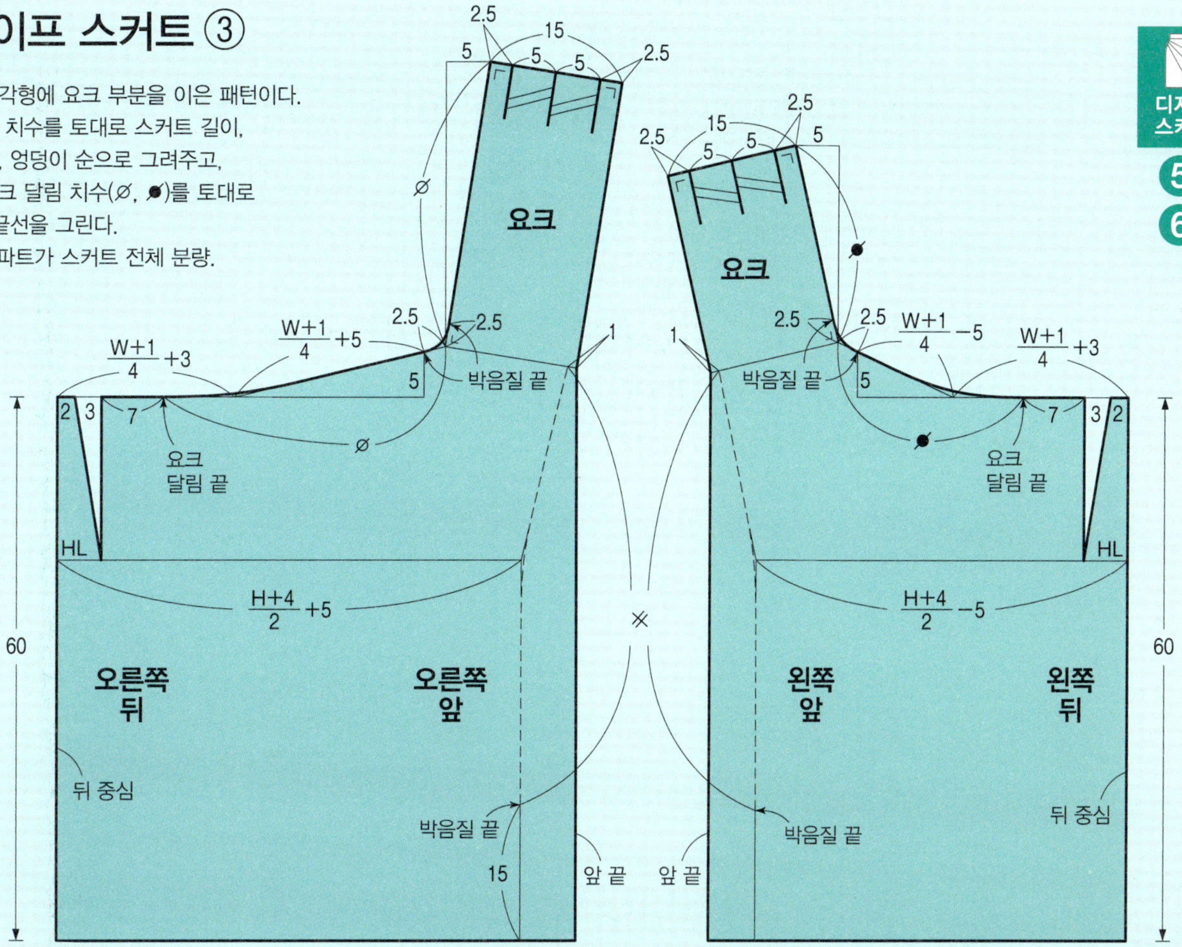

요크

2.5
15
5   5   5
2.5

2.5
15
2.5
5   5

요크

2.5   2.5
$\frac{W+1}{4}+3$

$\frac{W+1}{4}+5$

2.5   2.5
5
박음질 끝

1

2 3   7
요크
달림 끝
∅

1
박음질 끝
2.5   2.5
$\frac{W+1}{4}-5$
5
요크
달림 끝
7   3 2

$\frac{W+1}{4}+3$

HL

HL

60

$\frac{H+4}{2}+5$

오른쪽
뒤

오른쪽
앞

✕

$\frac{H+4}{2}-5$

왼쪽
앞

왼쪽
뒤

60

뒤 중심

박음질 끝

15   앞 끝

앞 끝

박음질 끝

뒤 중심

BACK

SIDE

뒤   앞

FRONT

기본 실루엣은 밑단이 조금 퍼지는 타이트 라인으로 엉덩이 여유는 적다. 요크 부분을 좁게 오므리고 비틀어서 스커트 허리에 박으면
비튼 곳부터 비스듬히 드레이프가 나타난다. 제도상의 앞 끝은 솔기 안으로 감춰진다.

→ 제도 방법···P.162   79

디자인 스커트
— Design skirt —

7 티어드 스커트

티어드란 층층이 겹쳐진다는 뜻이다.
직사각형의 파트를 겹친 앞뒤가 같은 패턴으로 각각의 이음선에 개더 분량을 넣는다.
이음 위치는 자유지만 하단으로 갈수록 길게 해야 균형이 맞는다.
각 단에서 달림 치수를 재고 옆쪽에서 개더 분량을 추가한다.

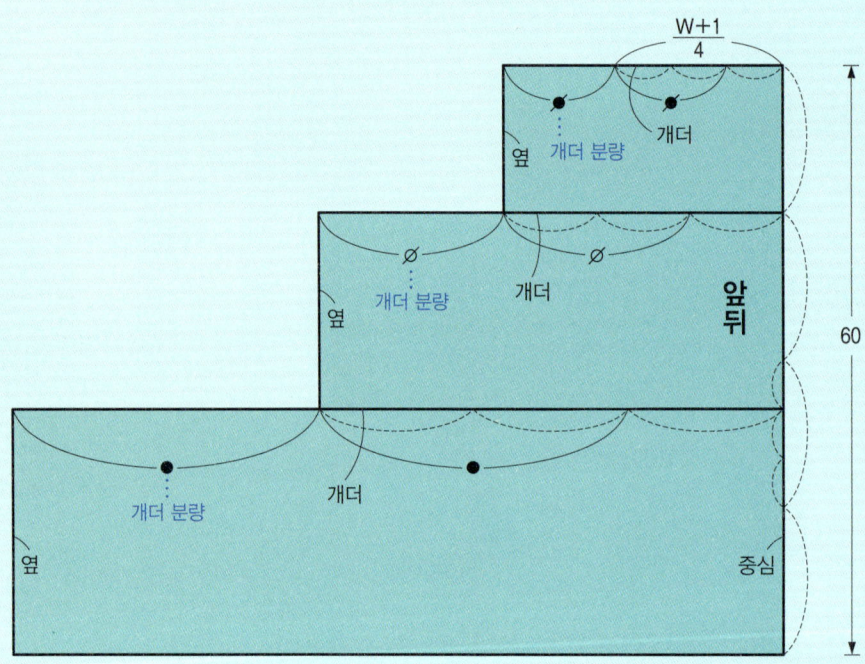

밑단으로 갈수록 볼륨이 있는 3단 티어드 스타일.
어느 단이나 달림 치수에 대한 개더 분량의 비율은 같다.

8 페플럼 스커트

윗부분은 기본 패턴을 사용한다. 수평으로 이음선을 긋고 다트 끝에서 수직으로 절개선을 넣는다.
다트 끝을 기준점으로 고정 치수를 벌린다. 벌린 치수(1곳)의 반을 옆에서 추가하고
엉덩이 곡선과 자연스럽게 연결해 옆선을 그린다. 여기서는 10cm 위치와 연결했다.
다트는 벌린 반동으로 닫혀서 분량이 줄기 때문에 1개로 만든다. 아랫부분의 페플럼은 별도로 제도한다.
윗부분의 이음 위치 치수에 다트 분량을 추가해 너비를 결정하고 먼저 직사각형을 그린다.
여기에 다트 분량을 균등하게 배분해서 그리고 완성한다.

절개 그림
(뒤도 같은 방법)

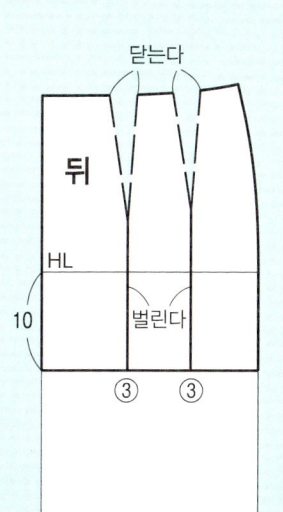

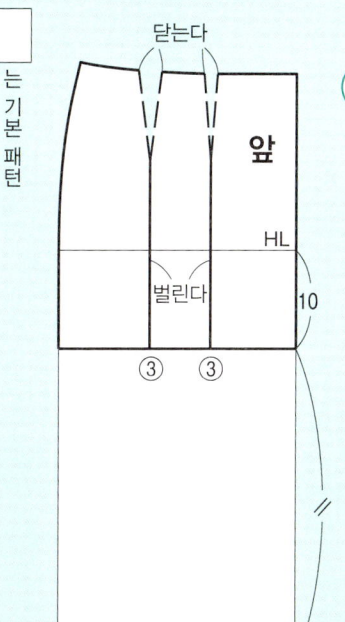

앞뒤 각각 다트 분량
이 1.2cm 미만인 경
우는 조정한다.

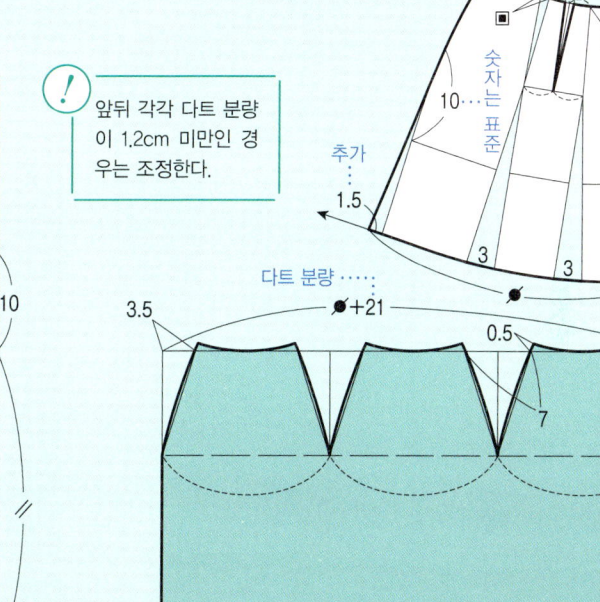

※뒤도 같은 방법

밑단에 페플럼풍의 파트를 이은 2단 티어드 타입.
윗부분은 사다리꼴, 아랫부분은 다트로 입체적인 모양을 만든 로켓 같은 형태다.

→ 다트 분량이 적은 경우 조정법…P.154, 제도 방법…P.164, 닫는다·벌린다(다트 일부를 닫는다)…P.167

10 디자인 스커트
── Design skirt ──

9 커쿤 스커트

기본 패턴을 사용한다. 앞뒤 모두 중심부 이외에 수평으로 이음선을 그어 위아래로 나눈다.
윗부분은 다트를 모두 닫아 이음선을 벌린다.
벌린 분량(2곳의 합계)의 $\frac{1}{4}$ 을 옆에서 추가하고 엉덩이 곡선과 자연스럽게 연결해 옆선을 그린다.
여기서는 10cm 위치와 연결했다. 아랫부분은 이음 위치에서는 윗부분과 같은 치수가 되게 잘라서 벌리고,
옆에서도 추가한다. 밑단에서는 이음 위치의 반 치수를 잘라서 벌린다.

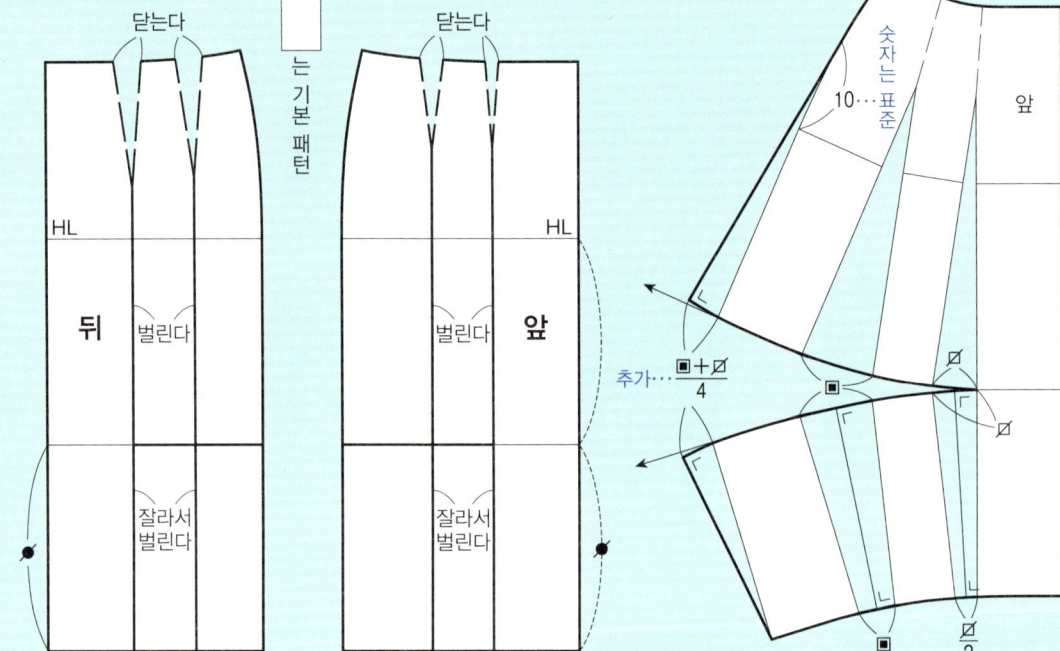

절개 그림
(뒤도 같은 방법)

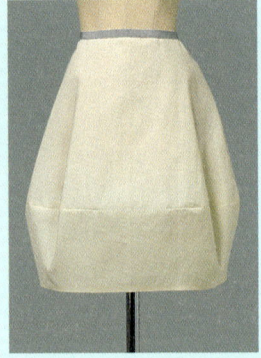

천이 중력으로 처지면…

이음 위치가 부드럽게 부풀어
자연스러운 입체감으로.

BACK

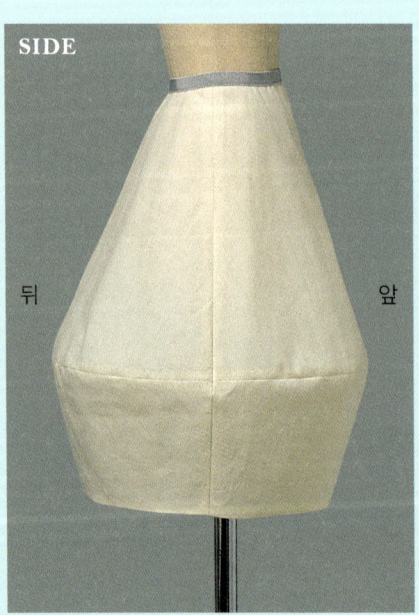

SIDE

뒤   앞

FRONT

커쿤은 누에고치를 뜻한다. 이음 위치에서 부풀며 밑단이 오므라들어 전체적으로 둥글림이 있는 실루엣.

⑩ 벌룬 스커트

기본 패턴을 사용한다. 앞은 다트 끝 위치를 지나게 요크 이음선을 그린다.
뒤는 앞과 같은 치수로 요크 이음선을 그리고 아랫부분의 남은 다트 분량은 옆에서 잘라
HL까지 옆선을 다시 그린다. 요크는 다트를 맞댄다. 아랫부분은 밑단에 되접는 분량을 추가하고,
다트 끝에서 수직으로 절개선을 넣고 밑단에 개더 분량을 잘라서 벌린다.
벌린 치수(1곳)의 반을 옆 밑단에서 추가하고 연결한다. 겉감의 밑단이 접혀 올라가므로
안감의 길이는 같은 분량인 4cm를 자른다. 밑단의 절개 분량은 겉 패턴의 반으로 한다.

> ! 옆 밑단의 추가 분량은 앞뒤
> 를 연결했을 때 1곳에서 벌리
> 는 분량과 같도록 그 분량의
> 반으로 하는 것이 기본이다.

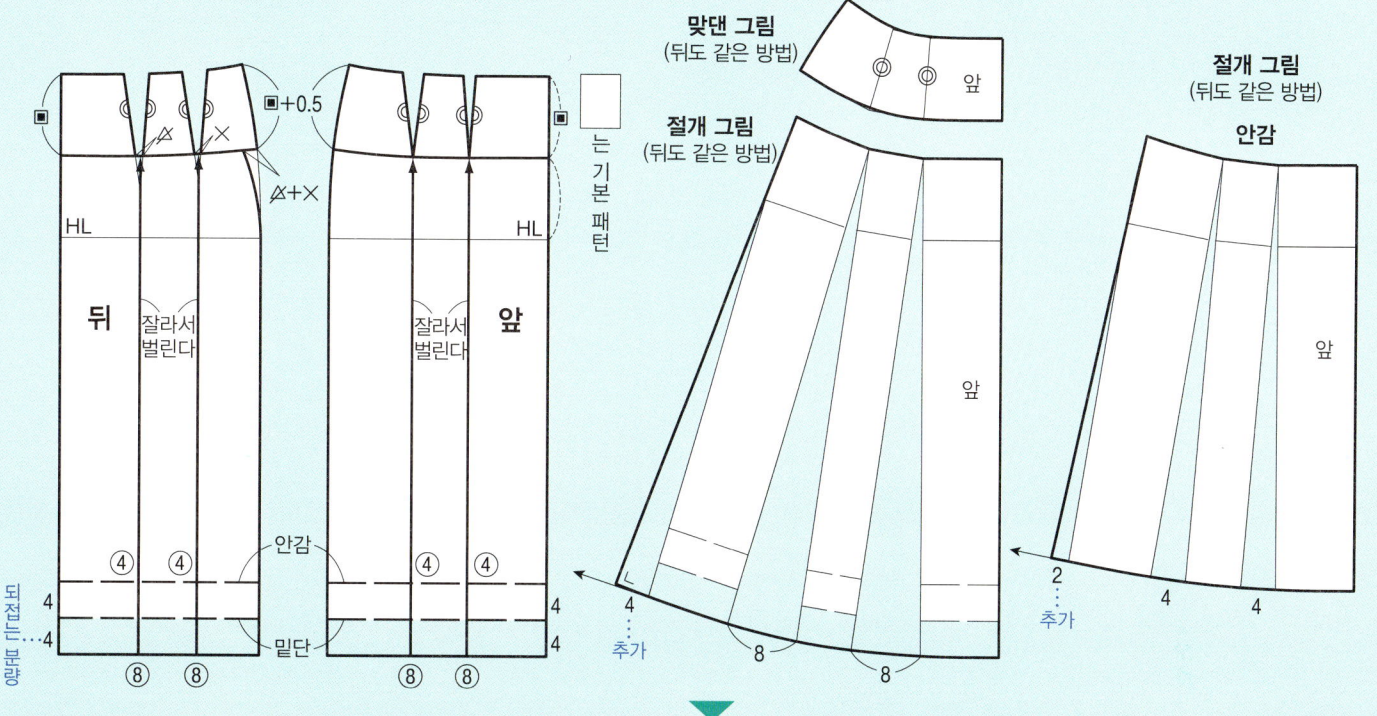

BACK

SIDE

뒤   앞

FRONT

개더를 잡은 겉감의 밑단을 접은 자국 없이 되접어 안감과 박으면 안감에 매달린 상태가 되면서 헴라인이 부푼다.
안감에는 개더를 잡지 않는다. 위 엉덩이 주위는 요크로 깔끔하게 딱 맞는다.

10 디자인 스커트
— Design skirt —

디자인
스커트

11

11 고어드 스커트

허리와 엉덩이의 필요 치수, 밑단 너비를 정해진 필요 장수로 나눈 치수를 이용해서 사다리꼴을 그린다.
엉덩이 곡선에는 중간 엉덩이가 부족하지 않게 0.3cm 정도 부풀린다.
이 패턴을 이으면 스커트 모양이 된다. 필요 장수는 6~20장 정도의 짝수를 기준으로 취향대로 결정한다.
입체적인 몸을 동일한 패턴으로 감싸기 때문에 장수가 많을수록 체형에 맞추기 쉽다.

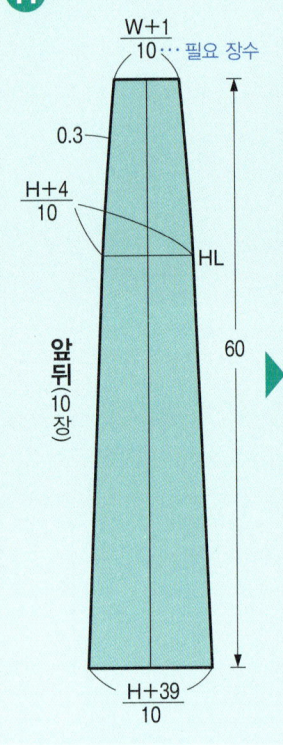

$\dfrac{W+1}{10}$ … 필요 장수

0.3

$\dfrac{H+4}{10}$

HL

앞뒤(10장)

60

$\dfrac{H+39}{10}$

BACK

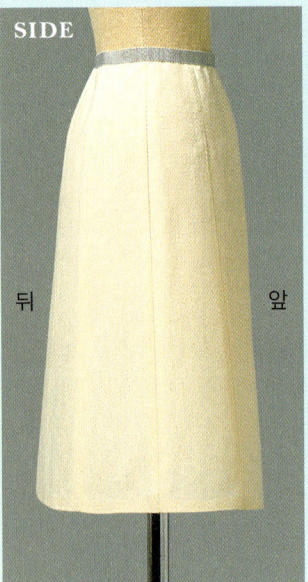

SIDE

뒤   앞

FRONT

가늘게 들어간 이음선이 세로 라인을 강조한다.
개더나 턱을 넣었을 때처럼 웨이브가 두드러지지는 않지만 다면체 특유의 입체감이 특징이다. 여기서는 10장 잇기.

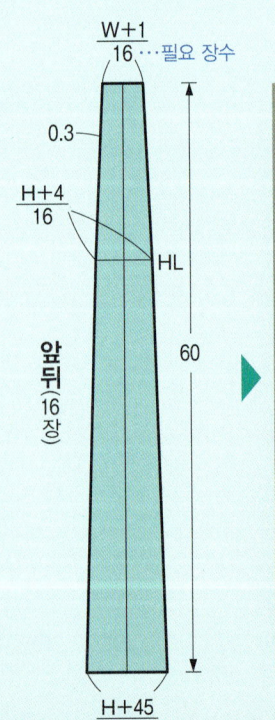

$\dfrac{W+1}{16}$ … 필요 장수

0.3

$\dfrac{H+4}{16}$

HL

앞뒤(16장)

60

$\dfrac{H+45}{16}$

BACK

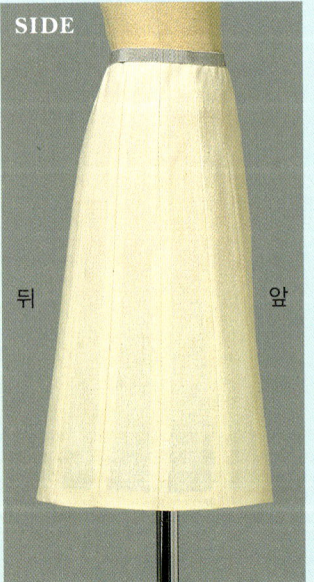

SIDE

뒤   앞

FRONT

여기서는 16장 잇기. 장수가 늘어나면 한층 완만하고 소프트한 모양으로.

Lecture on Pattern-making

응용 종류와 방법을 쉽게 설명한다

특별 강의

나만의 특별한 감각을 더욱 높일 수 있는 패턴의 '응용'.
패턴에 부분적인 변화를 더하면 가능성이 무한대로 넓어진다.
종류와 방법을 알아야 완성도가 높아진다.

스커트 길이 차이에 따른 비교

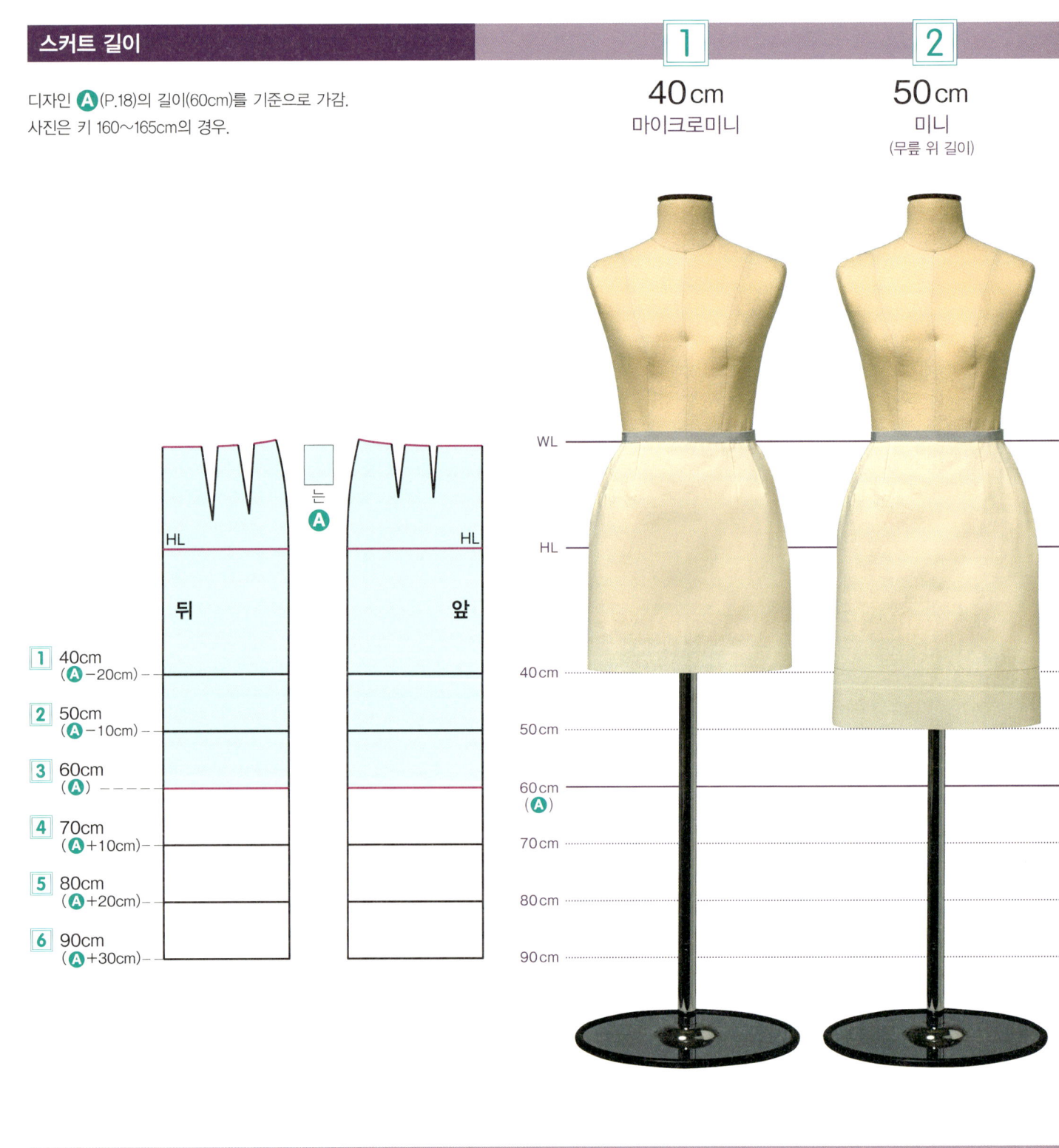

스커트 길이

디자인 Ⓐ(P.18)의 길이(60cm)를 기준으로 가감.
사진은 키 160~165cm의 경우.

1	2
40cm	**50**cm
마이크로미니	미니
	(무릎 위 길이)

1 40cm
(Ⓐ-20cm)

2 50cm
(Ⓐ-10cm)

3 60cm
(Ⓐ)

4 70cm
(Ⓐ+10cm)

5 80cm
(Ⓐ+20cm)

6 90cm
(Ⓐ+30cm)

HL

뒤

앞

는
Ⓐ

WL

HL

40cm

50cm

60cm
(Ⓐ)

70cm

80cm

90cm

길이를 바꾸기만 해도 다양하게 디자인을 응용할 수 있다.
여기서는 단계적으로 길이에 변화를 주어 소개한다.

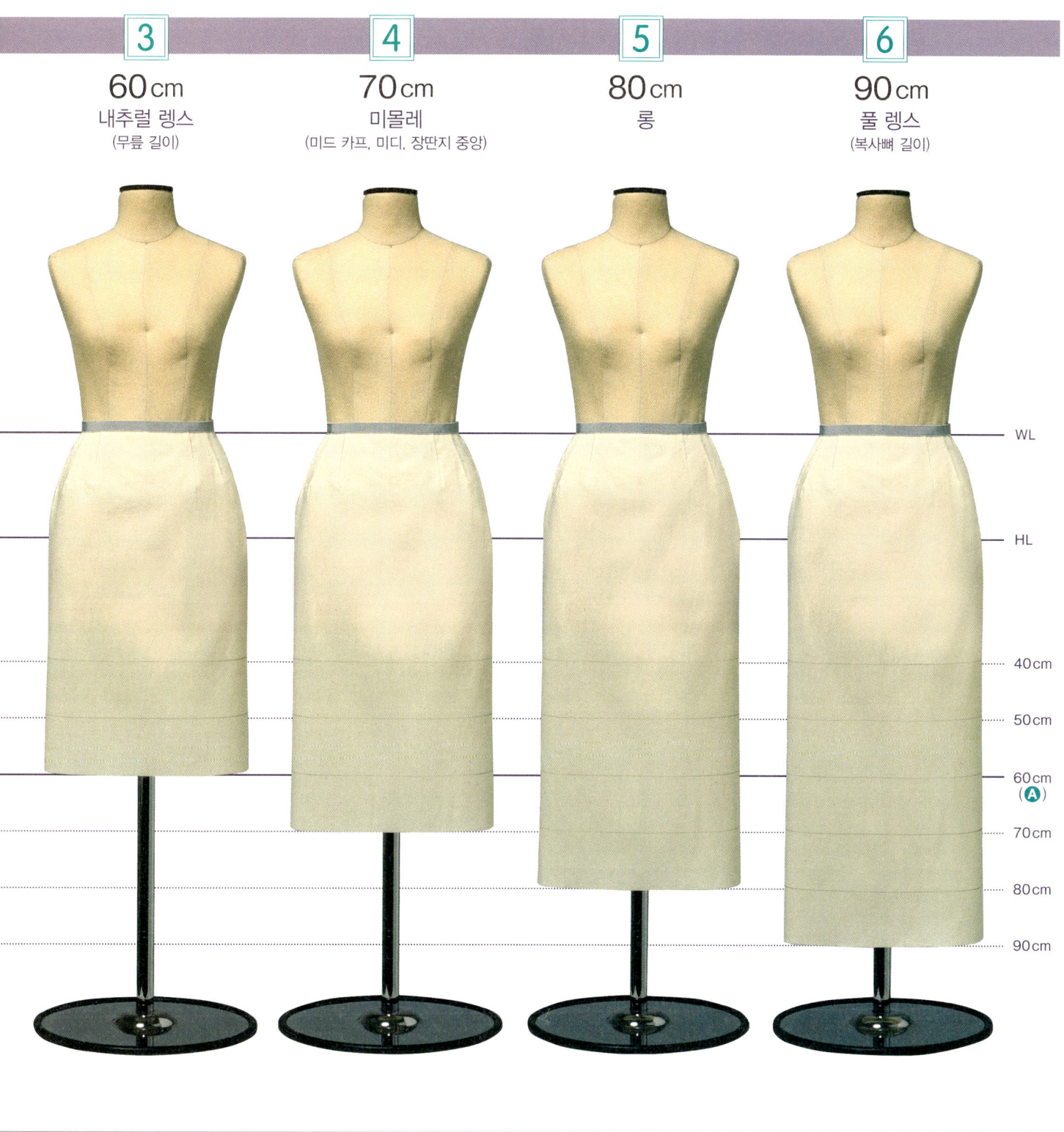

3	4	5	6
60cm	**70**cm	**80**cm	**90**cm
내추럴 렝스	미몰레	롱	풀 렝스
(무릎 길이)	(미드 카프, 미디, 장딴지 중앙)		(복사뼈 길이)

WL

HL

40cm

50cm

60cm
(A)

70cm

80cm

90cm

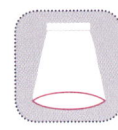

밑단선의 변형

1 뒤 내림

뒤 중심과 앞뒤 옆선을 각각 연장하고, 완만한 곡선으로 연결한다. 앞이 짧고 뒤가 긴 앞뒤가 차이 나는 스타일. 사이드는 앞에서 뒤로 자연스러운 경사로.

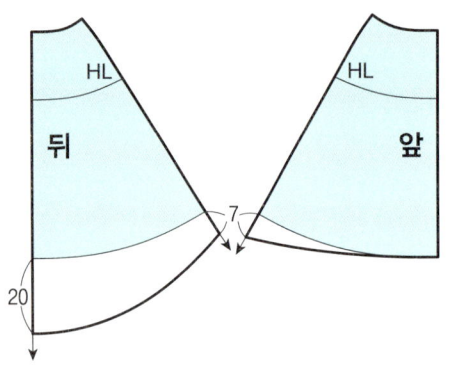

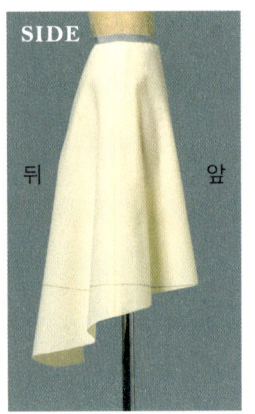

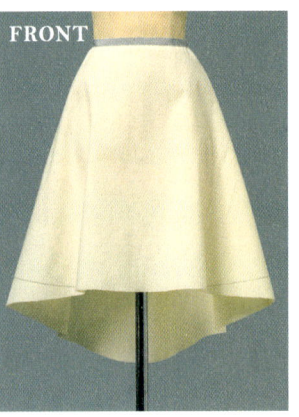

2 양옆 내림(밑단이 곡선)

옆선을 연장하고 앞 중심 부근의 밑단선과 자연스럽게 곡선으로 연결한다. 옆선과의 각도는 직각. 앞뒤가 짧고 사이드가 긴 스타일. 밑단선은 곡선적.

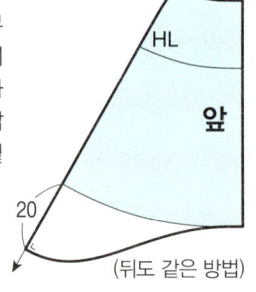

(뒤도 같은 방법)

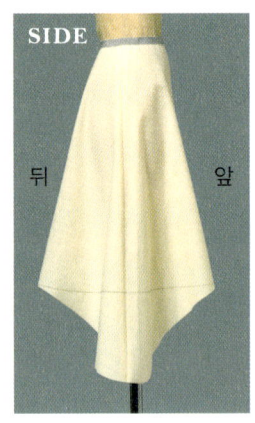

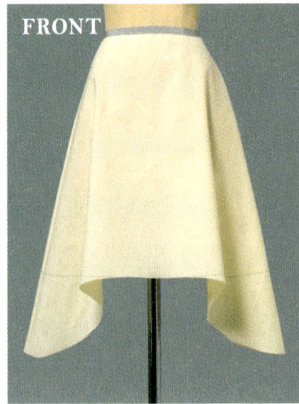

3 양옆 내림(밑단이 수평)

앞 밑선을 수평으로 해서 옆선을 연장한다. 뒤 옆선은 앞 옆과 같은 치수로 연장하고 중심과 완만한 곡선으로 연결한다. 앞뒤가 짧고 사이드가 긴 스타일이지만 차이는 비교적 적다.

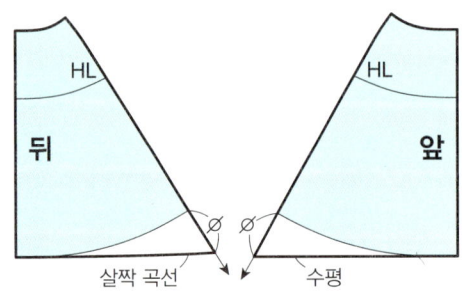

살짝 곡선　　　수평

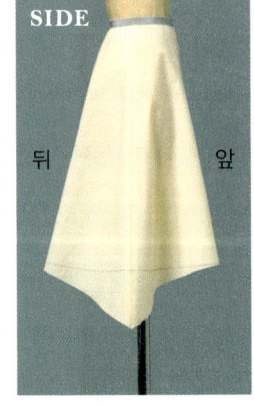

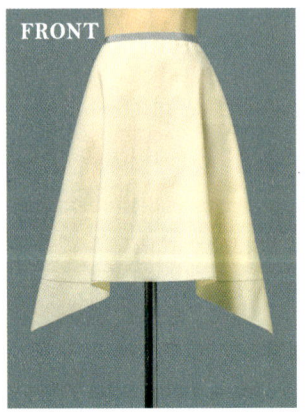

4 양옆 내림(밑단이 예각)

2 와 같이 옆선을 연장하고 앞 중심 부근의 밑단선과 자연스럽게 곡선으로 연결한다. 옆선과의 각도는 예각. 앞뒤가 짧고 사이드가 긴 스타일. 밑단선은 직선적.

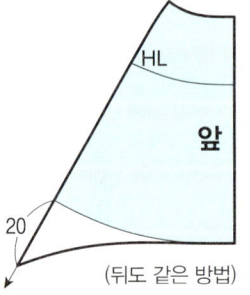

(뒤도 같은 방법)

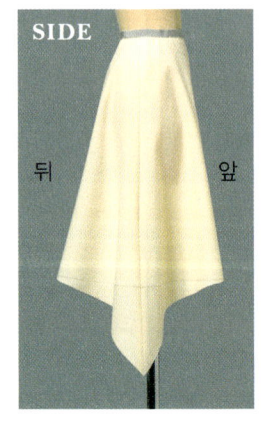

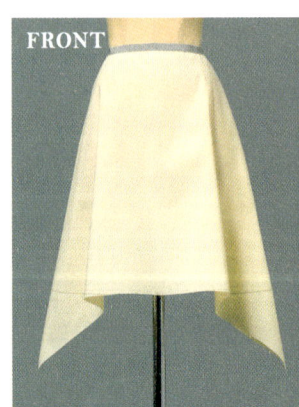

밑단선을 바닥과 평행이 되게 완성하지 않고
자유롭게 변형하면 다채로운 표정의 디자인을 만들 수 있다.
6 이외는 I (P.26)의 플레어 실루엣을, 6 은 원에 가까운 L (P.29)을 토대로 응용한 예.
비교하기 쉽게 각 사진의 스커트에는 원형의 밑단선을 옅은 그레이 선으로 표시했다.

5 한쪽 옆 내림(오른쪽이 길다)

오른쪽 옆선을 연장하고 왼쪽 옆선과 자연스럽게 곡선으로 연결한다. 앞 중심의 연장 치수는 알맞게 균형을 이루는 위치에 설정한다. 왼쪽에서 오른쪽으로 길어지는 좌우 길이가 다른 스타일.

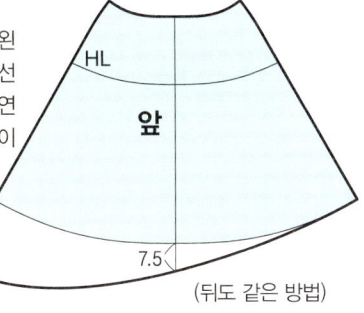

(뒤도 같은 방법)

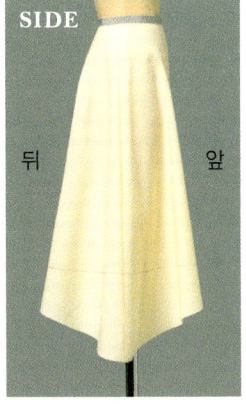

6 행커치프 헴라인

옆 밑단의 수직선과 앞 중심 밑단의 수평선을 연결한다. 행커치프의 모서리를 늘어뜨린 것처럼 직선적이고 불규칙한 매력으로 생동감이 있는 헴라인.

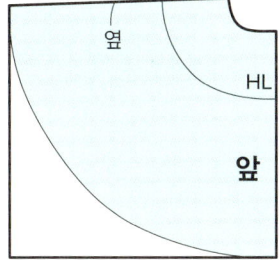

(뒤도 같은 방법)

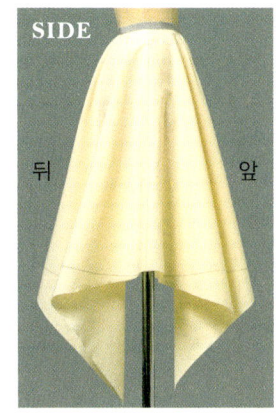

7 앞 밑단 곡선(랩풍)

앞 중심의 허리에서 치수를 추가한다. 새로운 앞 끝에서 밑단으로 완만한 곡선으로 연결한다. 꽃잎을 겹친 듯 사랑스러운 느낌의 디자인.

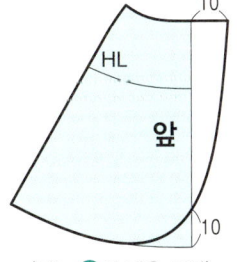

(뒤는 I 와 같은 모양)

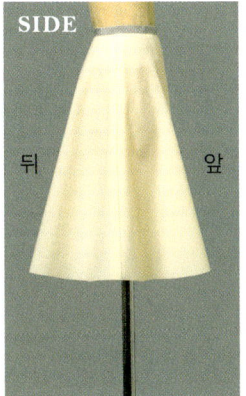

8 양옆 내림(밑단이 수평, 옆이 모서리)

옆선의 엉덩이선에서 밑단 사이를 2등분한다. 이 중심섬에서 수직선을 긋고 밑단의 수평선과 연결한다. 옆선에 포인트가 생기는 입체적인 실루엣. 밑단은 양옆이 살짝 내려가는 완만한 곡선.

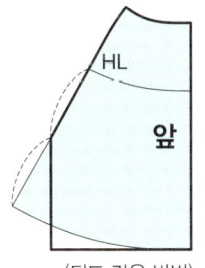

(뒤도 같은 방법)

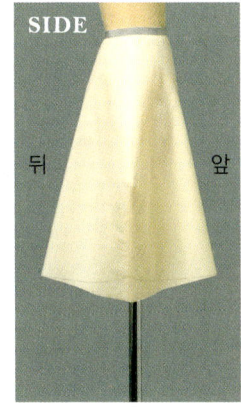

허리 위치의 변형

1 로 웨이스트(WL-4cm)

허리선을 평행으로 4cm 내린다. 로 웨이스트의 완성 치수와 신체 치수를 비교해서 여유분이 한 바퀴에 1cm보다 많은 경우는 여분을 앞뒤의 옆 또는 옆과 다트로 분산해서 자른다. 허리 주위가 조이지 않아 편안하지만 스커트가 돌아가기 쉽다.

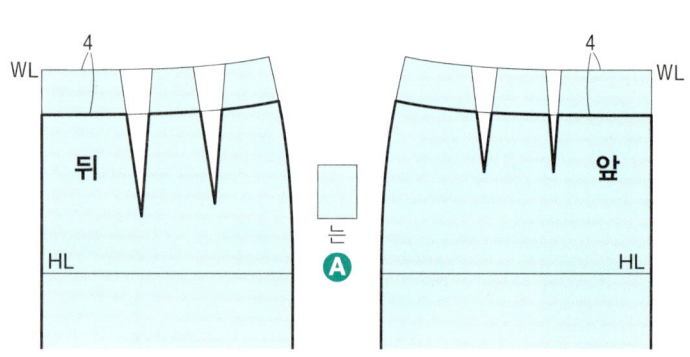
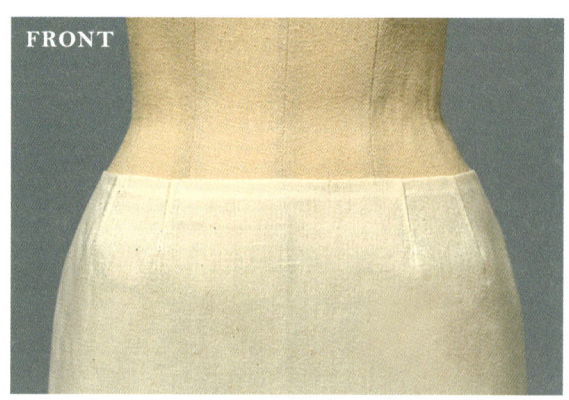

2 로 웨이스트(WL-2cm)

허리선을 평행으로 2cm 내린다. 허리의 완성 치수와 신체 치수를 비교해서 여유분이 한 바퀴에 1cm보다 많은 경우는 여분을 앞뒤의 옆 또는 옆과 다트로 분산해서 자른다. 허리 주위가 조이지 않고 1 보다 안정적이다.

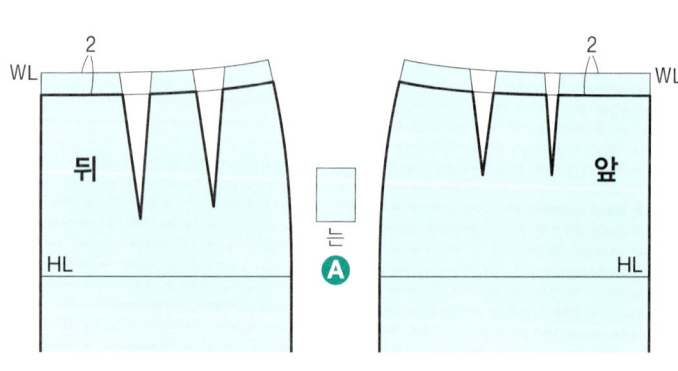
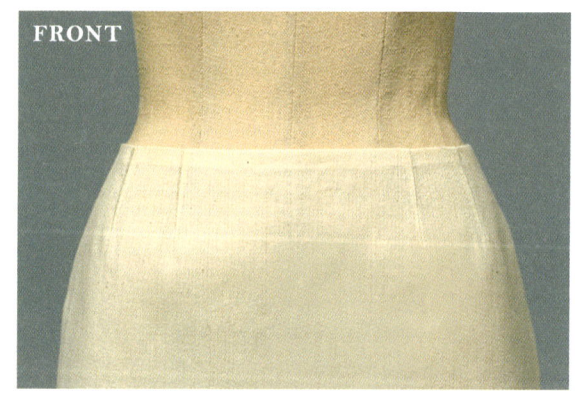

3 저스트 웨이스트(WL)

허리선의 변경이 없다.
가장 기본적인 허리 위치로 안정감이 있다.

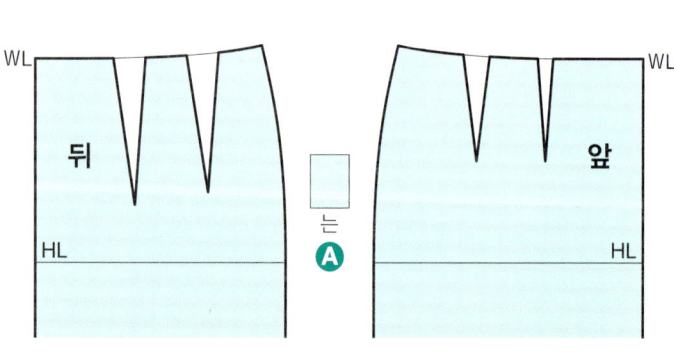

허리 위치를 바꾸기만 해도 겉모양이나 착용감이 달라진다.
여유분은 허리를 내리면 많아지고, 올리면 적어지므로 알맞게 조정한다.
아래 예는 타이트 스커트 Ⓐ(P.18).

기본 패턴에는 허리 한 바퀴에 1cm, 엉덩이 한 바퀴에 4cm의 여유분
이 들어 있다(P.14). 로 웨이스트는 위치를 내릴수록 여유분이 많아지므
로 제도 후에 신체 치수와 비교해 조정한다. 또 하이 웨이스트는 위치
를 올릴수록 신체의 둘레 치수가 많이 필요하다. 여기서는 일반적인 치
수를 추가한 것으로 제도 후에 편하게 맞는지 확인하자.

4 하이 웨이스트(WL+2cm)

허리선을 평행으로 2cm 올리고 중심, 다트 위치, 옆은 수직으로 올린다. 단, 가
장 옆쪽의 다트 위치만 원래 허리선에 직각. 벨트처럼 안정감이 있으면서 벨트를
다는 것보다 완성이 쉽다.

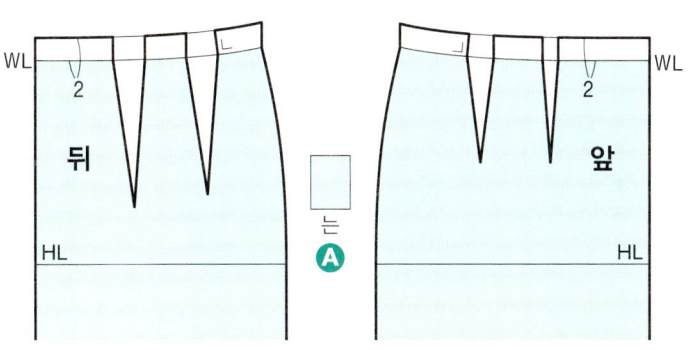

5 하이 웨이스트(WL+4cm)

허리선을 평행으로 4cm 올리고 중심, 다트 위치, 옆은 수직으로 올린다. 단, 가
장 옆쪽의 다트 위치만 원래 허리선에 직각. 또 중심 이외는 하이 웨이스트 위치
에서 치수를 추가한다. 허리에 약간 압박감이 있다.

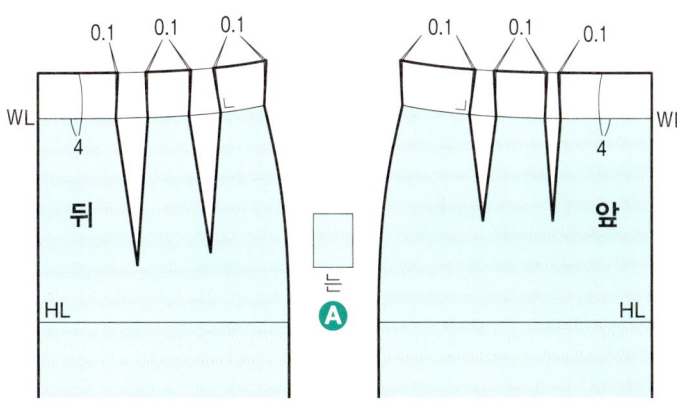

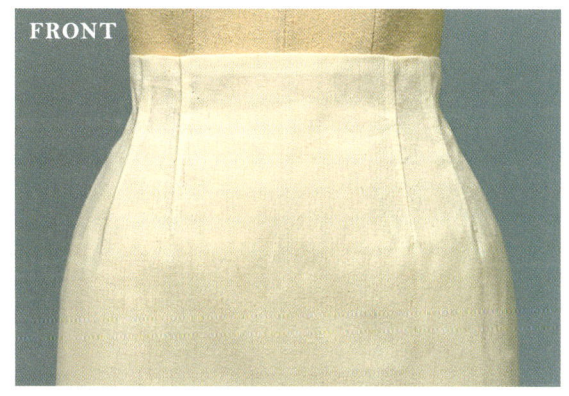

6 하이 웨이스트(WL+6cm)

허리선을 평행으로 6cm 올리고 중심, 다트 위치, 옆은 수직으로 올린다. 가장 옆
쪽의 다트 위치만 원래 허리선에 직각. 또 중심 이외는 하이 웨이스트 위치에서
치수를 추가한다. 체형에 따라 허리 주변에 압박감이 있다.

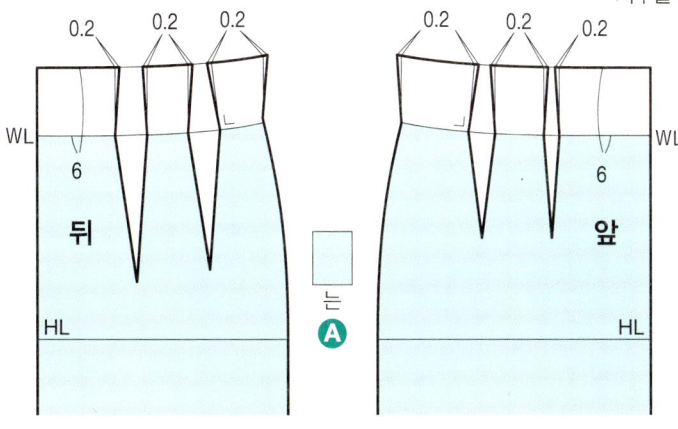

 허리 마무리의 종류

1 벨트(접착심지)

허리에 직사각형 파트를 추가하는 기본적인 완성법. 적당한 장력이 생기도록 접착심지를 붙여서 완성한다. 벨트 심지보다 조이는 느낌은 적다. 완성 위치는 허리선에서 벨트 폭 분량 위가 된다.

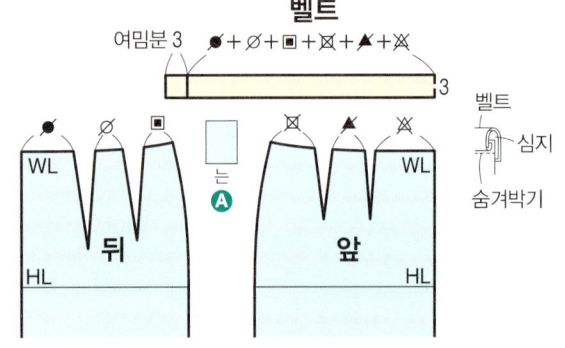

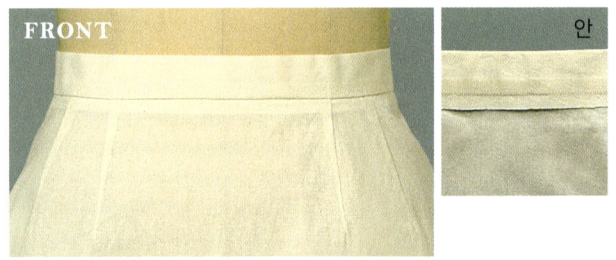

2 벨트(벨트 심지)

허리에 직사각형 파트를 추가하는 기본적인 완성법. 확실한 장력이 생기도록 전용 벨트 심지를 넣어 완성한다. 완성 위치는 허리선에서 벨트 폭 분량 위가 된다.

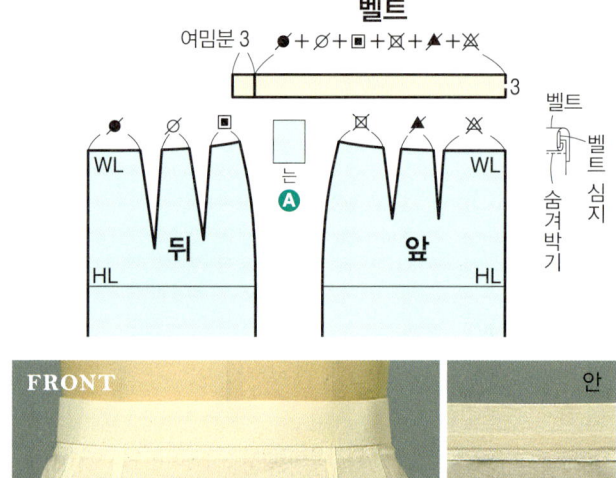

3 벨트(그로그랭 리본)

허리에 직사각형 파트를 추가하는 기본적인 완성법의 응용. 시판하는 리본으로 악센트를 주어 표정이 발랄하다. 완성 위치는 허리선에서 벨트 폭 분량 위가 된다.

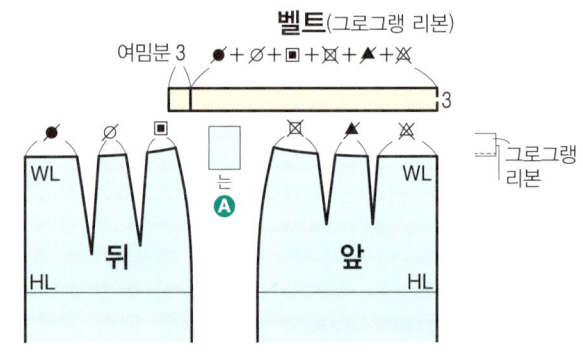

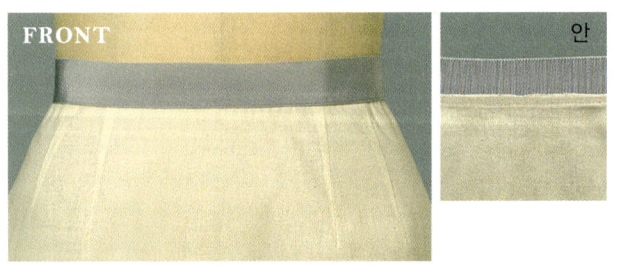

4 파이핑

바이어스로 가늘게 재단한 같은 천이나 다른 천, 또는 시판하는 바이어스테이프로 감싸는 방법으로 허리선이 완성 위치가 된다. 접착심지를 사용하지 않고 소프트하게 완성한다. 시판하는 바이어스테이프도 편리.

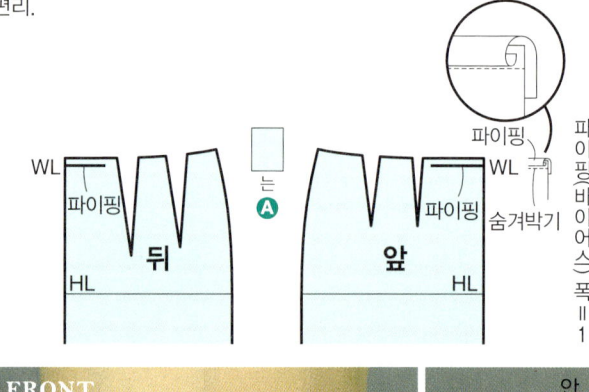

허리 벨트를 달아 꼭 맞게 완성하는 기존의 방법부터 최근 유행대로 허리를 조이지 않는 마무리까지
다양한 허리 마무리를 소개한다. 마무리 방법에 따라 위쪽 끝의 완성 위치가 달라진다. 벨트 폭 등의 치수는 알맞게 변경이 가능.
아래 예는 타이트 스커트 Ⓐ(P.18)를 이용한 10종류와 개더 스커트 Ⓡ(P.35)을 이용한 8종류.

5 좁은 폭의 요크

허리선에서 평행으로 요크 이음선을 넣고 겉과 안 2장의 요크에 끼워 완성하는 방법. 단단하게 하고 싶은 경우 요크에 접착심지를 붙인다. 다트가 있는 경우 요크의 다트는 맞댄다. 아랫부분의 다트 분량이 적은 경우 조정법은 P.154를 참조. 완성 위치는 허리선.

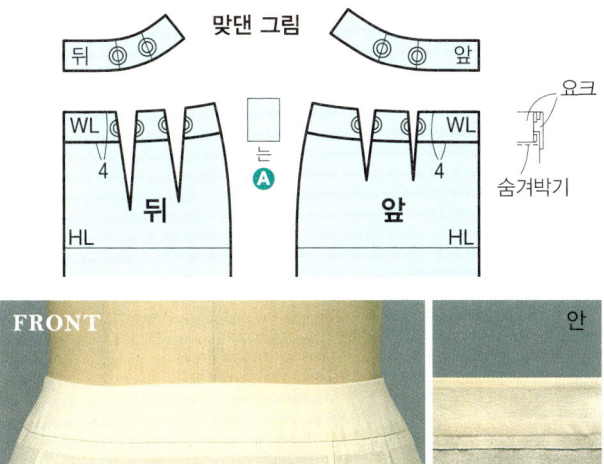

6 넓은 폭의 요크

완성 방법은 5와 같다. 앞은 다트 끝 위치를 지나게 요크 이음선을 그린다. 이때 옆쪽을 0.5cm 넓게 한다. 뒤는 앞과 같은 치수로 이음선을 그리고 아랫부분의 중심 쪽 다트 분량은 여유분 줄임을 한다. 옆쪽 다트 분량은 옆에서 자른다. 개더나 주름의 경우는 그 분량으로 전환. 완성 위치는 허리선. 안 요크를 생략할 때의 허리 마무리는 7 ~ 10으로.

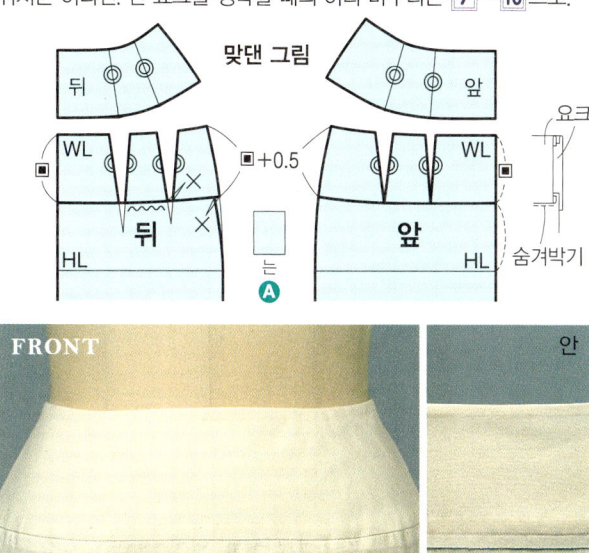

7 안단

안단은 끝 마무리를 위해 안쪽에 대는 파트로 허리선과 평행으로 그린다. 안단의 다트나 턱, 이음선 등은 맞댄다. 허리선에서 박아 뒤집어서 완성하고 아래쪽 끝은 다트나 시접에 고정하거나 스티치로 고정한다. 깔끔한 완성. 단단하게 하고 싶은 경우는 접착심지를 붙인다. 완성 위치는 허리선.

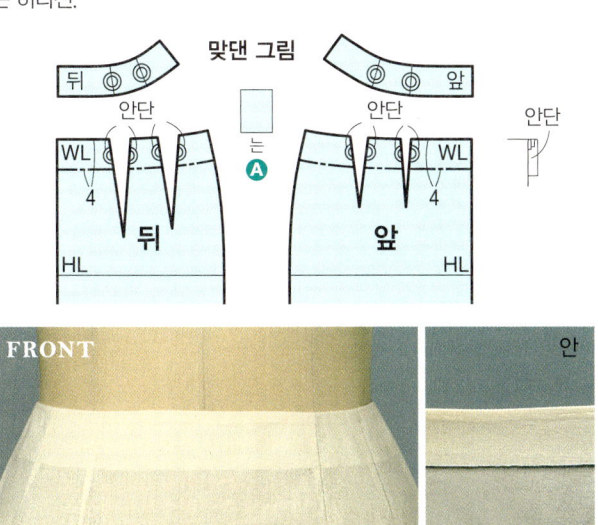

8 바이어스 천 안단

바이어스로 재단한 가는 폭의 같은 천이나 다른 천, 또는 시판하는 바이어스테이프를 안단으로 사용해 박아 뒤집어서 완성하는 방법. 소프트하고 섬세한 완성. 완성 위치는 허리선.

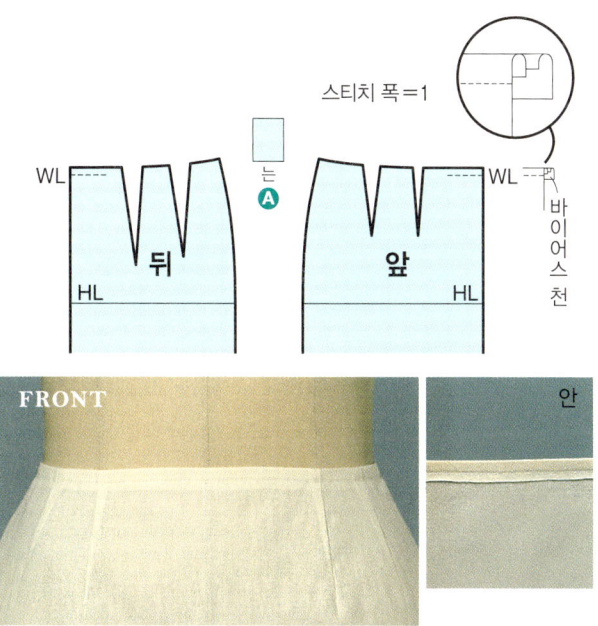

→ 맞댄다…P.166

허리 마무리의 종류

9 테이프 안단

시판하는 테이프를 이용하는 간단한 방법. 주로 쓰이는 것은 그로그램 리본으로 구하기 쉽다. 가늘어도 단단하게 완성된다. 허리 곡선에 맞춰 아래쪽이 되는 곳을 다리미질을 해 펴두면 달기 편하다. 완성 위치는 허리선.

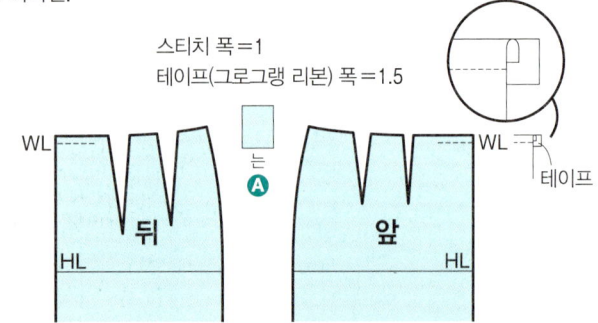

스티치 폭=1
테이프(그로그램 리본) 폭=1.5

WL / WL
뒤 / 앞
HL / HL
는 A
테이프

FRONT
안

10 안감

겉 스커트(또는 잘라서 벌리기 전의 제도)와 같은 모양의 안감을 넣고 허리선을 박아 뒤집어서 완성하는 방법. 허리 마무리와 동시에 안감을 넣는 스피디한 방법이다. 허리선에서 안감이 들뜨거나 불안정한 경우는 스티치로 고정한다. 완성 위치는 허리선.

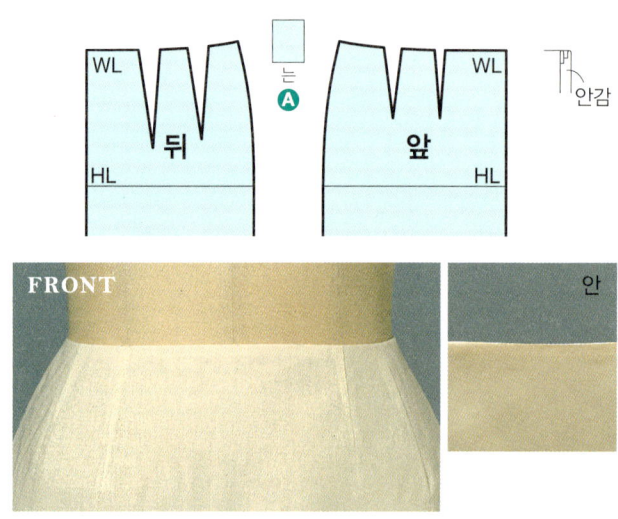

WL / WL
뒤 / 앞
HL / HL
는 A
안감

FRONT
안

11 벨트에 고무줄을 끼운다

스커트 허리에 같은 치수의 벨트를 추가하고 그 안에 고무줄을 끼워 줄인다. 줄이기 전의 치수가 엉덩이 치수보다 적은 경우는 트임이 필요하다. 완성 위치는 허리선에서 벨트 폭 분량 위가 된다.

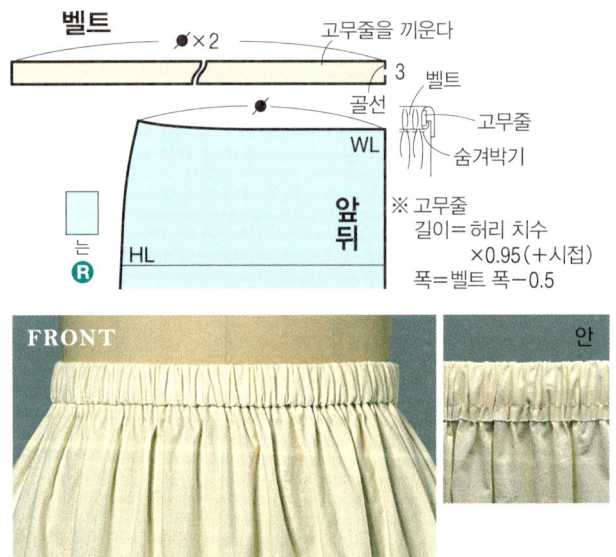

벨트
●×2
고무줄을 끼운다
3
벨트
골선
고무줄
숨겨박기
WL
앞뒤
는 R
HL

※고무줄
길이=허리 치수
×0.95(+시접)
폭=벨트 폭−0.5

FRONT
안

12 겉에 고무줄을 박는다

고무줄을 허리 벨트 대신 이용하는 방법. 허리에 고무줄을 늘이면서 박는다. 분량이 엉덩이 치수보다 꽤 많은 경우는 미리 엉덩이가 들어가는 최소 치수로 개더를 잡아 줄여놓는다. 완성 위치는 허리선에서 고무줄 폭 분량 위가 된다.

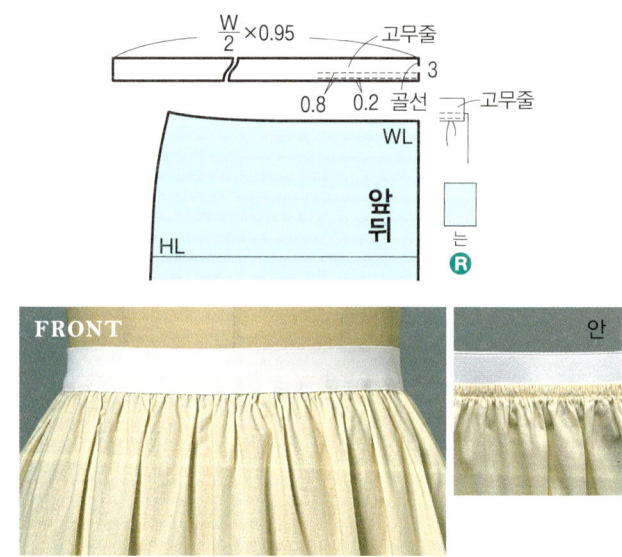

$\frac{W}{2}$ ×0.95
고무줄
3
0.8 0.2 골선
고무줄
WL
앞뒤
는 R
HL

FRONT
안

13 접고 고무줄을 끼운다

허리에서 위로 추가해 위쪽 끝의 시접을 접고 사이에 고무줄을 끼워서 줄인다. 완성 위치는 허리선에서 추가 분량 위가 된다.

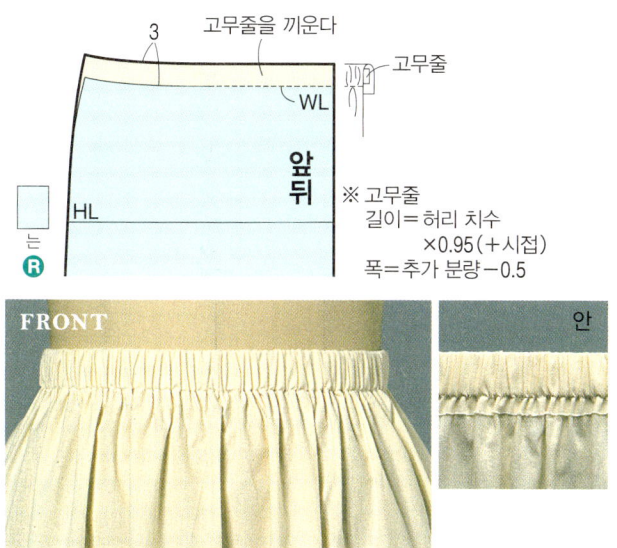

고무줄을 끼운다
3
고무줄
WL
HL
앞
뒤

※ 고무줄
길이＝허리 치수
　　×0.95 (＋시접)
폭＝추가 분량－0.5

는
Ⓡ

FRONT　　　　　　안

14 셔링(안쪽에 고무줄)

허리에서 위로 추가해 위쪽 끝의 시접을 접어둔다. 고무줄을 안쪽에 대고 늘이면서 2줄로 박아 고정한다. 완성 위치는 허리선에서 추가 분량 위가 된다.

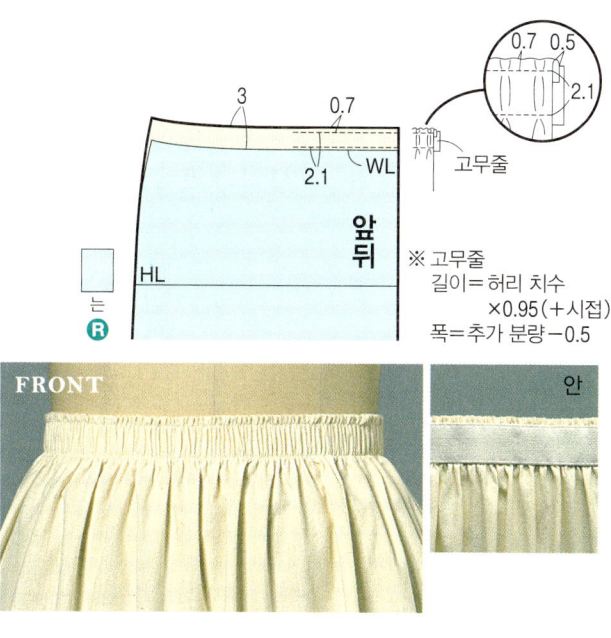

0.7　0.5
2.1

3　　0.7
2.1
WL
고무줄
HL
앞
뒤

※ 고무줄
길이＝허리 치수
　　×0.95 (＋시접)
폭＝추가 분량－0.5

는
Ⓡ

FRONT　　　　　　안

15 셔링(겉쪽에 고무줄)

14와 같지만 고무줄을 디자인 요소로 활용한 방법. 허리에서 위로 추가해 위쪽 끝의 시접을 접어둔다. 고무줄을 겉쪽에 대고 늘이면서 2줄로 박아 고정한다. 고무줄이 악센트가 되고 완성 위치는 허리선에서 추가 분량 위가 된다.

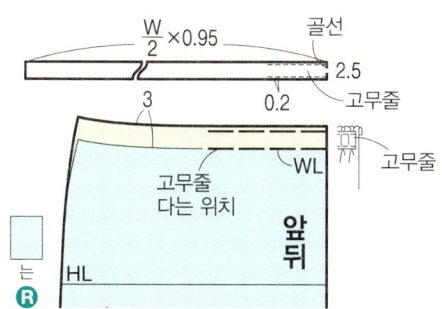

$\frac{W}{2}$ ×0.95　　골선
2.5
3　　0.2　　고무줄
고무줄
WL
고무줄
다는 위치
HL
앞
뒤
고무줄

는
Ⓡ

FRONT　　　　　　안

16 접고 끈을 끼운다

허리에서 위로 추가해 위쪽 끝의 시접을 접고 사이에 끈을 끼운다. 끼운 끈을 조여서 줄인다. 끈이 통과하는 입구는 단춧구멍 만드는 감침질로. 끈은 같은 천이나 시판하는 리본 등을 사용해도 된다. 완성 위치는 허리선에서 추기 분량 위가 된다.

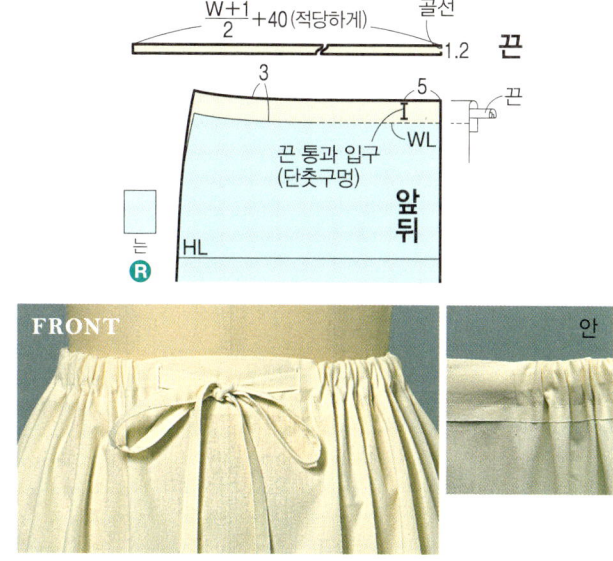

$\frac{W+1}{2}$ ＋40(적당하게)　　골선
1.2　끈
3　　　　5
끈
1
WL
끈 통과 입구
(단춧구멍)
HL
앞
뒤

는
Ⓡ

FRONT　　　　　　안

허리 마무리의 종류

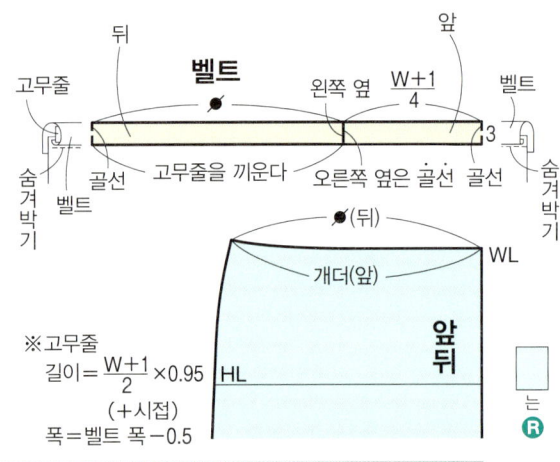

17 벨트(뒤허리에 고무줄을 끼운다)

허리에 직사각형 파트를 추가하는 1 의 응용.
뒤 벨트는 개더 분량을 포함한 치수(스커트와 같은 치수)로 하고
고무줄을 끼워서 줄인다.
앞 벨트를 단단하게 하고 싶은 경우는 접착심지를 붙인다.
완성 위치는 허리선에서 벨트 폭 분량 위가 된다.

※고무줄
길이 = $\frac{W+1}{2}$ × 0.95
(+시접)
폭 = 벨트 폭 − 0.5

18 부분적으로 고무줄을 박는다

양옆으로 고무줄을 사용해
신축성 있게 허리를 완성하는 테크닉.
앞뒤 중심 부분에 벨트를 이어서 재단하고.
남은 부분에 고무줄을 늘이면서 박는다.
실루엣은 중심은 평평하고 옆으로 볼륨이 있다.
완성 위치는 허리선에서 고무줄 폭 분량 위가 된다.

$(\frac{W+1}{2} - 14)$ × 0.95 (+시접)
고무줄(좌우 각 1개)

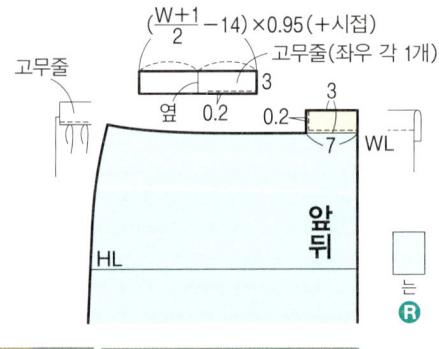

Point 벨트나 파이핑 마무리 방법

겉 벨트나 파이핑을 박아 뒤집은 후 안 벨트나 파
이핑을 고정하는 방법은 각 제도의 단면도에 표시
한 방법 이외에도 다양하다.

안쪽의 시접을 펴고
겉에서 박기

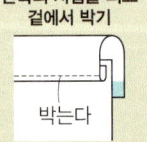
박는다

안쪽의 시접을 접고
솔기에 숨겨박기

숨겨박기

안쪽의 시접을 접고
겉에서 박기

박는다

안쪽의 시접을 접고
솔기 옆으로 감침질

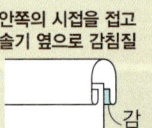
감침질

단정하게 vs 와이드하게,
완성이 달라지는 패턴 기술

기본 패턴이 같아도 약간의 테크닉으로 완성에 변화가 생긴다.
단정하게 보이거나 반대로 볼륨감을 높일 수 있다.
디자인을 결정할 때 완성 이미지를 참고하자.

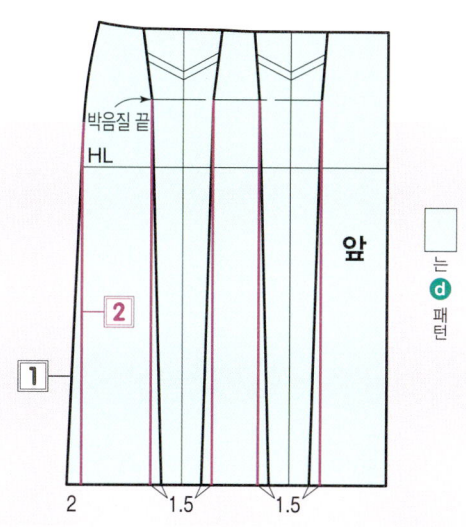

옆선이나 주름선의 경사

옆선이나 플리트의 주름선은 수직으로 하거나 경사를 두는 경우가 있다. 경사를 두는 경우는 밑단에서 치수를 추가해야 하므로 완성했을 때 밑단 너비가 넓어진다. 옆선은 어느 디자인에서나 추가가 가능하다. 아래 예는 플리티드 스커트 d (P.48)이지만 트라페즈 스커트 F (P.23) 등의 이음선에서도 같은 처리를 할 수 있다. 추가하는 치수는 디자인에 따라 적당히 증감한다.

---

1 경사

옆에서 2cm, 주름선의 밑단에서 1.5cm씩 추가한다. 박음질 끝 위치에서 주름선이 밑단 쪽으로 자연스럽게 넓어져 주름이 벌어지지 않고 실루엣은 약간 넓은 사다리꼴. 밑단의 와이드한 느낌으로 허리가 잘록하게 강조된다.

2 수직

엉덩이선에서 아래 옆선과, 박음질 끝에서 아래 주름선이 수직이다. 패턴상으로는 타이트 라인이지만 박음질 끝 위치에서 주름선에 각도가 붙어 박음질 끝부터 아래 주름이 벌어지고 실루엣은 약간 사다리꼴로. 밑단 퍼짐은 적고 전체적으로 단정하게 보인다.

단정하게 vs 와이드하게, 완성이 달라지는 패턴 기술

플레어의 기준점 위치

잘라서 벌리는 위치를 이동하면 허리의 플레어 기준점이 이동한다. 밑단 너비가 같아도 기준점 위치에 따라 완성의 표정이 달라진다. 기본 패턴의 다트 위치를 그대로 사용한 것과 다트를 이동한 것으로 실루엣 차이를 비교했다. 아래 예는 플레어 스커트 ⓛ(P.29). 플레어 이음선이 있는 머메이드 라인 스커트 ⓜ~ⓞ(P.61~63)에서도 같은 효과가 나타난다.

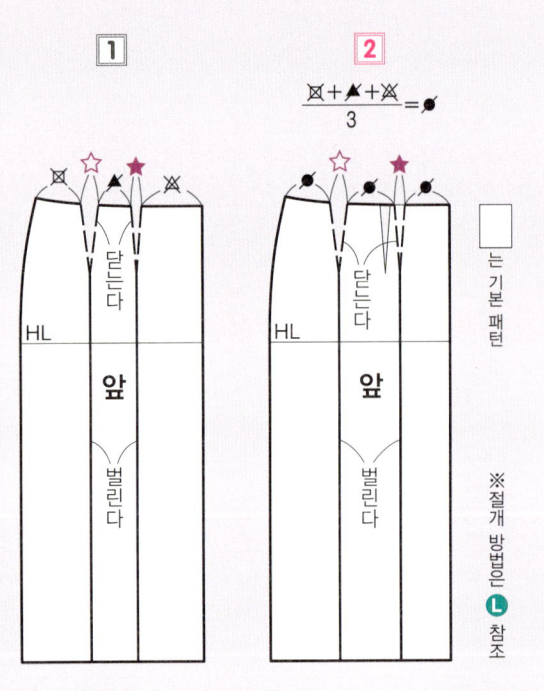

1 다트 위치

기본 다트 위치를 그대로 사용해 잘라서 벌리면 중심 쪽 플레어 물결의 간격이 넓고 엉덩이의 가로 폭이 강조된다. 플레어가 양 사이드로 흘러 옆으로 당기듯이 밑단 너비도 넓어진다.

2 3등분 위치

기본 다트 위치를 허리 치수의 3등분 위치로 이동해 잘라서 벌리면 중심 쪽 플레어 물결의 간격이 좁아진다. 물결 흐름도 세로 방향으로, 양 사이드 퍼짐도 줄어들어 스마트한 실루엣.

옆선의 형태

개더 분량과 밑단 너비가 같은 패턴도 옆선의 형태에 따라 볼륨감이 증감한다. 패턴상으로는 미미한 차이가 완성 이미지를 좌우한다. 다른 디자인에서도 같은 테크닉을 사용할 수 있지만, 엉덩이 주위의 볼륨이 적은 디자인은 반드시 중간 엉덩이 치수를 확인하자. 아래 예는 개더 스커트 Ⓣ (P.37).

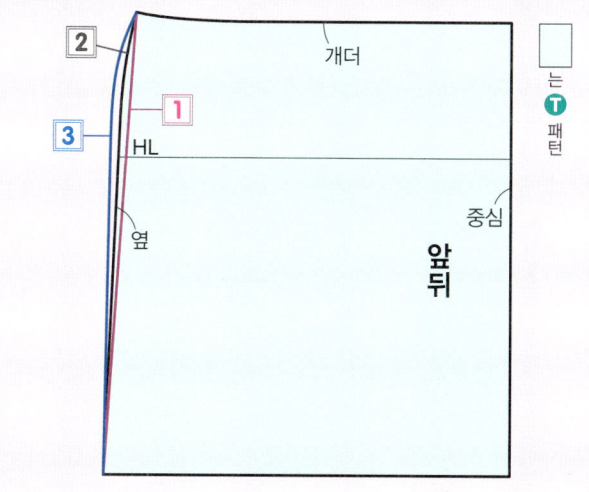

1 직선

허리에서 엉덩이에 걸쳐 옆 라인이 직선이라 엉덩이 주위가 깔끔하다. 밑단 쪽으로 크게 퍼진다.

2 원래의 옆선을 사용

허리에서 중간 엉덩이 주변이 완만한 곡선이다.
엉덩이 주위의 부풀림은 완만하고 밑단 쪽으로 자연스럽게 퍼진다.

3 곡선을 부풀린다

허리에서 엉덩이에 걸쳐 옆이 크게 부풀고 볼륨이 커진다.
개더 분량을 늘린 것 같은 인상으로 밑단 너비도 넓어 보인다.

단정하게 vs 와이드하게, 완성이 달라지는 패턴 기술

이음선의 모서리 수정

피트 & 플레어의 여성스러운 형태가 특징인 머메이드 라인. 그 주역인 밑단 플레어는 패턴 모서리를 그리는 방법에 따라 느낌이 다양하게 바뀌며 완성 실루엣에도 영향을 미친다. 아래 예는 머메이드 라인 스커트 ⓙ(P.58).

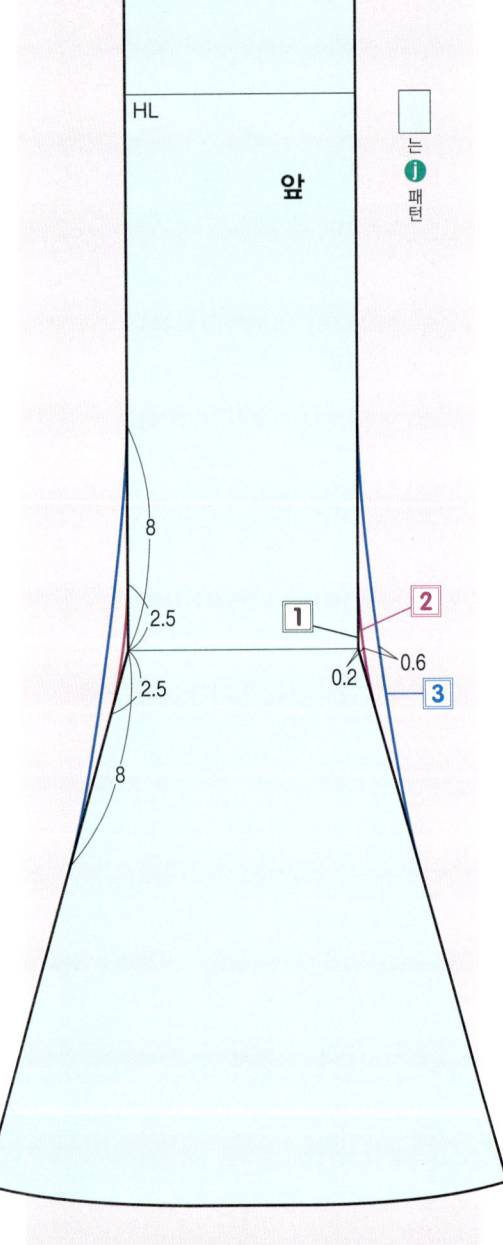

HL

앞

는 ⓙ 패턴

8
2.5
2.5
8
1
0.2
0.6
2
3

1 모서리 그대로

모서리로 인해 플레어 부분이 도드라지고 독립적인 인상이다. 윗부분의 타이트 실루엣과도 뚜렷이 대비되며 직선적이고 샤프한 표정.

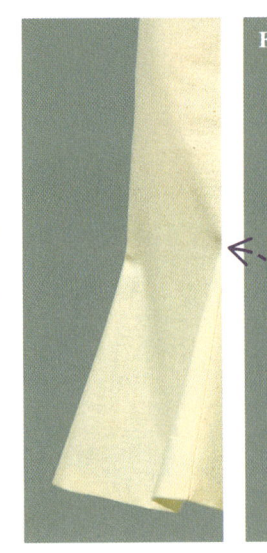

FRONT

2 모서리를 완만하게 수정

라인은 거의 1과 같지만 모서리가 없어 플레어 부분이 완만하게 일어선다. 윗부분과의 대비도 덜하고 부드러운 분위기.

FRONT

3 완만한 곡선

완만한 곡선으로 연결해 윗부분과의 대비도 약해지고 소프트한 실루엣. 곡선적인 요소가 많아 샤프함은 없지만 분위기는 우아하다.

FRONT

플레어 분량을 잘라서 벌린 후의 수정

잘라서 벌리고 플레어 분량을 넣은 패턴에는 플레어의 기준점에 모서리가 생긴다. 이 모서리를 그대로 사용하거나 수정해서 곡선으로 하느냐에 따라 플레어의 표정이 달라진다. 또 달림선을 마무리할 때는 시접이 당겨지므로 ☐1은 모서리 위치에, ☐2 는 곡선 부분에 균일하게 가위집을 넣는다. 원형 플레어 스커트의 허리를 모서리로 하고 싶은 경우는 적당하게 다시 그린다. 아래 예는 플레어 스커트 **L** (P.29). 모든 플레어 스커트(P.26~33)와 머메이드 라인 스커트 **m**~**o** (P.61~63)에 대응한다.

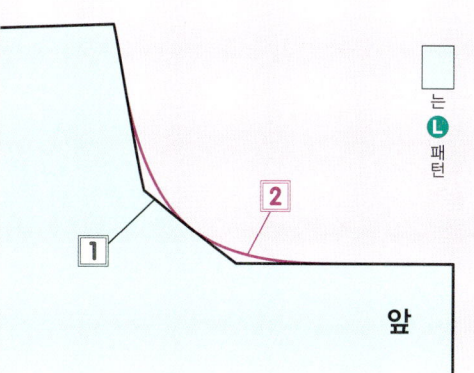

□ 는 **L** 패턴

앞

☐1 모서리 그대로

FRONT

모서리를 그대로 사용한다. 모서리 위치의 핀 포인트에 플레어 기준점이 생기고 허리부터 바로 물결이 잡힌다. 세로 라인이 강조되고 전체적으로 샤프하고 단정한 인상.

☐2 모서리를 완만하게 수정

FRONT

허리 전체를 완만한 곡선으로 수정한다. 플레어의 기준점이 분산되고 허리부터 물결이 완만하게 일어서 웨이브가 적다. 소프트하고 부드러운 이미지.

Point **체형에 따라서도 실루엣이 변한다**

허리 치수가 같아도 모습에 따라 스커트 이미지가 변한다. 디자인을 결정할 때도 이것을 꼭 고려해야 한다.

앞과 옆의 차이가 적다 **원형 타입**

안과 옆의 차이가 크다 **타원형 타입**

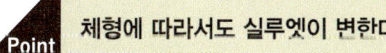

플레어

허리 폭과 밑단 너비의 균형은 비례한다. 가로 폭의 넓은 타원형 타입에서는 밑단이 한층 더 와이드하다.

FRONT

FRONT

개더

플레어와는 반대로 허리 폭과 밑단 너비가 반비례한다. 원형 타입에서는 밑단이 퍼지고, 타원형 타입에서는 밑단이 오므라든다.

FRONT

FRONT

 # 보정

시침바느질(가봉)한 스커트를 착용하고 전체적인 균형을 보며 보정을 검토한다. 보정을 줄이는 포인트는 치수를 정확히 재는 것(P.13 참조). 아래 예는 타이트 스커트 Ⓐ(P.18).

1 뒤 밑단이 올라가는 경우

뒤 길이 부족분을 추가한다. 엉덩이의 장력이 강한 경우 이 영향으로 당기는 주름이 생기고 뒤 밑단이 올라가게 된다. 밑단선이 수평이 되도록 뒤 길이를 허리 위치에서 추가하고 허리선을 수정한다.

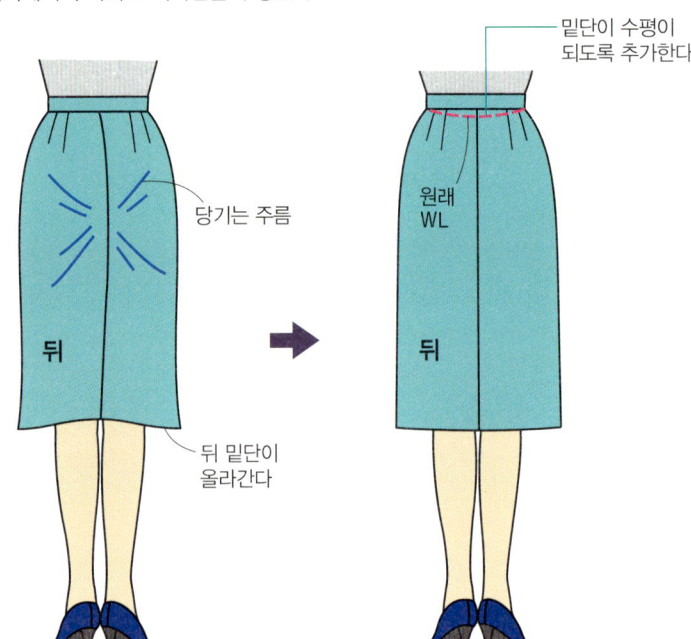

밑단이 수평이 되도록 추가한다

당기는 주름

원래 WL

뒤

뒤

뒤 밑단이 올라간다

패턴 고치는 법

뒤 중심의 허리 위치에서 길이 부족분을 추가하고 WL을 다시 그린다. 주름이 없어지지 않은 경우는 중간 엉덩이 치수가 부족한 것일 수도 있기 때문에 P.153 '허리에서 엉덩이까지의 여유분과 중간 엉덩이의 조정법'을 참조해서 조정한다.

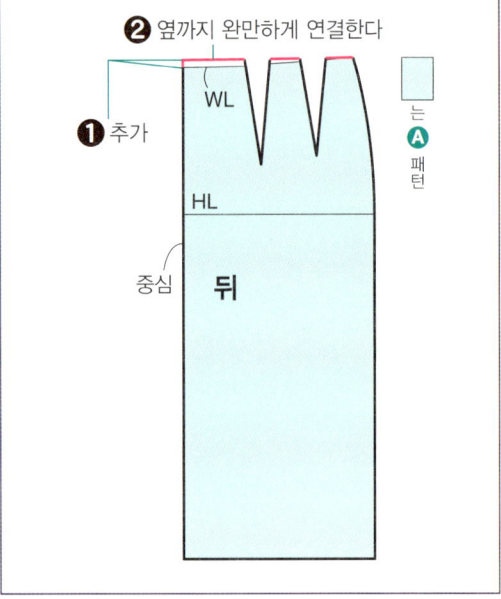

❷ 옆까지 완만하게 연결한다

WL

❶ 추가

HL

중심

뒤

는 Ⓐ 패턴

2 뒤 밑단이 내려가는 경우

뒤 길이 여분을 자른다. 엉덩이 살집이 적은 경우나 허리 위치가 앞과 비교해 뒤가 내려가 있는 경우는 뒤 밑단이 내려가게 된다. 밑단선이 수평이 되도록 뒤 길이를 허리에서 자르고 허리선을 수정한다.

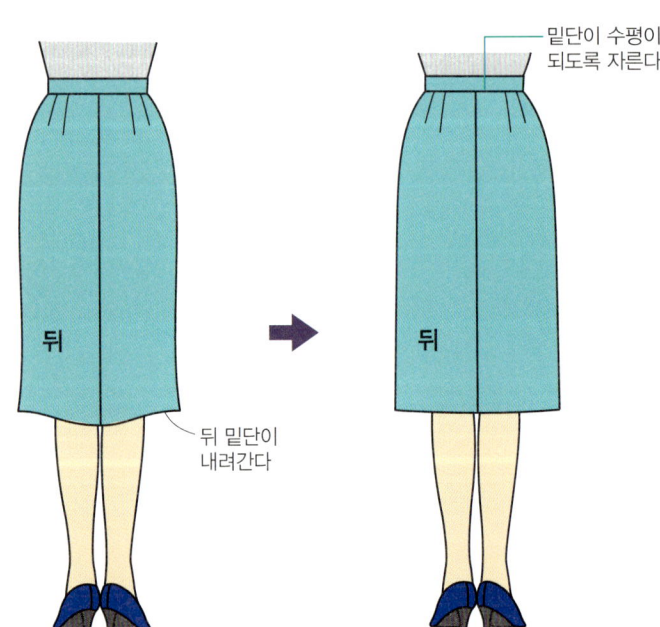

밑단이 수평이 되도록 자른다

뒤

뒤

뒤 밑단이 내려간다

패턴 고치는 법

뒤 중심의 허리 위치에서 길이의 여분을 자르고 WL을 다시 그린다.

❷ 옆까지 완만하게 연결한다

WL

❶ 자른다

HL

중심

뒤

는 Ⓐ 패턴

타이트, 트라페즈, 머메이드는 엉덩이 주위가 꼭 맞아 자칫 불편하기 쉽다. 이 경우는 보정을 해야 한다. 플레어나 개더 등 허리에 볼륨감이 있는 스커트는 보정이 필요 없다.

무명 등 다른 천으로 하는 방법, 실제 천으로 하는 방법 2가지가 있다. 원하는 대로 결정한다. 실제 천을 사용하는 경우는 시접을 많이 넣어둔다.

3 앞 밑단이 올라가는 경우

앞 길이의 부족분을 추가한다. 배가 나오면 그로 인해 천이 당겨지고 앞 길이가 부족해 앞 밑단이 올라가게 된다. 밑단선이 수평이 되도록 앞 길이를 허리 위치에서 추가하고 허리선을 수정한다.

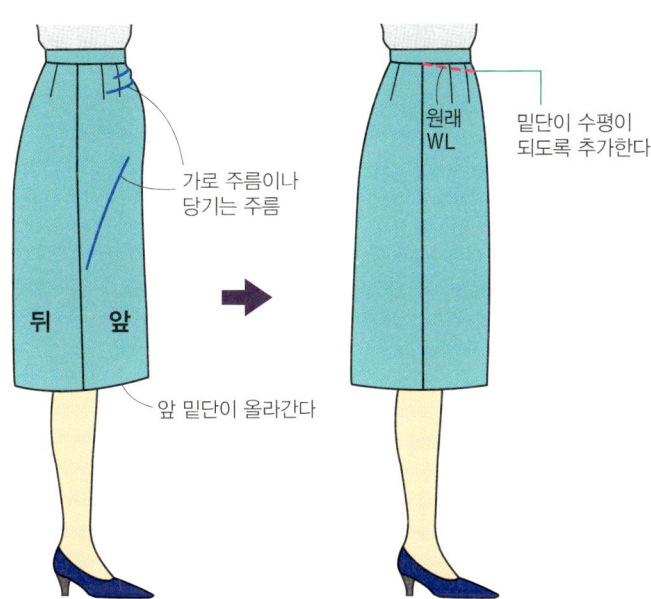

뒤 앞

가로 주름이나 당기는 주름

원래 WL

밑단이 수평이 되도록 추가한다

앞 밑단이 올라간다

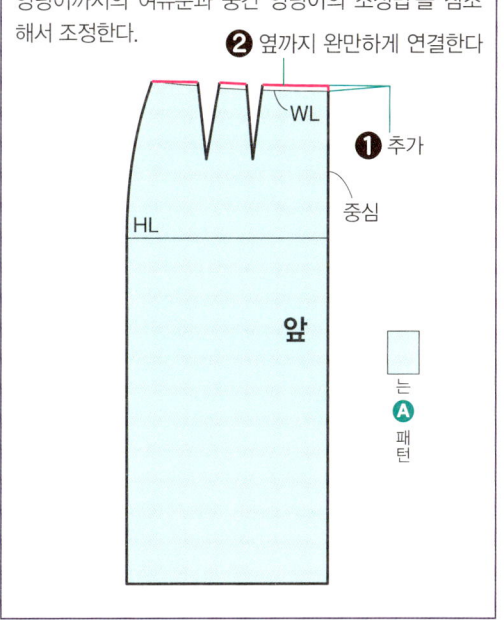

패턴 고치는 법

앞 중심의 허리 위치에서 길이 부족분을 추가하고 WL을 다시 그린다. 주름이 없어지지 않은 경우는 중간 엉덩이 치수가 부족한 것일 수도 있기 때문에 P.153 '허리에서 엉덩이까지의 여유분과 중간 엉덩이의 조정법'을 참조해서 조정한다.

❷ 옆까지 완만하게 연결한다

WL

❶ 추가

HL

중심

앞

는
Ⓐ
패턴

4 대퇴부 주변에 당기는 주름이 생기는 경우

넓적다리 위치의 부족분을 추가한다. 대퇴부의 장력이 강하면 그 주변의 치수가 부족해서 주름이 생기게 된다. 넓적다리 위치에 여유분을 넣고 밑단까지 평행으로 패턴을 수정한다.

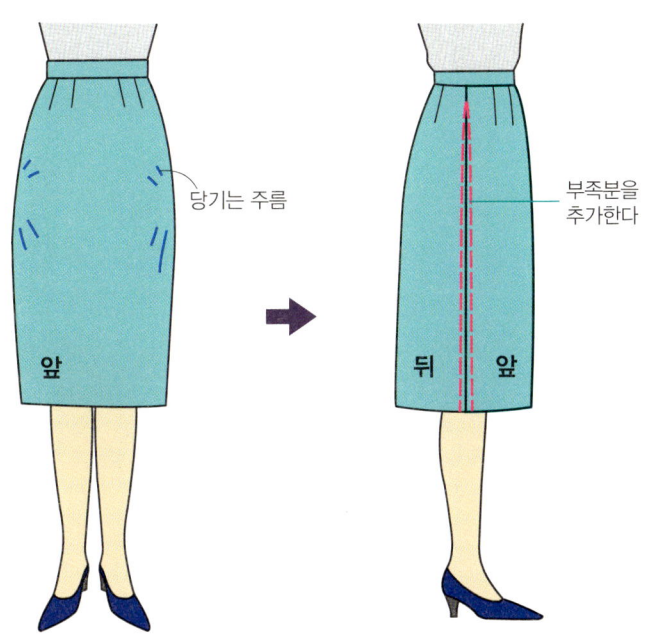

앞

당기는 주름

뒤 앞

부족분을 추가한다

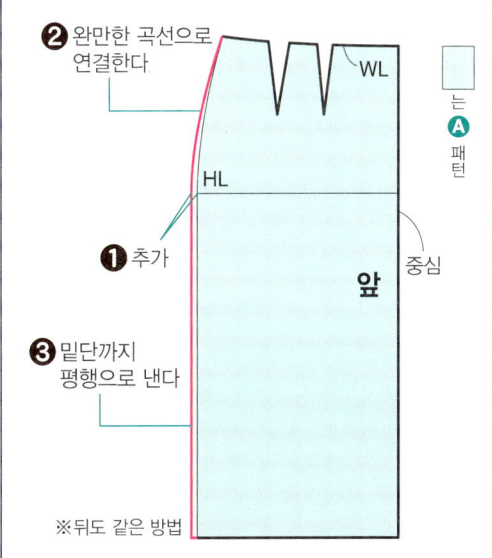

패턴 고치는 법

넓적다리 위치의 부족분을 앞뒤 옆선의 HL 위치에서 추가한다. WL에서 HI 까지는 완만한 곡선으로 연결하고, HL부터 밑단까지는 평행으로 추가한다.

❷ 완만한 곡선으로 연결한다

WL

는
Ⓐ
패턴

HL

❶ 추가

앞

중심

❸ 밑단까지 평행으로 낸다

※뒤도 같은 방법

천에 따른 개더 실루엣 비교

같은 패턴을 사용해도 소재에 따라 개더의 분위기나 볼륨감이 달라진다. 만들고 싶은 옷의 이미지에 맞춰 조정하자.
P.35 **R**(개더 분량 1배)을 9종류의 천으로 비교한다.

1 처짐이 있는 **레이온**

볼륨은 최소이고 실루엣도 직선적. 개더 물결은 작고 섬세하며 수도 많다.

레이온
론 와셔
124cm 폭

2 부드러운 **폴리에스테르 새틴**

장력은 덜하고 밑단이 살짝 퍼지는 사다리꼴에 가까운 형태. 개더는 부드럽고 곡선적.

리퀴드 새틴
112cm 폭

3 부드럽고 비치는 **면 거즈**

2와 같이 개더는 부드럽고 곡선적. 옆 라인도 살짝 부풀어 부드러운 곡선.

뫼베
110cm 폭

4 신축성이 적은 **폰테(더블 저지)**

2, **3**과 볼륨감은 거의 같다. 천의 무게로 엉덩이의 부풀림이 줄고 밑단은 퍼져 보인다.

40/1
코마 폰테
108cm 폭

5 중간 두께로 약간 장력이 있는 **울 개버딘**

밑단 퍼짐은 **4**와 비슷한 정도. 천의 장력으로 엉덩이의 부풀림이 증가하고 개더 물결은 감소.

울 개버딘
148cm 폭

6 약간 장력이 있는 **폴리에스테르 브로드**

볼륨도 부풀림도 중간 정도. 허리에서 밑단 쪽으로 개더가 완만하게 퍼진다.

T/C 브로드
110cm 폭

7 장력이 강한 **마 평직**

강한 장력으로 개더 물결이 감소. 천의 무게로 밑단 퍼짐도 적고 옆은 직선적.

스탠더드
리넨
140cm 폭

8 부드럽고 두꺼운 **울 플라노**

천의 두께로 개더 물결은 크고 모양은 곡선적. 밑단 근처로 흡수되어 퍼진다.

플라노
148cm 폭

9 두껍고 장력이 강한 **면 데님**

가로 장력이 강하고 와이드한 실루엣. 밑단으로 갈수록 개더 물결도 적어지고 밑단 퍼짐도 최대.

12온스
데님
112cm 폭

 # 천에 따른 플레어 실루엣 비교

같은 패턴을 사용해도 소재에 따라 플레어의 분위기나 실루엣이 달라진다. 만들고 싶은 옷의 이미지에 맞춰 조정하자.
앞 중심에 식서 방향을 맞춘 P.27 **J**(반원)를 9종류의 천으로 비교한다.

1 처짐이 있는 레이온

천 무게로 처지고 바이어스인 옆이 늘어나서 양옆이 내려간다. 와이드한 느낌은 최소.

레이온
론 와셔
124cm 폭

2 부드러운 폴리에스테르 새틴

플레어는 깊고 볼륨은 덜하다. **1**과 같이 양옆이 내려가지만 그 양은 적다.

리퀴드 새틴
112cm 폭

3 부드럽고 비치는 면 거즈

조직이 성긴 특성으로 이것도 양옆이 자연스럽게 내려간다. 볼륨도 장력도 적다.

뫼베
110cm 폭

4 신축성이 적은 폰테

무게감이 있어서 밑단 퍼짐은 적고 플레어는 밑단까지 직선적이다. 사이드 처짐은 없다.

40/1
코마 폰테
108cm 폭

5 중간 두께로 약간 장력이 있는 울 개버딘

적당한 장력으로 플레어 물결은 줄고 밑단은 퍼진다. 엉덩이 위치는 완만하게 부푼다.

울 개버딘
148cm 폭

6 약간 장력이 있는 폴리에스테르 브로드

플레어 물결도 사이드 라인도 직선적. 허리와 밑단의 대비가 강하고 밑단이 퍼져 보인다.

T/C 브로드
110cm 폭

7 장력이 강한 마 평직

플레어 물결은 적고 곡선적. 허리에서 밑단으로는 옆으로 뻗는 스트레이트 라인.

스탠더드
리넨
140cm 폭

8 부드럽고 두꺼운 울 플라노

사이드 라인은 부풀림이 있는 실루엣. 밑단 퍼짐에 비해 장력은 많지 않다.

플라노
148cm 폭

9 두껍고 장력이 강한 면 데님

특유의 장력과 내구성으로 밑단 퍼짐은 최대. 플레어는 곡선적이고 큰 웨이브.

12온스
데님
112cm 폭

올 방향 차이에 따른 비교

사용한 천은 일반 천으로 적당한 장력이 있는 면마 캔버스이다. 세로 스트라이프 방향이 세로 올이다.
P.27 **J**(반원)의 패턴을 사용해 비교한다. 뒤 스커트도 올 방향은 동일.

1 세로 방향

천의 올이 중심선과 평행하다. 스트라이프의 시각효과로 세로로 가늘고 길어 보인다. 세로 실의 장력이 강하기 때문에 옆쪽 플레어가 세로 방향으로 흐른다.

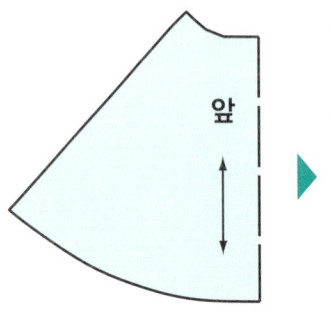

2 가로 방향

천의 올이 중심선과 수직이 된다. 세로 실의 강한 장력과 스트라이프의 시각효과로 가로로 볼륨감이 있고, 플레어도 밑단에서 옆쪽으로 흐른다.

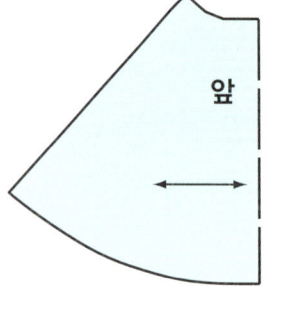

3 바이어스

천의 올이 중심선과 사선을 이룬다. 스트라이프의 시각 효과로 부드럽고 경쾌하다. 좌우 올이 다르기 때문에 세로 실의 강한 장력으로 좌우 비대칭의 실루엣이 되기 쉽다. 옆의 무늬 맞춤에 주의.

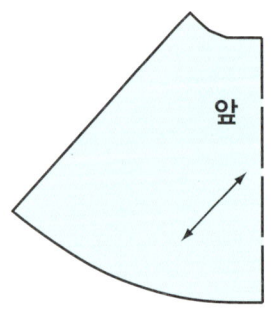

○ 올바른 무늬

✕ 무늬가 맞지 않는다

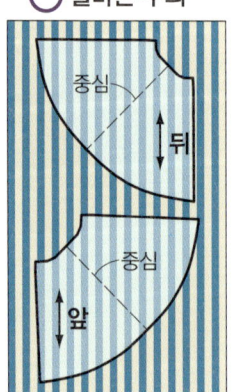

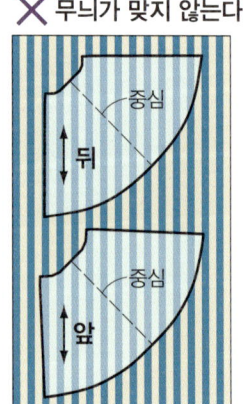

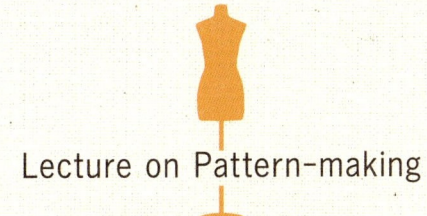

Lecture on Pattern-making

독창적인 디자인의 제작 과정을 배운다

실습

여기가 이 책의 핵심이다. '기초 강의', '특별 강의'에서 배운 지식을 살리기 위한 필수 수업이기 때문이다.

자신만의 특별한 디자인과 패턴을 만드는 실제 과정에 대해 설명한다.

마루야마 하루미 선생이 각 파트에서 골라

응용해서 완성한 오리지널 작품도 소개한다.

디자인 결정하는 법

나만의 특별한 디자인을 만들 때
순서대로 진행하면 쉽게 정할 수 있다.
여기서는 그 과정을 소개한다.
만들고 싶은 디자인을 결정해보자.

1 이미지를 결정한다

어떤 느낌의 스커트를 만들고 싶은지 결정하자. '귀엽다', '어른스럽다' 등. 이때 천 종류를 가정해 일러스트로 그려보면 생각이 쉽게 정리된다. 또 딱 맞는 옷으로 할 건지, 여유 있는 옷을 만들 건지 정해두면 나중에 패턴 선택이 순조롭게 진행된다.

결정하지 못했다 →

이미지를 결정하는 법

어디에서 입을지 생각해보자. '재킷에 맞출 수 있는 격식 있는 옷', '일상에서 입는 편안한 캐주얼' 등 TPO를 생각하면 결정하기 쉽다. 천을 이미 결정한 상태라면 거기에 맞추거나 마음에 드는 스커트나 잡지에 나온 디자인 등도 참고한다.

결정했다

2 모양을 결정한다

P.18~84 '스커트 패턴'을 보며 Ⓐ~⓫ 중에서 고른다.

결정하지 못했다 →

모양을 결정한다

1에서 결정한 이미지에 맞게 자신이 만들고 싶은 디자인에 가까운 패턴을 고른다. 실루엣이나 천의 볼륨감을 기준으로 하면 디자인을 결정하기 쉽다. 스커트 길이, 플레어, 개더의 분량은 나중에 변경이 가능하다. 취향대로 고른다.

결정했다

3 응용한다

모양을 결정했다면 변경할 곳을 검토하자. 스커트 길이, 개더나 플레어 분량, 밑단선, 허리 마무리 등. 포켓이나 장식(테이프나 브레이드 등)을 넣을지 말지도 여기에서 정해둔다.

결정하지 못했다 →

응용 방법

P.111을 참고로 어떻게 응용할지 정한다. 이것도 일러스트로 그려서 생각하면 이미지를 구체화하기 쉽다.

결정했다

4 트임을 넣을지 결정한다

만들고 나서 '허리 트임이 없어 못 입는다', '밑단 둘레 치수가 너무 적어 걷기 힘들다' 같은 상황이 되지 않도록 자신이 생각한 디자인의 허리나 밑단에 트임이 필요한지 그렇지 않은지 확인한다.

결정하지 못했다 →

트임을 결정하는 법

허리에는 기본적으로 트임이 필요하다. 고무줄을 사용해 엉덩이 치수까지 늘여서 착용하는 디자인은 트임이 필요 없다. 밑단은 오른쪽 표를 참고로 밑단 둘레 치수가 부족한 경우 슬릿 등을 만든다. 트임 종류와 박는 법은 P.123~146 '트임 만드는 법과 안감 넣는 법'을 참조.

최소로 필요한 밑단 둘레 치수

스커트 길이	밑단 둘레
50	94
60	100
70	126
80	134
90	146

단위는 cm

결정했다

5 봉제 방법을 결정한다

먼저 박는 법이나 순서를 생각해두면 제도나 패턴 제작이 수월해진다. 스티치 등도 디자인 요소가 되므로 검토한다.

결정하지 못했다 →

시접 처리에 대해

끝이 풀리지 않는 천 이외는 시접 처리를 한다. 안감을 넣는 경우 풀리기 쉬운 천 이외는 하지 않는다. 밑단 이외는 오버로크, 지그재그 박기, 파이핑 등의 방법이 있다. 밑단의 시접 마무리는 P.146을 참조.

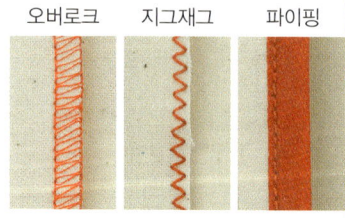

오버로크 　 지그재그 　 파이핑

결정했다

디자인 결정!

지금까지 결정한 것을 일러스트로 그려보고 상상한 디자인이 맞는지, 빠진 것은 없는지 확인하자.

스커트와 허리 마무리 대응표

허리 마무리 방법을 결정할 때 약간의 주의가 필요하다.
스커트와 조합에 지장이 없는지 확인한다.
표에서는 허리 마무리 명칭을 생략하고 번호로만 게재한다.

		허리 마무리							
		1~4	5	6	7	8	9	10	11~18
타이트	A								
	B								
	C								
	D								
트라페즈	E								
	F								
	G								
	H								
플레어	I								
	J								
	K								
	L								
	M								
	N								
	O								
	P								
개더	Q								
	R								
	S								
	T								
	U								
	V								
	W								
	X								
	Y								
	Z								
플리티드	a								
	b								
	c								
	d								

☐ …대응한다
☐ …대응하지 않는다

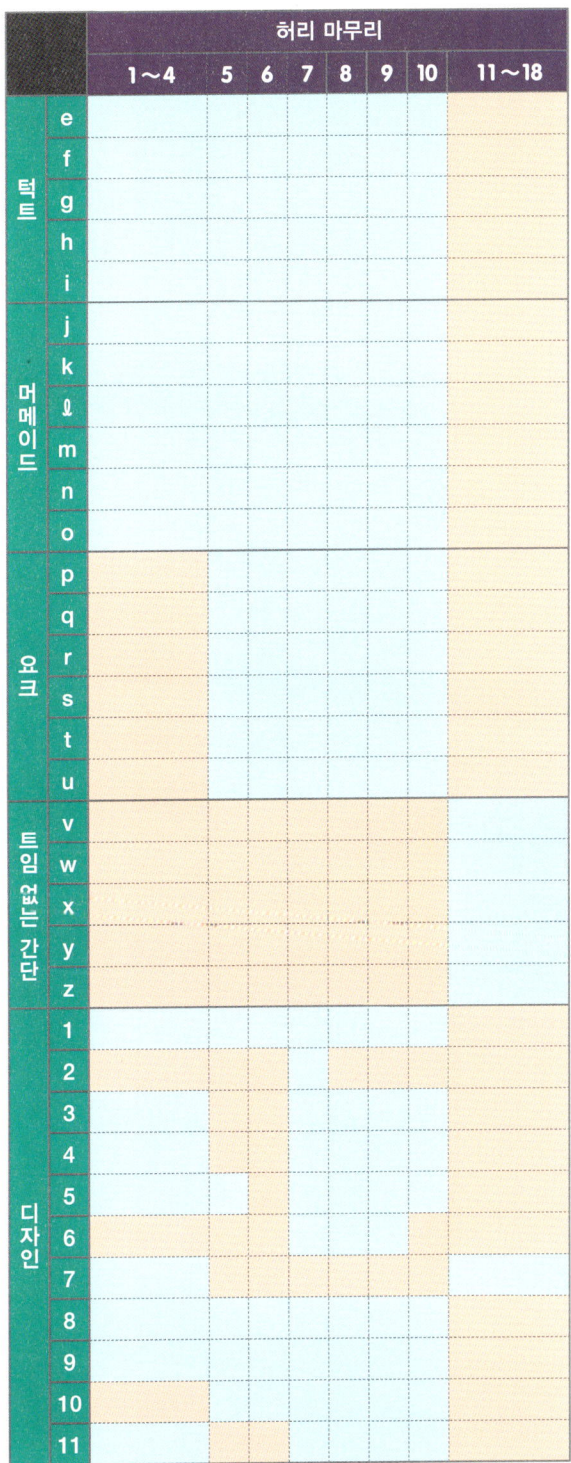

→ 허리 마무리의 종류…P.92 **109**

패턴 만드는 과정

패턴 만들기에는 순서가 있다. 기본 패턴을 사용할지 말지, 또는 패턴 처리가 있는지 없는지에 따라 순서가 달라진다.
스커트 패턴이 완성되면 파트별로 나누고 마지막으로 패턴의 정확성을 확인한 뒤 맞춤 표시와 시접을 넣어 완성한다.

1 기본 패턴을 만든다

왼쪽 표를 확인해서 자신이 고른 스커트가 기본 패턴을 사용하는 경우 만든다. 사용하지 않는 경우는 **3♠**로.

◯…기본 패턴 사용　　□…기본 패턴 사용 안 함

기본 패턴
→ 만드는 법…P.149

기본 패턴

2 기본 패턴을 커스터마이징한다

자신이 사용하기 쉽게 요크 등의 이음선이나 밑단선을 원하는 위치에 추가해서 그린다. **3** 이후에 이 패턴을 원형으로 해서 자신이 고른 스커트를 만든다. 정하지 않은 경우는 할 필요 없지만 나중을 위해 여백을 남겨두는 것이 좋다(종이를 붙여서 사용해도 OK).

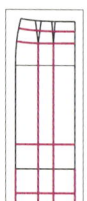

응용
→ 스커트 길이 차이에 따른 비교…P.86
→ 허리 위치의 변형…P.90
→ 허리 마무리의 종류…P.92

커스터마이징 후의 패턴
(원형을 유지한다)

3 자신이 고른 스커트 패턴을 만든다

디자인에 따라 만드는 법이 3종류 있다.
왼쪽 표를 확인해서 해당되는 방법으로 만들자. 응용도 여기에서 진행한다.

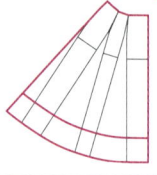

♣의 패턴 예
(플레어 스커트 **J**에 이음선을 넣고 벨트를 단다)

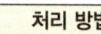

디자인
→ 스커트 패턴…P.18～84

응용
→ 응용 방법…P.111
→ 스커트 길이 차이에 따른 비교…P.86
→ 밑단선의 변형…P.88
→ 허리 위치의 변형…P.90
→ 허리 마무리의 종류…P.92
→ 단정하게 vs 와이드하게, 완성이 달라지는 패턴 기술…P.97

♥ 기본 패턴을 사용. '맞댄다', '잘라서 벌린다' 등의 처리 없음

기본 패턴을 베끼고 제도한다.

♣ 기본 패턴을 사용. '맞댄다', '잘라서 벌린다' 등의 처리 있음

기본 패턴에 이음선이나 처리를 위한 선을 그려 넣는다. 처리가 필요한 파트는 다른 종이에 베끼면서 진행한다. 처리가 필요 없는 파트는 **4**에서 다른 종이에 베낀다. 제도가 복잡하거나 추가할 것이 많은 경우는 흰 종이에 기본 패턴을 베끼고 나서 진행해도 된다(표 안의 * 마크는 이 방법을 추천). 플레어, 개더, 턱 분량이나 잘라서 벌리는 위치의 조정도 여기서.

♠ 기본 패턴을 사용 안 함

표시 치수를 토대로 새로 제도한다.

처리 방법
→ 맞댄다…P.166
→ 닫는다 · 벌린다(다트 일부를 닫는다)…P.167
→ 닫는다 · 벌린다(다트를 모두 닫는다)…P.168
→ 닫는다 · 벌린다(닫아서 벌어지는 분량 이상으로 벌린다)…P.169
→ 기준점을 잡고 잘라서 벌린다…P.170
→ 평행으로 잘라서 벌린다…P.171
→ 위아래에서 다른 치수를 잘라서 벌린다…P.172

4 파트별로 분리한다

몇 개의 파트가 붙어 있거나 겹쳐 있는 경우는 각 파트별로 나누고 완성선을 다른 종이에 베껴 분리한다.

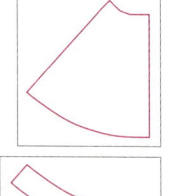

파트별로
분리한 패턴

5 맞춤 표시, 패턴 체크, 시접 넣기

쉽고 정확하게 맞추어 박기 위해 중요한 공정이다. 박기 쉽게 맞춤 표시를 넣고, 박을 때 필요한 시접을 넣는다.

패턴 마무리 방법
→ 맞춤 표시 하기…P.175
→ 패턴 체크…P.176

시접
→ 시접 넣는 법…P.146

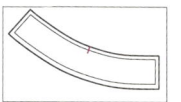

시접 넣은 패턴 완성!
시접선을 잘라 재단용 패턴을 완성한다.

		1 기본 패턴	3 만드는 법
타이트	A	◯	♥
	B	◯	♥
	C	◯	♥
	D	◯	♣
트라페즈	E	◯	♣
	F	◯	♣
	G	◯	♣
	H	◯	♣
	I		♠
	J		♠
플레어	K		♠
	L		♣
	M		♠
	N		♠
	O		♠
	P		♠
	Q	◯	♥
	R	◯	♥
	S	◯	♥
	T	◯	♥
개더	U		♠
	V		♠
	W		♠
	X		♠
	Y	◯	♣
	Z	◯	♣
플리티드	a	◯	♥
	b		♠
	c	◯	♣
	d	◯	♣
	e	◯	♣
턱	f	◯	♣
	g	◯	♥
	h	◯	♥
	i		♠
	j	◯	♥
머메이드	k	◯	♥
	l	◯	♥
	m		♣
	n		♣
	o	◯	♣*
	p	◯	♣
	q	◯	♣
요크	r	◯	♣*
	s	◯	♣*
	t	◯	♣*
	u	◯	♣*
	v		♠
트임없는간단	w		♠
	x		♠
	y		♠
	z		♠
	1	◯	♥
	2		♠
	3		♠
	4		♠
디자인	5	◯	♣*
	6		♠
	7		♠
	8	◯	♣
	9	◯	♣
	10		♣
	11		♠

 # 응용 방법

선택한 스커트를 기본으로 만들고 싶은 디자인에 더 가까워지도록 원하는 스타일로 응용해보자.
간단하게 할 수 있는 베리에이션을 소개한다.

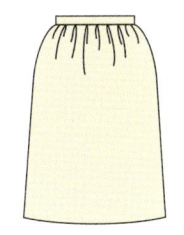

기본은 개더 스커트 ⓠ(P.34)
허리 마무리는 벨트

1 치수를 변경한다

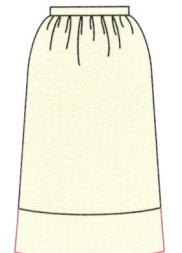

책에 있는 제도의 치수는 만들고 싶은 디자인이나 취향에 맞춰 변경이 가능하다. 스커트 길이, 옆 밑단의 추가 치수, 턱이나 플리트의 위치, 요크 폭, 벨트 폭 등. 스커트 길이는 아래 그림을 참조한다. 그 밖의 치수는 제도 시 균형을 보며 설정한다. 불안한 경우는 시침바느질(가봉)해서 입어본다.

→ **스커트 길이 차이에 따른 비교** … P.86

2 개더나 플레어 분량을 변경한다

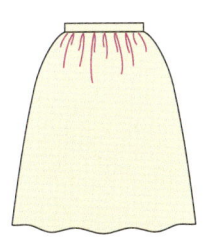

기초 강의에 있는 사진을 참고해 볼륨의 분량을 검토한다. 개더 분량이 완성 치수의 몇 배인지가 표시되어 있으므로 이 배수를 변경하면 된다. 플레어 분량은 다트 분량이나 길이에 따라 모양이 변하는데, 제도와 견본 작품은 허리 67cm, 엉덩이 91cm, 스커트 길이 60cm 경우의 치수를 토대로 표시하고 있으니 알맞게 조정하자. 천 두께나 소재에 따라서도 이미지가 변하므로 주의한다.

→ **천에 따른 개더 실루엣 비교** … P.104
→ **천에 따른 플레어 실루엣 비교** … P.105

3 포켓을 붙인다

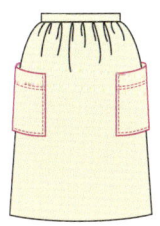

포켓은 종류가 다양해 실용성과 악센트를 겸비한 디자인 포인트가 된다. 스커트 제도가 끝나면 손을 넣기 편한 위치와 크기를 생각해 제도한다.

4 선을 추가한다

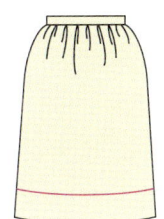

이음선을 넣어 파트를 나누어 부분적으로 올 방향을 바꾸거나 다른 천으로 디자인 포인트를 주고 싶을 때 사용한다. 디자인을 살린 선이므로 폭은 취향대로 정한다. 이음선의 솔기를 이용한 포켓 만들기도 가능하다.

→ **올 방향 차이에 따른 비교** … P.106

5 부분적으로 모양을 변경한다

허리선, 밑단선, 옆선 등 디자인적인 형태로 변경할 수 있다. 원하는 모양으로 새롭게 선을 그리자. 패턴이 평면이어서 느낌을 모를 경우, 손으로 그려서 종이를 몸에 대보고 확인한 뒤 최종 라인을 결정한다.

→ **밑단선의 변형** … P.88
→ **허리 위치의 변형** … P.90
→ **허리 마무리의 종류** … P.92
→ **단정하게 vs 와이드하게, 완성이 달라지는 패턴 기술** … P.97

6 부속품을 단다

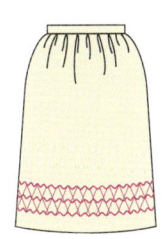

단추, 똑딱단추, 호크 같은 잠금장치를 비롯해 테이프나 리본, 브레이드 등은 중요한 디자인 요소가 된다. 천에 대보고 알맞은 것을 고른 뒤 크기와 폭, 위치를 결정한다.

디자인 ⓙ 를 길이 70cm로 만드는 경우

기본 패턴(길이 60cm)의 볼륨감대로 길이를 변경
(옆선의 경사 각도는 그대로이고 밑단 너비는 넓어진다)

기본 패턴(길이 60cm)대로 잘라서 벌리고 평행으로 치수를 추가

❷

10   ❶

❸   ❷연장

기본 패턴을 원하는 길이로 늘리고 나서 잘라서 벌린다
(잘라서 벌리는 치수는 60cm의 위치에서)

8

16   16

70

길이 60cm의 밑단 위치

기본 패턴(60cm)의 밑단 너비를 유지하고 길이를 변경
(옆선의 경사 각도는 감소한다)

원하는 길이로 늘린 밑단선에서 지정된 치수를 잘라서 벌린다

70

8

16   16

길이 60cm의 밑단 위치

디자인 변형

오리지널 디자인 1

앞뒤 디자인을 바꿔서 뒤허리에 개더를 잡은 트임 없는 트라페즈 스커트.
한쪽 옆을 길게 해서 심플한 디자인에 샤프한 악센트를 더했다.

〈 디자인을 결정하기까지 〉

1 원형으로 할 디자인을 고른다

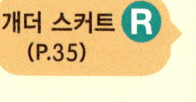

앞은 트라페즈 스커트 **E**.
뒤는 개더 스커트 **R**을 선택.

2 자신의 스타일로 응용한다

중심을 연장해 길이를 20cm 늘린다.
새로운 밑단선까지 옆선도 연장.
왼쪽 옆을 5cm 잘라 밑단에 경사를 둔다.
옆선에 끈을 끼워 박고 D링으로 좌우를 고정해
개더 볼륨을 가볍게 누르듯이 완성한다. 트임 없음.
허리 마무리는 P.96 **17** 벨트(뒤허리에 고무줄을 끼운다).

● 표준 사용량(오른쪽 페이지 완성 작품·9호의 경우)
겉감=145cm 폭 190cm
접착심지=40×10cm

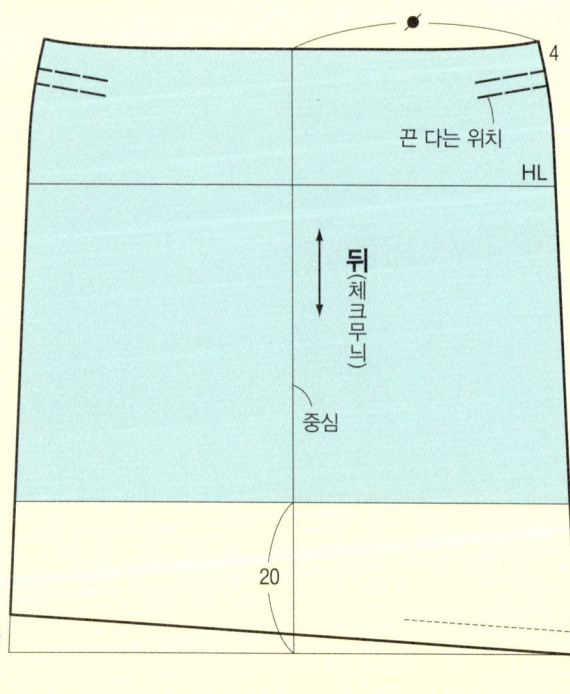

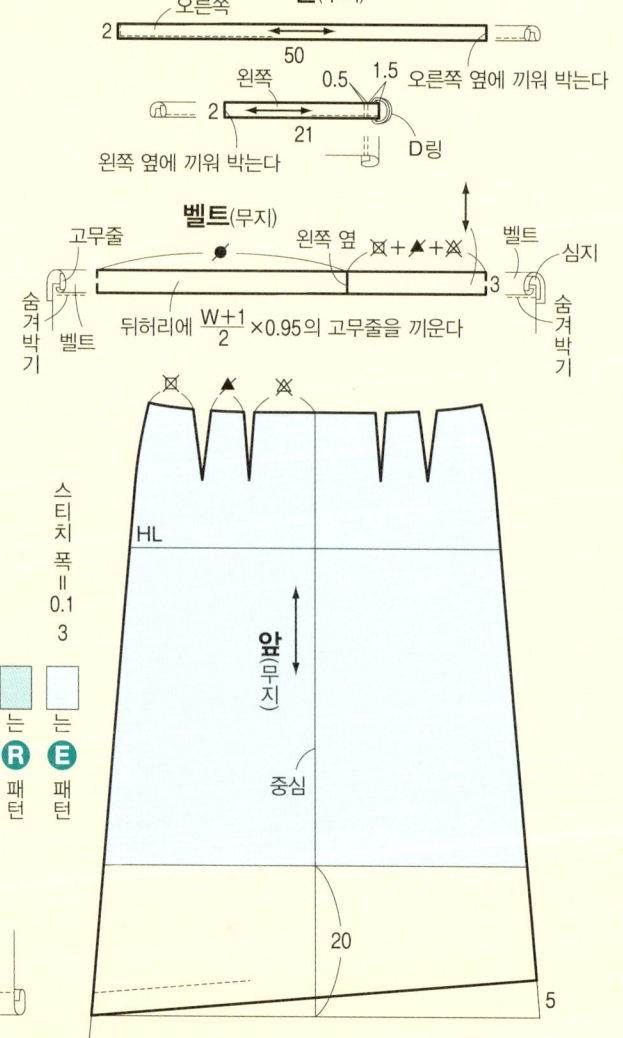

마루야마 하루미 선생이 디자인한 스커트 5종류를 소개한다.
평직 면(사진 위)과 실제 입을 천으로 만든 작품(사진 아래)을 비교해 디자인을 구성할 때 참고한다.
접착심지를 붙이는 위치나 스티치 등의 마무리도 각자의 디자인을 기준으로 하자.

트임 없는 트라페즈 스커트 완성!

BACK   SIDE   FRONT

뒤 앞

BACK   SIDE   FRONT

뒤 앞

천은 무지×체크무늬의 양면 소재. 앞 스커트, 벨트, 끈은 무지로, 뒤 스커트는 체크무늬를 사용한다.
양면이라 색 매치도 딱 맞는다. 앞은 깔끔하고 뒤는 귀여운, 매력이 넘치는 편안한 스커트.
끈을 만들어 다트와 옆을 박고 밑단과 허리를 마무리하기만 하면 빠르게 완성된다.

디자인 변형

오리지널 디자인 2

비스듬한 이음선과 불규칙하게 배치한 개더로 악센트를 주었다.
러블리한 느낌을 살짝 줄인 티어드 스커트.

〈 디자인을 결정하기까지 〉

FRONT

요크 스커트 p
(P.64)

1 원형으로 할
디자인을 고른다

요크 스커트 p 를 선택.

2 자신의 스타일로 응용한다

요크는 그대로 사용.
스커트 부분은 좌우를 펼친 전신 패턴으로 해서
비스듬히 2개의 곡선으로 이음선을 넣어 3단으로 분할.
다시 요크 이음선, 밑단선을 등분해 세로로 절개선을 넣는다.
1단째, 3단째는 오른쪽, 2단째는 왼쪽에 개더를 잡는다.
개더 분량은 모두 달림 치수(개더 끝 사이)의 1배.
허리 트임은 P.125 '숨김 지퍼 트임'을
왼쪽 옆에 만든다.

● 표준 사용량(오른쪽 페이지 완성 작품·9호의 경우)
겉감 A=110cm 폭 40cm
겉감 B=110cm 폭 50cm
겉감 C=110cm 폭 60cm
겉감 D=110cm 폭 80cm
접착심지=90cm 폭 40cm

절개 그림
(뒤도 같은 방법)

개더
5 5
10
겉감 B 앞

6 6
개더
10 12
겉감 C 앞

개더
2 2
24
겉감 D 앞 12

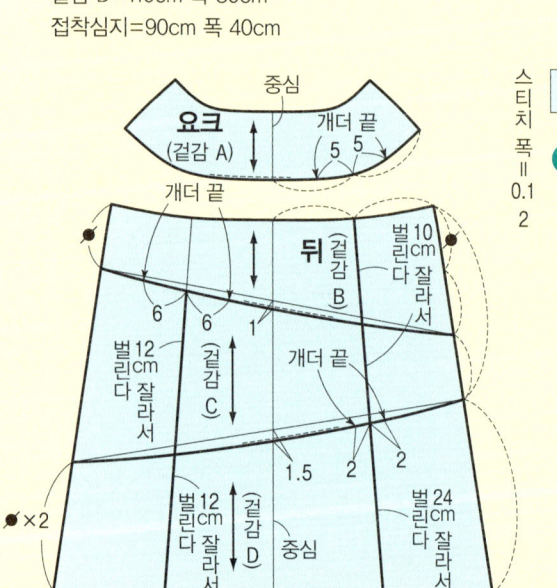

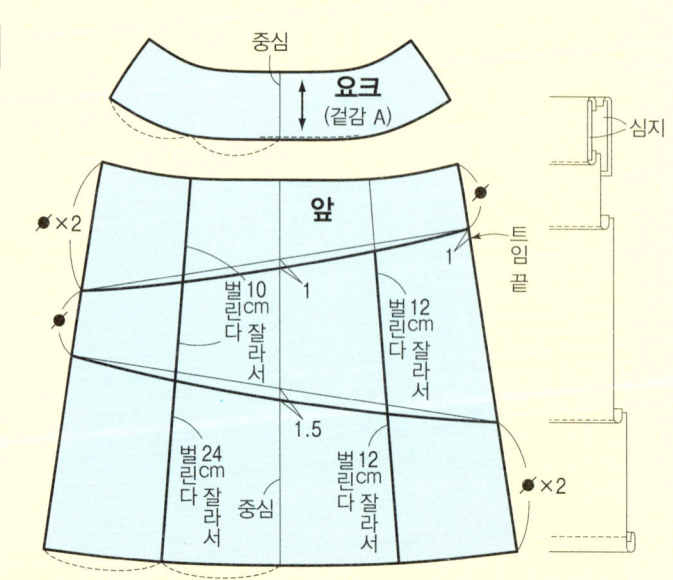

BACK   SIDE   FRONT

뒤   앞

BACK   SIDE   FRONT

뒤   앞

천은 모두 리버티 프린트의 평직 면으로 같은 색 계열의 4가지 무늬를 선택했다.
균형을 이루도록 천 분량에 비례해 무늬도 커지게 배치하는 것이 포인트.
요크는 단단하게 접착심지를 붙여서 완성한다.

디자인 변형

오리지널 디자인 3

앞 스커트를 드레이프와 랩풍으로 표현한 우아한 타이트 스커트.
트임은 지퍼가 보이게 마무리해 트렌디한 멋을 살렸다.

〈 디자인을 결정하기까지 〉

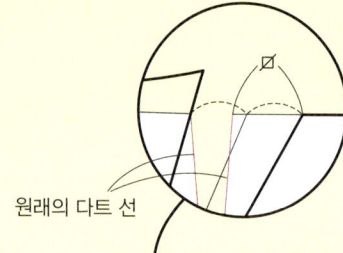

1 원형으로 할
디자인을 고른다

기본 패턴에서 전개해 자유롭게 응용한다.
앞 스커트는 타이트 스커트 D를 참고로 잘라서 벌린다.

타이트 스커트 D
(P.21)

원래의 다트 선

2 자신의 스타일로 응용한다

뒤는 기본 패턴을 그대로 사용.
앞은 오른쪽의 중심 쪽 다트에 옆쪽 다트 분량을 이동해서
비스듬한 턱 2개의 위치를 결정한다.
수직인 다른 1개의 턱은 왼쪽의 중심 쪽 다트 끝에서
선을 그어 모두 3개를 잘라서 벌린다.
왼쪽 앞의 옆쪽 다트는 그대로 사용.
허리는 P.93 7 안단 마무리로 패턴을 맞대서 만든다.
허리 트임은 P.133 '지퍼가 보이는
트임(안쪽에 다는 경우)'을 뒤 중심에 만든다.

●표준 사용량(오른쪽 페이지 완성 작품·9호의 경우)
겉감＝144cm 폭 140cm
접착심지＝90cm 폭 10cm

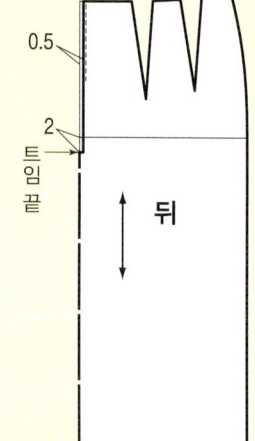

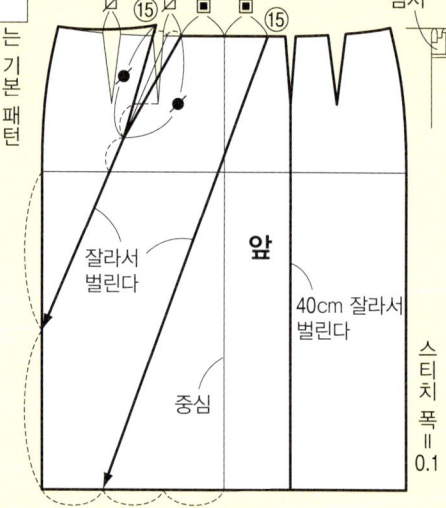

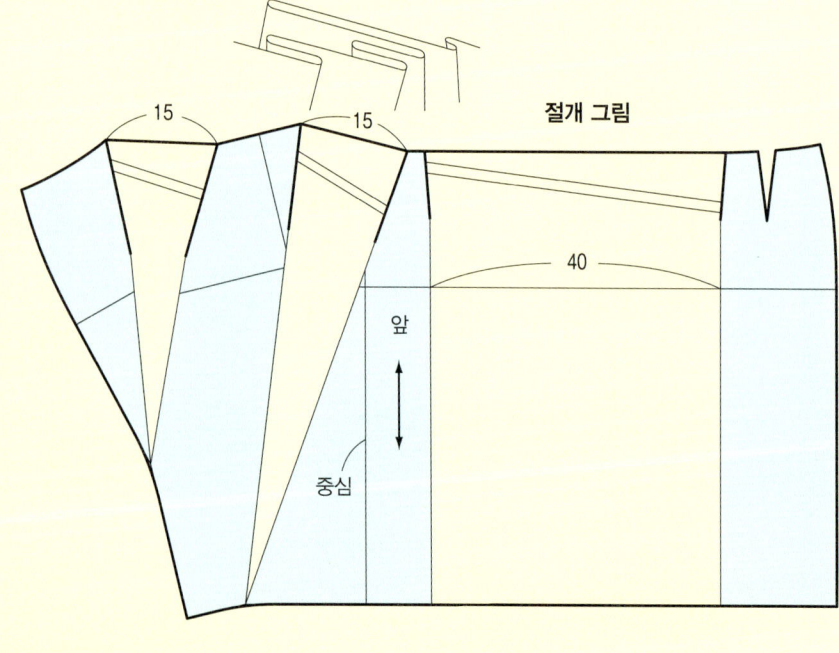

절개 그림

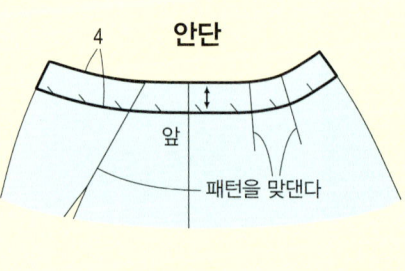

안단

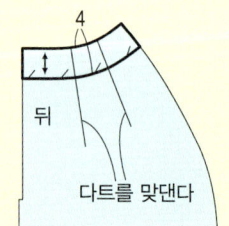

BACK   SIDE   FRONT

뒤   앞

BACK   SIDE   FRONT

뒤   앞

천은 폴리에스테르 100% 꽃무늬 자카르.
적당히 장력 있는 천을 골라야 드레이프가 살고 우아한 느낌으로 완성된다.
수직인 턱에 분량을 많이 주어 랩풍으로 보이는 디자인.
허리 안단 안쪽이 불안정한 경우 턱의 그늘진 안쪽에 박아 고정한다.

 디자인 변형

오리지널 디자인 **4**

앞뒤 중심과 앞 옆쪽에 주름을 넣은 퀼로트풍 플리티드 스커트.
적당한 로 웨이스트 요크로 허리 압박감을 줄였다.

〈 디자인을 결정하기까지 〉

FRONT

요크 스커트 **S**
(P.67)

1 원형으로 할
디자인을 고른다

참고한 것은 요크 스커트 **S**.
기본 패턴에서 전개해 자유롭게 응용한다.

2 자신의 스타일로 응용한다

허리를 3cm 내리고, 옆 밑단에서 밑단 너비를 2cm 추가해 연장. 스커트 길이를 10cm 늘린다.
앞뒤 중심에서 전체 주름 분량을 추가한다. 뒤는 남은 다트 분량을 주름 분량으로 전환해서 중심에만,
앞은 HL의 2등분 위치와 중심에 배분.
주름은 앞뒤 중심은 맞대고, 앞 옆은 옆쪽으로 접어 모두 HL까지 박아서 고정한다.
허리 마무리는 P.93 **6** 넓은 폭의 요크 방법.
허리 트임은 P.130 '일반 지퍼 트임'을 왼쪽 옆에 만든다.

● 표준 사용량(오른쪽 페이지 완성 작품·9호의 경우)
겉감=143cm 폭 150cm
접착심지=90cm 폭 50cm

맞댄 그림

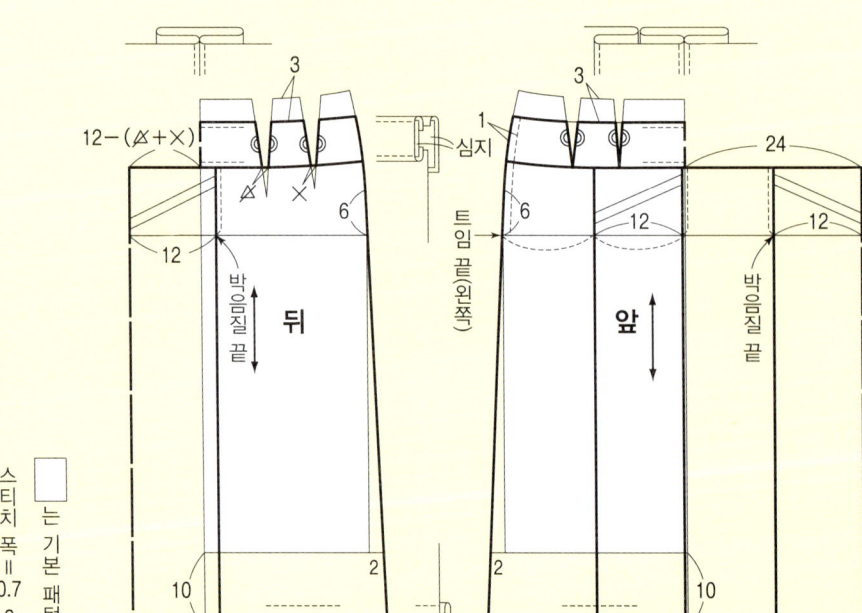

BACK   SIDE   FRONT

뒤   앞

BACK   SIDE   FRONT

뒤   앞

천은 폴리에스테르 100% 그로그랭. 맞댄 플리트가 다리처럼 보이는 디자인.
플리트 음영과 스트라이프의 시각 효과로 슬림해 보인다.
스커트와 요크의 올 방향을 바꾸면 리듬감이 한층 더해진다.

디자인 변형

오리지널 디자인 5

크고 작은 다양한 턱으로 분위기를 살린 랜덤 턱트 스커트.
밑단이 오므라드는 커쿤 실루엣이다.

⟨ 디자인을 결정하기까지 ⟩

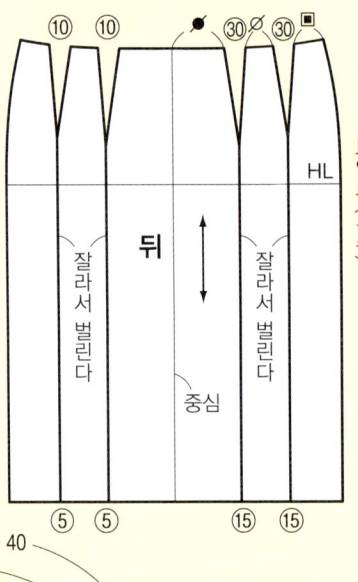

FRONT

턱트 스커트 g
(P.54)

1 원형으로 할 디자인을 고른다

참고한 것은 턱트 스커트 g.
기본 패턴에서 전개해 자유롭게 응용한다.

벨트(그로그랭 리본)

여밈분 3 ●＋∅＋■＋⊠＋▲＋⊠

3

2 자신의 스타일로 응용한다

앞뒤 모두 다트 끝에서 밑단까지 수직으로
절개선을 넣어 잘라서 벌리고 턱 분량을 넣는다.
좌우 각각 벌린 턱 분량을
원하는 위치에서 접는 랜덤 턱.
턱 위치는 허리 시접을 많이 넣어
재단해 접어보며 결정한다.
스커트 길이를 10cm 추가.
허리 마무리는 P.92 3 벨트(그로그랭 리본)로
트임은 P.124 '숨김 지퍼 트임'을
왼쪽 옆에 만든다.

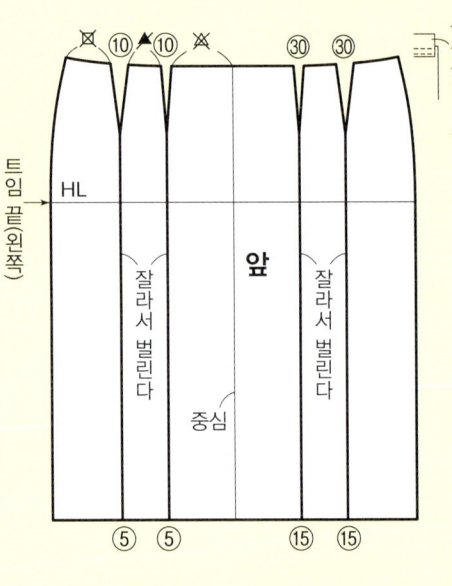

그로그랭 리본

⑩ ⑩ ● ㉚ ∅ ㉚ ■   ⊠ ⑩ ▲ ⑩ ⊠   ㉚ ㉚

HL   트임 끝(왼쪽)   HL

뒤   앞

잘라서 벌린다 잘라서 벌린다 중심   잘라서 벌린다 중심 잘라서 벌린다

⑤ ⑤   ⑮ ⑮   ⑤ ⑤   ⑮ ⑮

스티치 폭＝0.2 0.5 2

□ 는 기본 패턴

절개 그림
(뒤도 같은 방법)

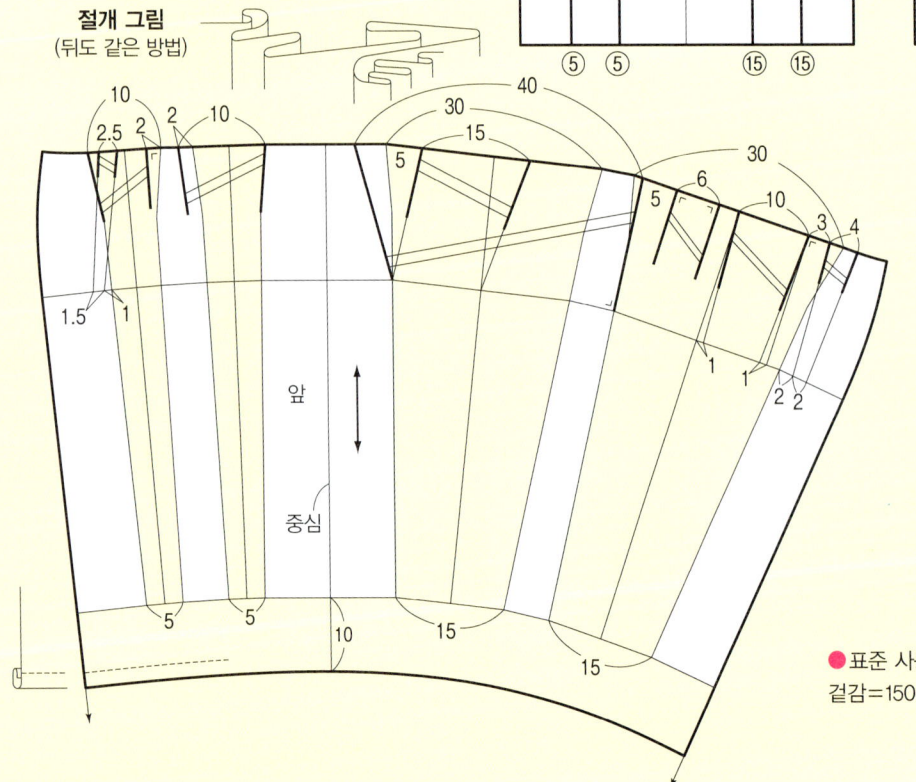

앞
중심

●표준 사용량(오른쪽 페이지 완성 작품·9호의 경우)
겉감＝150cm 폭 180cm

BACK   SIDE   FRONT

뒤   앞

BACK   SIDE   FRONT

뒤   앞

천은 폴리에스테르 100% 얇은 형상기억 소재.
허리의 턱 분량을 많이 두고 엉덩이 주위를 볼륨 있게 살린 소프트한 실루엣.
무늬 종류나 올 방향에 따라 분위기가 달라지므로
재단 전에 패턴대로 천을 접어 모양을 확인한다.

깔끔하게 완성하는
봉제 테크닉

다트

다트 끝에서 솔기와 접음선 사이에 틈이 생기지 않게 접음선에 바싹 붙여 박는다. 솔기가 늘어나지 않게 주의해서 다트 끝의 2~3cm 앞부터 패턴지를 깔고 접음선 쪽으로 살짝 둥글리며 박아 자연스럽게 완성한다.

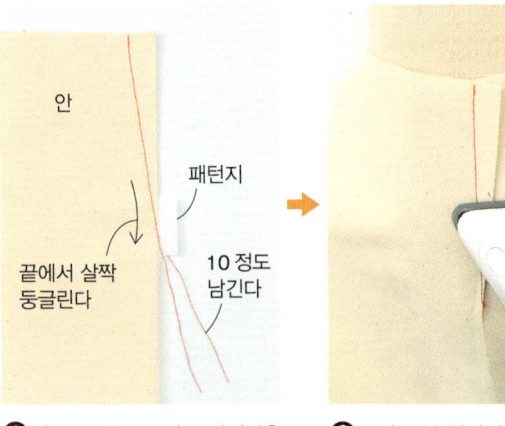

안
패턴지
끝에서 살짝 둥글린다
10 정도 남긴다

❶ 다트 끝 쪽으로 박고 마지막은 10cm 정도 실을 남겨 자르거나 되돌아박기 한다

❷ 프레스 볼 위에서, 늘어나지 않게 주의하며 정확히 솔기를 한쪽으로 꺾고 다림질해 누른다

실을 남기는 경우의 처리 방법

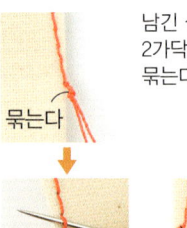

남긴 실을 2가닥 함께 묶는다

묶는다

1cm 정도

다트를 꺾었을 때 가려지는 쪽 솔기에 실을 얽어매고 여분을 자른다

완전 2번 접기

접는 폭을 좁게 완성하고 싶을 때나 속이 비치는 천에 주로 쓰이는 방법이다. 자로 시접 폭을 재면서 완성선에서 벗어나지 않게 끝을 접는 것이 포인트. 일반 2번 접기의 경우 ❷에서 접는 치수를 적당히 줄인다.

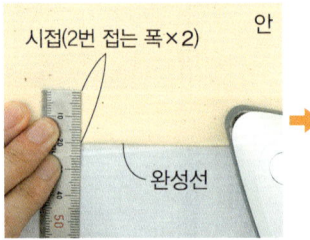

시접(2번 접는 폭×2)
안
완성선

❶ 자로 시접 폭을 재면서 완성선에서 접는다

완성선

❷ 시접을 펴서 재단 끝을 완성선에 맞춰 접는다

❸ 완성선에서 다시 접고 다림질로 고정한다

스프링 호크

스프링 호크는 열쇠 모양으로 된 작은 잠금장치. 지퍼 위쪽 끝 등에 달아 지퍼가 벌어지는 것을 막는다. 다는 방법은 단춧구멍 만드는 감침질로 단단히 고정한다. 호크가 움직여 달기 힘들면 중간중간을 고정해놓고 감침질한다.

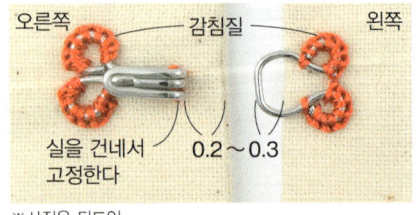

오른쪽
감침질
왼쪽
실을 건네서 고정한다
0.2~0.3

※사진은 뒤트임

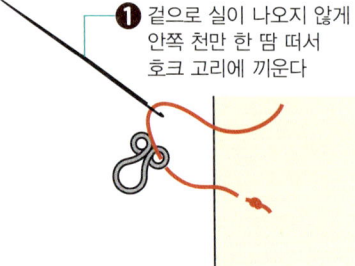

❶ 겉으로 실이 나오지 않게 안쪽 천만 한 땀 떠서 호크 고리에 끼운다

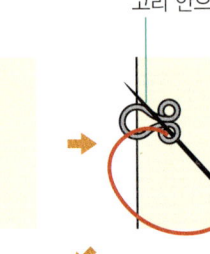

❷ 고리 바깥쪽에서 천을 뜨고 고리 안으로 빼낸다

❸ 실을 당기고 실 고리 안으로 바늘을 끼운다

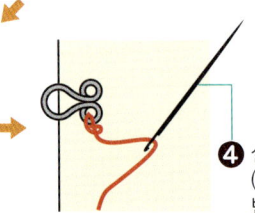

❹ 실을 당겨서 조인다 (❷~❹를 반복한다)

스커트 제작에 유용한
트임 만드는 법과 안감 넣는 법

 ## 허리 트임(입고 벗기 위해 만든다) ··· P.124

총 10종류의 지퍼(파스너) 트임을 소개한다. '일반 지퍼 트임'은 만드는 위치에 따라 트임의 좌우가 반대이다.
따라서 만드는 순서는 같지만, 뒤 중심과 옆 2가지 방법을 소개한다. 안감 넣기는 P.142, 143을 참조.

지퍼의 종류

숨김 지퍼

지퍼 이가 합성수지로 겉으로 나오지 않는 타입. 달았을 때 두께감이 적다. 22cm, 56cm 등이 있다.

숨김 지퍼 트임(P.124, 125)에서 사용

플랫 니트 지퍼

얇은 니트 테이프에 합성수지의 지퍼 이를 짜 넣은 타입. 달았을 때 두께감은 보통. 20cm, 56cm 등이 있다.

금속 지퍼

지퍼 이가 금속 타입. 달았을 때 두께감이 크다. 20cm 등이 있다.

일반 지퍼 트임(P.126~131), 지퍼가 보이는 트임(P.132, 133),
맞댄 지퍼 트임(P.134)에서 사용

 ## 밑단 트임(보행을 위해 만든다) ··· P.135

슬릿, 벤드, 플리트형 벤트 3종류를 소개한다. 오른쪽 표를 참고로 밑단 너비가 부족한 경우에 만든다. 안감 넣기는 P.144, 145를 참조.

최소한으로 필요한 밑단 둘레 치수

＊ 보폭 67cm인 경우 밑단 둘레 한 바퀴 치수

스커트 길이	밑단 둘레
50cm	94cm
60cm	100cm
70cm	126cm
80cm	134cm
90cm	146cm

 ## 안감 넣기 ·· P.138

안감은 겉감 안쪽에 넣는 천. 시판하는 큐프라(인견)나 폴리에스테르(안감 전용 천), 얇은 면 등을 사용. 안감을 넣으면 매끄럽고 비치는 것을 방지하는 등의 장점이 있다.

안감의 기본

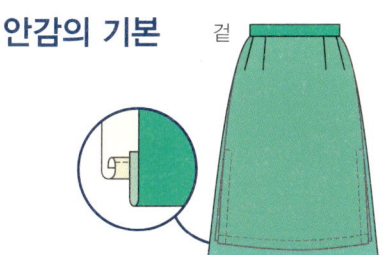

겉

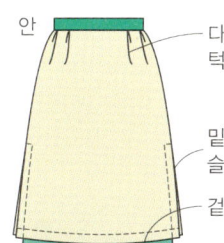

안

다트나 플리트는 턱으로 변경

밑단 너비가 좁은 경우는 슬릿을 만든다

겉감보다 3cm 더 자른다

숨김 지퍼 트임 (벨트의 경우)

지퍼 이가 보이지 않아 지퍼를 닫으면 솔기처럼 보이는 것이 특징. '일반 지퍼 트임'과 달리 트임 위치를 좌우로 맞댄다. 뒤 중심에서 설명하지만 옆의 경우도 박는 법은 같다. 깔끔하게 달려면 전용 노루발을 사용해 지퍼 이 바로 옆을 박는 것이 중요하다. 숨김 지퍼는 트임 치수보다 3cm 이상 긴 것을 준비하고 마지막에 여분을 자른다. 트임을 완성한 후 옆을 박고 벨트를 단다.

〈재단 방법〉

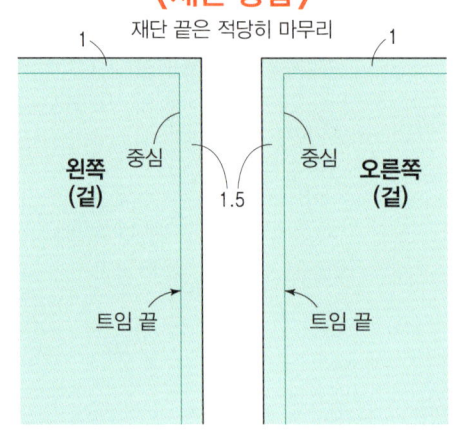

재단 끝은 적당히 마무리

왼쪽(겉) · 중심 1.5 / 중심 · 오른쪽(겉)
트임 끝 / 트임 끝

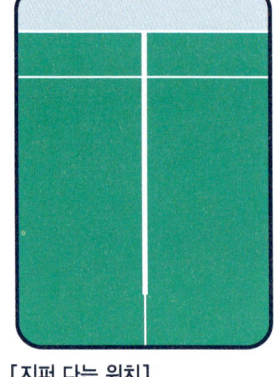

[지퍼 다는 위치]

오른쪽(안) · 왼쪽(안)
허리 완성 위치
슬라이더 위쪽 끝
0.7
지퍼 이
지퍼 테이프(안)

---

1 뒤 중심을 박는다

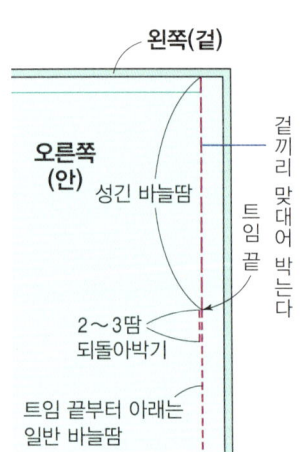

왼쪽(겉)
오른쪽(안)
성긴 바늘땀
겉끼리 맞대어 박는다
트임 끝
2~3땀 되돌아박기
트임 끝부터 아래는 일반 바늘땀

2 지퍼를 시침질로 고정한다

❸ 시접에만 시침질로 고정한다 (자를 끼우면 바느질이 쉽다)

자
오른쪽(안) 0.2 · 0.7 · 왼쪽(안)
숨김 지퍼(안)
❷ 솔기에 지퍼 중심을 맞춰서 놓는다
트임 끝
❶ 시접을 가른다

❹ 트임 끝까지 성긴 바늘땀을 푼다

왼쪽(겉) · 오른쪽(겉)
트임 끝

(안)
트임 끝

❺ 슬라이더를 내린다

---

3 지퍼를 단다

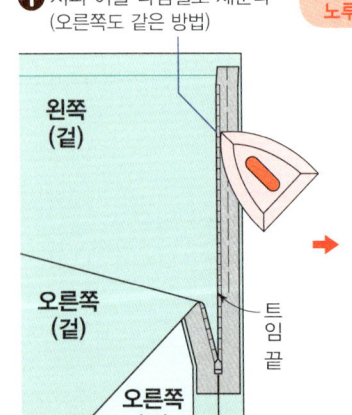

❶ 지퍼 이를 다림질로 세운다 (오른쪽도 같은 방법)

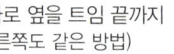
숨김 지퍼 노루발 사용

왼쪽(겉)
오른쪽(겉)
오른쪽(안)
트임 끝

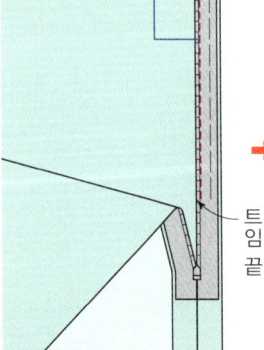

❷ 지퍼 이 바로 옆을 트임 끝까지 박는다(오른쪽도 같은 방법)

트임 끝

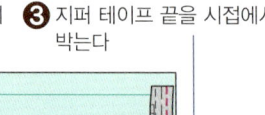

❸ 지퍼 테이프 끝을 시접에서 박는다

❹ 시침실을 빼낸다
3
트임 끝

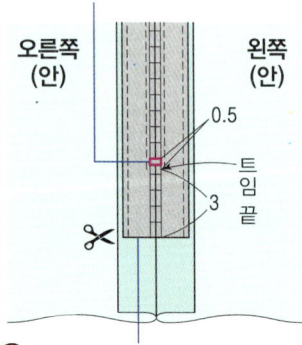

❺ 막음쇠를 이동하고 펜치로 조인다

오른쪽(안) · 왼쪽(안)
0.5
트임 끝
3

❻ 지퍼 테이프의 여분을 자른다

＊이후 옆을 박고 벨트를 단다

124

숨김 지퍼 트임 (요크 or 안단의 경우)

숨김 지퍼를 사용해 솔기처럼 보인다. 요크는 트임을 만드는 과정에서 붙인다

지퍼 이가 보이지 않아 지퍼를 닫으면 솔기처럼 보이는 것이 특징. 일반 지퍼 트임과 달리 트임 위치를 좌우로 맞댄다. 뒤 중심에서 설명하지만 옆의 경우도 박는 법은 같다. **1**, **2** 다음에 지퍼를 달고(왼쪽 페이지의 **2**, **3**), **3**으로 진행한다. 트임을 만드는 과정에서 요크를 붙인다. 단단하게 완성하고 싶은 경우는 요크에 접착심지를 붙인다. 깔끔하게 달려면 전용 노루발을 사용해 지퍼 이 바로 옆을 박는 것이 중요하다. 숨김 지퍼는 트임 치수보다 3cm 이상 긴 것을 준비하고 마지막에 여분을 자른다. 허리를 안단으로 마무리하는 경우는 **1**을 생략하고, **3**의 안 요크를 안단으로 바꾸면 박는 법은 같다.

〈재단 방법〉

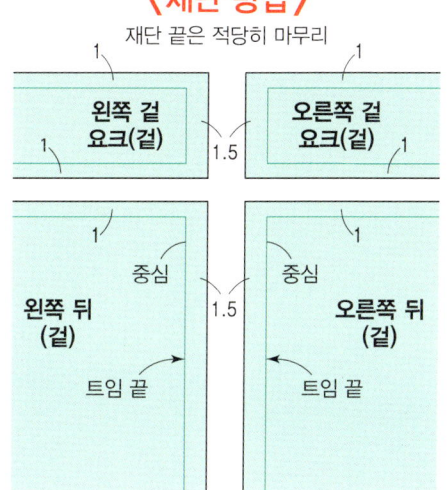

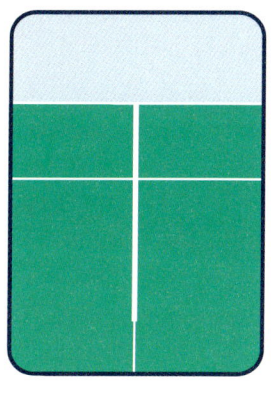

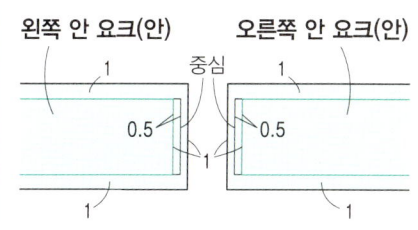

*안 요크는 뒤 중심을 0.5cm 띄운다

1 겉 요크와 스커트를 박는다

*겉 요크, 안 요크, 스커트 옆을 각각 박아둔다

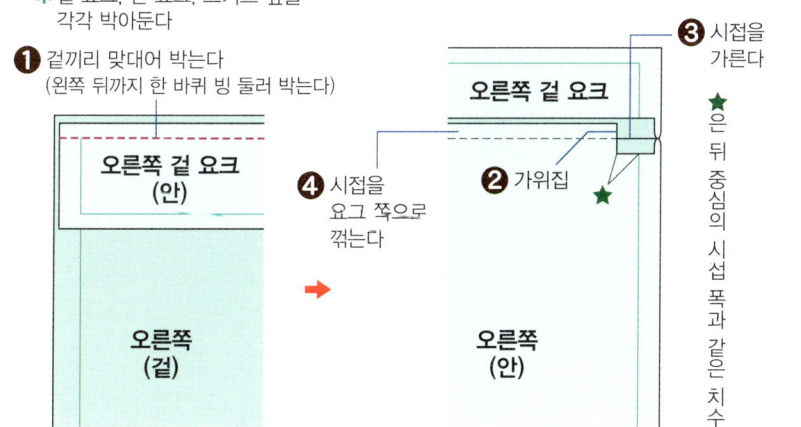

❶ 겉끼리 맞대어 박는다
(왼쪽 뒤까지 한 바퀴 빙 둘러 박는다)

❸ 시접을 가른다

❷ 가위집

❹ 시접을 요그 쪽으로 꺾는다

★은 뒤 중심의 시접 폭과 같은 치수

2 뒤 중심을 박는다

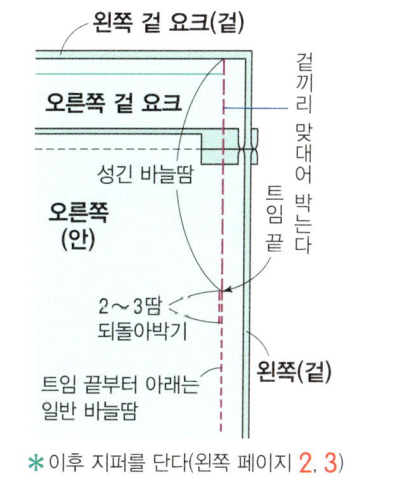

왼쪽 겉 요크(겉)
오른쪽 겉 요크
오른쪽(안)

겉끼리 맞대어 박는다

성긴 바늘땀

2~3땀 되돌아박기

트임 끝부터 아래는 일반 바늘땀

왼쪽(겉)

트임 끝

*이후 지퍼를 단다(왼쪽 페이지 **2**, **3**)

3 안 요크를 붙인다

*안감을 넣는 경우는 P.143 **1**로

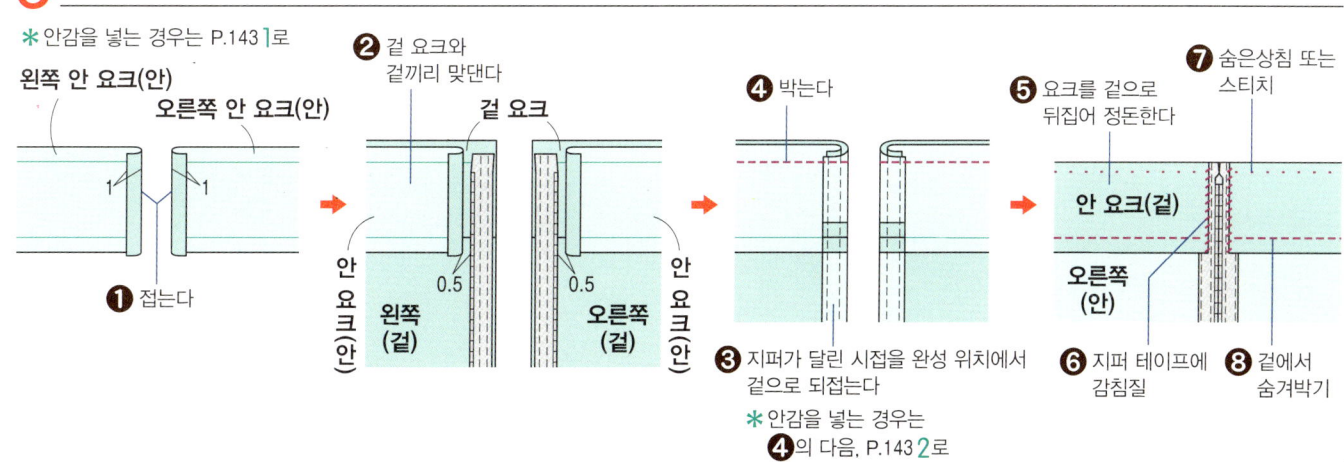

왼쪽 안 요크(안)
오른쪽 안 요크(안)

❶ 접는다

❷ 겉 요크와 겉끼리 맞댄다

겉 요크

안 요크(안)
왼쪽(겉) 0.5
안 요크(안)
오른쪽(겉) 0.5

❹ 박는다

❸ 지퍼가 달린 시접을 완성 위치에서 겉으로 되접는다

*안감을 넣는 경우는 **4**의 다음, P.143 **2**로

❺ 요크를 겉으로 뒤집어 정돈한다

❼ 숨은상침 또는 스티치

안 요크(겉)
오른쪽(안)

❻ 지퍼 테이프에 감침질

❽ 겉에서 숨겨박기

일반 지퍼 트임(뒤·벨트의 경우)

일반 지퍼를 사용하고 겉으로 스티치가 보인다. 벨트는 트임을 완성한 후 단다

뒤 중심에 만드는 트임은 오른쪽에 스티치를 하지만 지퍼가 보이지 않게 왼쪽에 겹침 분량을 내서 완성한다. 박는 위치가 직선이라 초보자도 하기 쉽다. 지퍼를 달 때(**2. 3**)는 노루발을 외발 노루발로 바꿔야 지퍼 이 위로 노루발이 놓이지 않아 순조롭게 박을 수 있다. 지퍼는 플랫 니트 지퍼, 금속 지퍼 등으로 트임 치수보다 1.2cm 짧은 것을 준비한다. 딱 맞는 사이즈가 없는 경우의 조정 방법은 P.131을 참조. 트임을 완성한 후 옆을 박고 벨트를 단다.

〈재단 방법〉

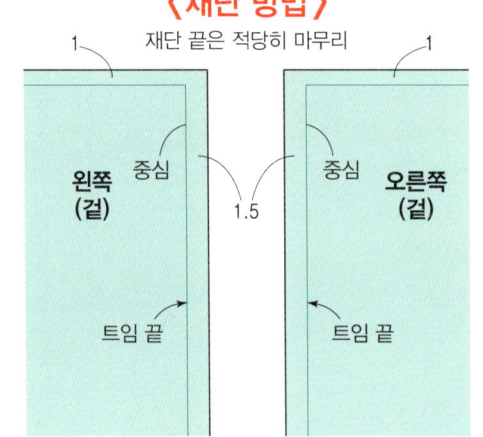

1 뒤 중심을 박는다

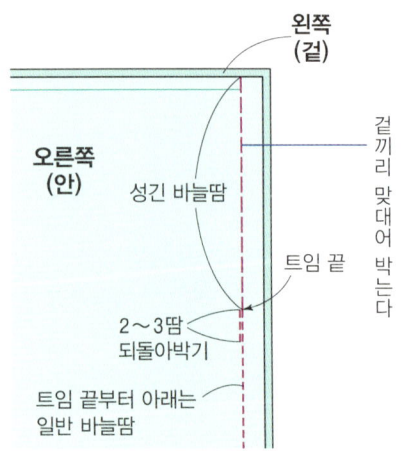

2 지퍼를 왼쪽에 단다

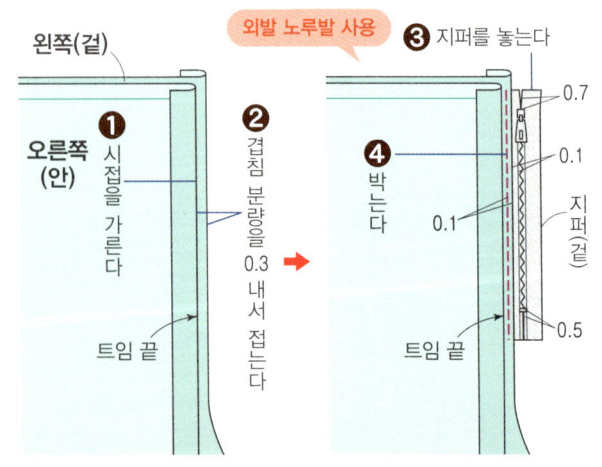

3 지퍼를 오른쪽에 스티치로 고정한다

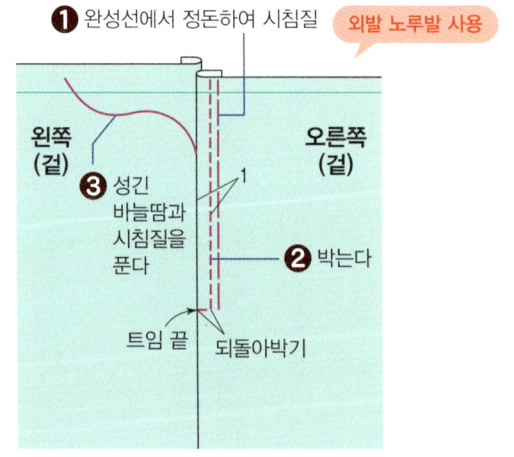

4 지퍼 테이프를 시접에 고정한다

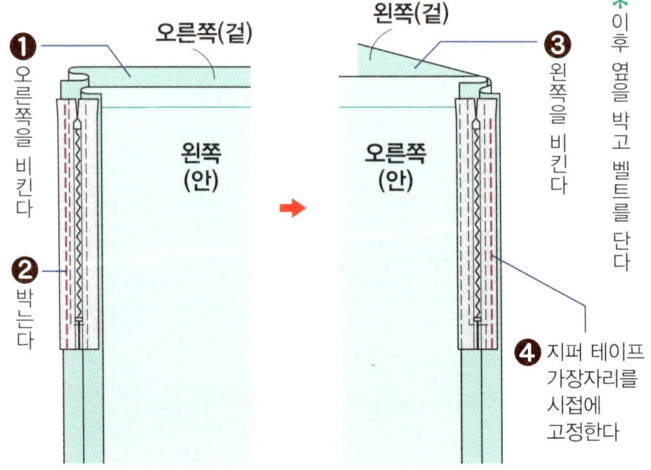

＊지퍼 다는 위치는 P.131 참조

일반 지퍼 트임(왼쪽 옆·벨트의 경우)

일반 지퍼를 사용하고 겉으로 스티치가 보인다. 벨트는 트임을 완성한 후 단다

왼쪽 페이지의 뒤 지퍼 트임과 박는 순서는 같지만 스티치를 앞쪽(왼쪽)에 해서 겹침이 반대가 된다. 또 옆은 박는 위치가 곡선이라 박기가 약간 까다롭다. 지퍼를 달 때(2, 3)는 노루발을 외발 노루발로 바꿔야 지퍼 이 위로 노루발이 놓이지 않아 순조롭게 박을 수 있다. 지퍼는 플랫 니트 지퍼, 금속 지퍼 등으로 트임 치수보다 1.2cm 짧은 것을 준비한다. 딱 맞는 사이즈가 없는 경우의 조정 방법은 P.131을 참조. 트임을 완성한 후 오른쪽 옆을 박고 벨트를 단다.

〈재단 방법〉

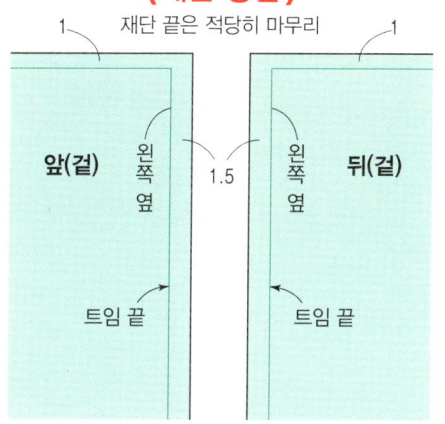

1 옆을 박는다

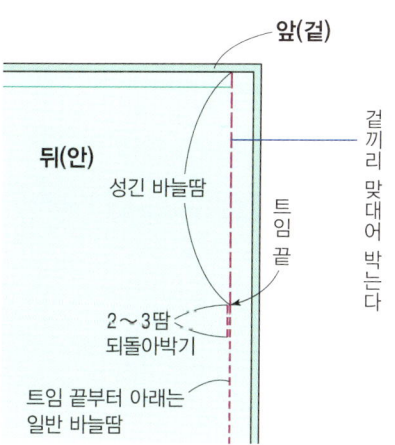

2 지퍼를 뒤에 단다

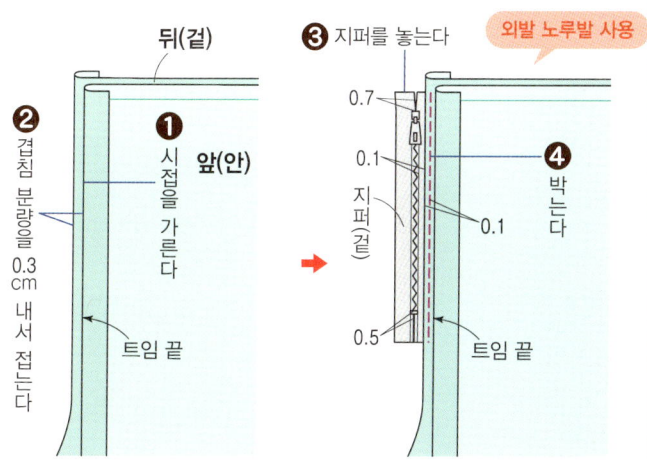

3 지퍼를 앞에 스티치로 고정한다

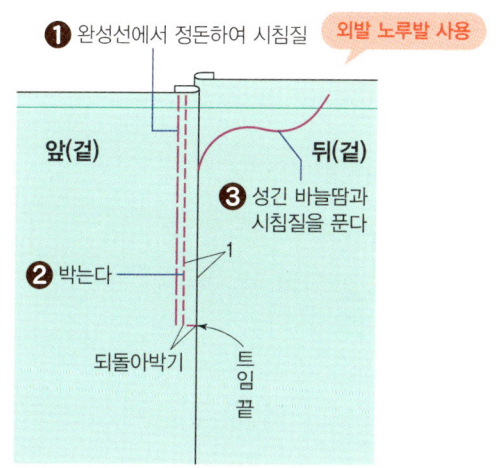

4 지퍼 테이프를 시접에 고정한다

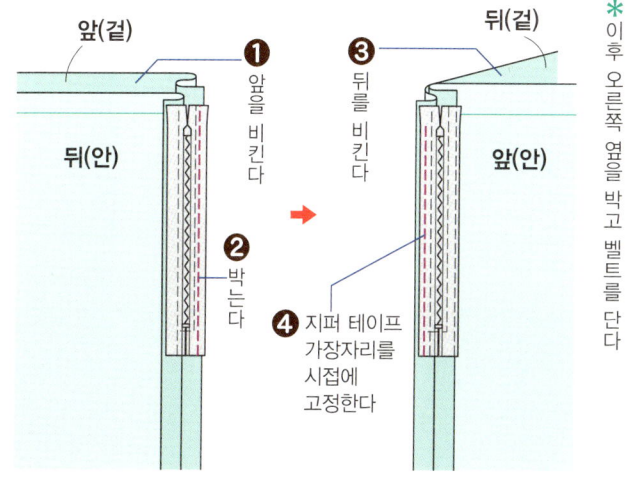

＊지퍼 다는 위치는 P.131 참조

일반 지퍼 트임 (뒤·안단의 경우)

일반 지퍼를 사용하고 겉으로 스티치가 보인다. 안단은 트임을 만드는 과정에서 붙인다

뒤 중심에 만드는 트임은 오른쪽에 스티치를 하지만 지퍼가 보이지 않게 왼쪽에 겹침 분량을 내서 완성한다. 트임을 만드는 과정에서 안단을 붙이기 때문에 벨트의 경우와는 순서가 조금 다르다. 단단하게 완성하고 싶은 경우는 안단에 접착심지를 붙인다. 지퍼를 달 때(**3**)는 노루발을 외발 노루발로 바꿔야 순조롭게 박을 수 있다. 지퍼는 플랫 니트 지퍼, 금속 지퍼 등으로 트임 치수보다 1.2cm 짧은 것을 준비한다. 딱 맞는 사이즈가 없는 경우의 조정 방법은 P.131을 참조. 바이어스 천 안단(P.93 **8**)으로 마무리하는 경우도 방법은 같다.

〈재단 방법〉

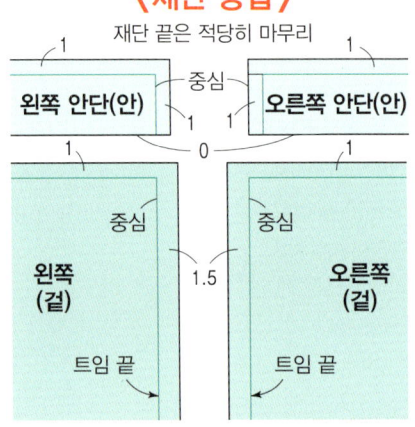

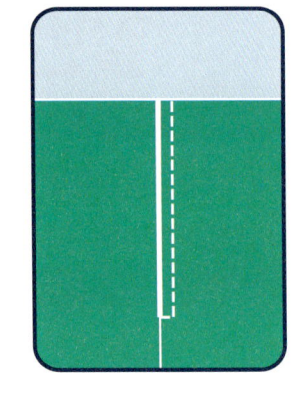

*오른쪽 안단은 뒤 중심을 1cm 띄운다

1 뒤 중심을 박고 시접을 접는다

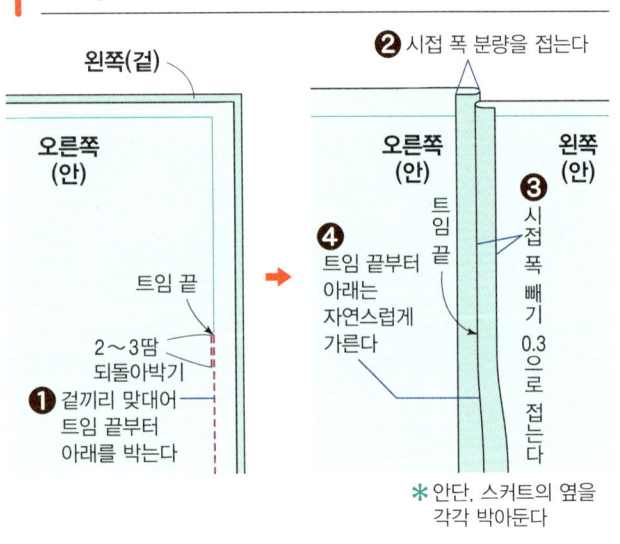

2 안단을 붙인다

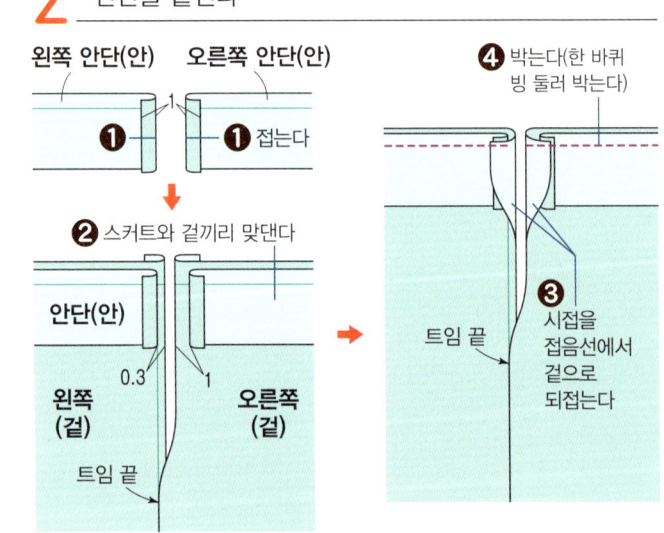

3 지퍼를 달고 안단을 고정한다

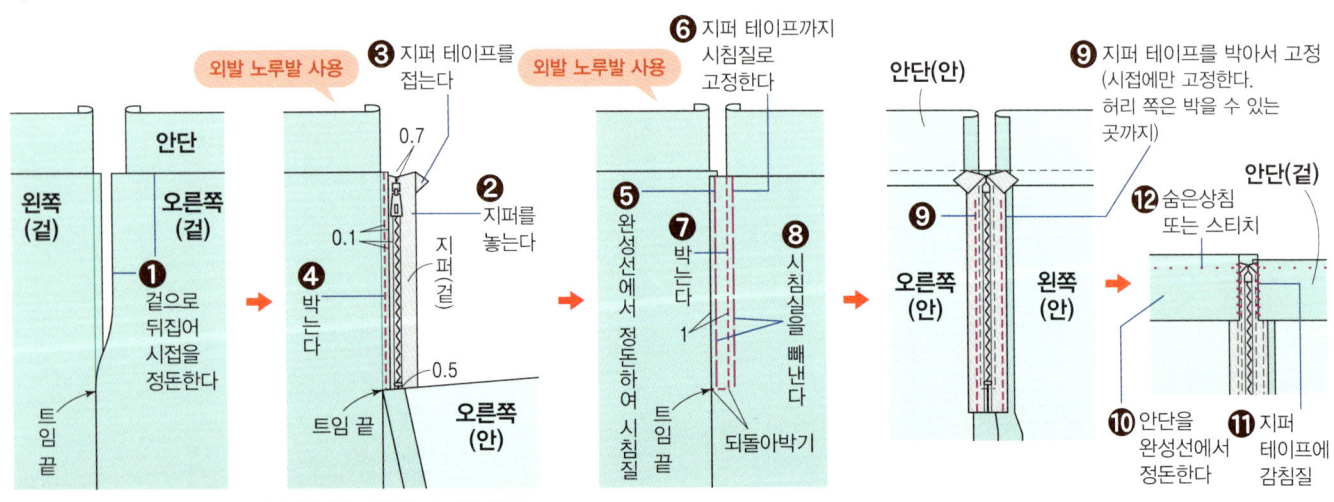

*지퍼 다는 위치는 P.131 참조

일반 지퍼 트임(왼쪽 옆·안단의 경우)

일반 지퍼를 사용하고 겉으로 스티치가 보인다. 안단은 트임을 만드는 과정에서 붙인다

왼쪽 페이지의 뒤 지퍼 트임과 박는 순서는 같지만 스티치를 앞쪽(왼쪽)에 해서 겹침이 반대가 된다. 트임을 만드는 과정에서 안단을 붙이기 때문에 벨트의 경우와는 순서가 조금 다르다. 단단하게 완성하고 싶은 경우는 안단에 접착심지를 붙인다. 지퍼를 달 때(**3**)는 노루발을 외발 노루발로 바꿔야 순조롭게 박을 수 있다. 지퍼는 플랫 니트 지퍼, 금속 지퍼 등으로 트임 치수보다 1.2cm 짧은 것을 준비한다. 딱 맞는 사이즈가 없는 경우의 조정 방법은 P.131을 참조. 바이어스 천 안단(P.93 **8**)으로 마무리하는 경우도 방법은 같다.

〈재단 방법〉

재단 끝은 적당히 마무리

앞 안단(안) — 왼쪽 옆 — 뒤 안단(안)

1 1 1 1
1 0 1

왼쪽 옆 / 왼쪽 옆

앞(겉) / 뒤(겉)

1.5

트임 끝 / 트임 끝

＊앞 안단은 왼쪽 옆을 1cm 띄운다

1 옆을 박고 시접을 접는다

앞(겉)
뒤(안)

❷ 시접 폭 분량을 접는다

뒤(안) ❸ 시접 폭 빼기
앞(안)

트임 끝

2〜3땀 되돌이박기

❶ 겉끼리 맞대어 트임 끝부터 아래를 박는다

트임 끝

❹ 트임 끝부터 아래는 자연스럽게 가른다

시접 폭 폭 빼기 0.3으로 접는다

＊안단, 스커트의 오른쪽 옆을 각각 박아둔다

2 안단을 붙인다

앞 안단(안) / 뒤 안단(안)

❶ ❶ 접는다
1

❷ 스커트와 겉끼리 맞댄다

안단(안)

앞(겉) / 뒤(겉)
1 0.3

트임 끝

❹ 박는다(한 바퀴 빙 둘러 박는다)

❸ 시접을 접음선에서 겉으로 되접는다

트임 끝

3 지퍼를 달고 안단을 고정한다

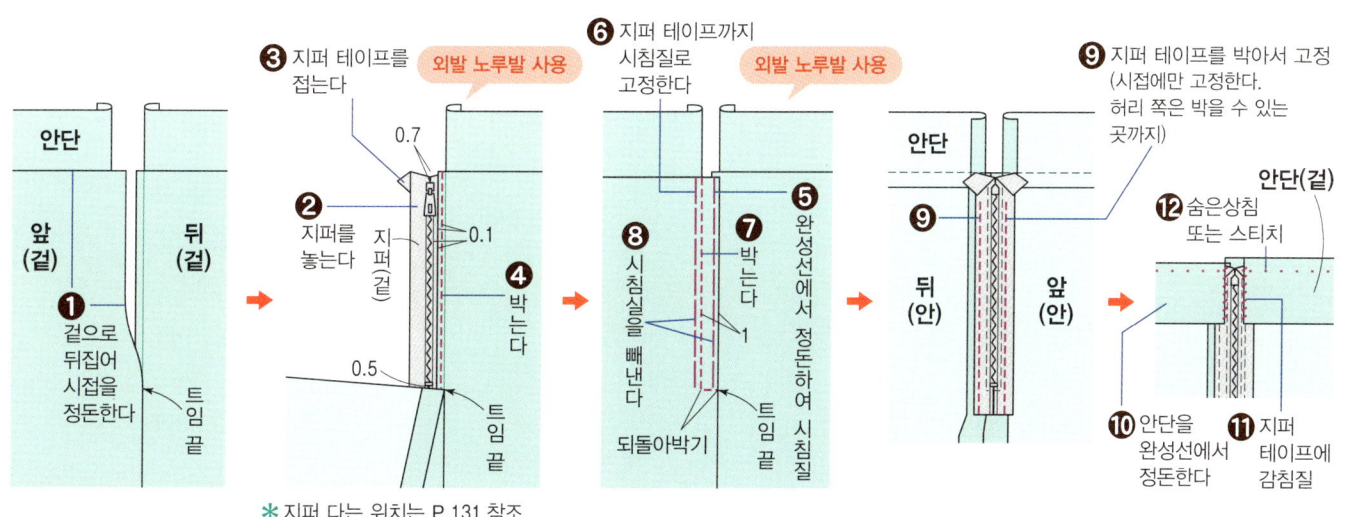

안단

앞(겉) / 뒤(겉)

❶ 겉으로 뒤집어 시접을 정돈한다

트임 끝

❸ 지퍼 테이프를 접는다 **외발 노루발 사용**

0.7

❷ 지퍼를 놓는다

지퍼(겉)

0.1

❹ 박는다

0.5

트임 끝

❻ 지퍼 테이프까지 시침질로 고정한다 **외발 노루발 사용**

❽ 시침실을 빼낸다

❼ 박는다
1

되돌아박기

❺ 완성선에서 정돈하여 시침질

트임 끝

❾ 지퍼 테이프를 박아서 고정(시접에만 고정한다. 허리 쪽은 박을 수 있는 곳까지)

안단

뒤(안) / 앞(안)

❾

안단(겉)

⓬ 숨은상침 또는 스티치

⓾ 안단을 완성선에서 정돈한다

⓫ 지퍼 테이프에 감침질

＊지퍼 다는 위치는 P.131 참조

일반 지퍼 트임 (요크의 경우)

일반 지퍼를 사용하고 겉으로 스티치가 보인다. 요크는 트임을 만드는 과정에서 붙인다

뒤 중심에 만드는 트임은 오른쪽에 스티치를 하지만 지퍼가 보이지 않게 왼쪽에 겹침 분량을 내서 완성한다. 트임을 만드는 과정에서 요크를 붙이기 때문에 벨트의 경우와는 순서가 조금 다르다. 단단하게 완성하고 싶은 경우는 요크에 접착 심지를 붙인다. 지퍼를 달 때(**4. 5**)는 노루발을 외발 노루발로 바꿔야 순조롭게 박을 수 있다. 지퍼는 플랫 니트 지퍼, 금속 지퍼 등으로 트임 치수보다 1.2cm 짧은 것을 준비한다. 딱 맞는 사이즈가 없는 경우의 조정 방법은 P.131을 참조. 왼쪽 옆에 만드는 경우는 스티치를 앞쪽(왼쪽)에 해서 겹침이 반대가 된다.

〈재단 방법〉

재단 끝은 적당히 마무리

1		1
왼쪽 겉 요크(겉)	1.5	오른쪽 겉 요크(겉)
1		1

1		1
왼쪽 뒤 (겉)	중심 1.5	오른쪽 뒤 (겉) 중심
트임 끝		트임 끝

왼쪽 안 요크(안) 중심 오른쪽 안 요크(안)

1 / 1 / 1 / 1

＊오른쪽 안 요크는 뒤 중심을 1cm 띄운다

1 겉 요크와 스커트를 박고 뒤 중심을 박는다

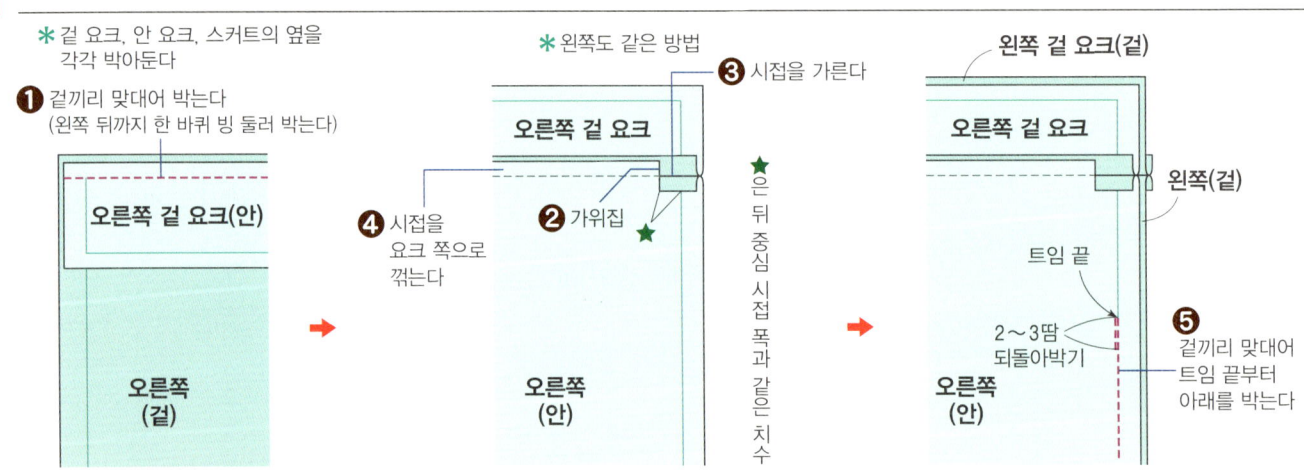

＊겉 요크, 안 요크, 스커트의 옆을 각각 박아둔다

❶ 겉끼리 맞대어 박는다 (왼쪽 뒤까지 한 바퀴 빙 둘러 박는다)

오른쪽 겉 요크(안)

오른쪽 (겉)

＊왼쪽도 같은 방법

오른쪽 겉 요크

❷ 가위집

❸ 시접을 가른다

❹ 시접을 요크 쪽으로 꺾는다

오른쪽 (안)

★은 뒤 중심 시접 폭과 같은 치수

왼쪽 겉 요크(겉)

오른쪽 겉 요크

왼쪽(겉)

트임 끝

2~3땀 되돌아박기

오른쪽 (안)

❺ 겉끼리 맞대어 트임 끝부터 아래를 박는다

2 뒤 중심의 시접을 접는다

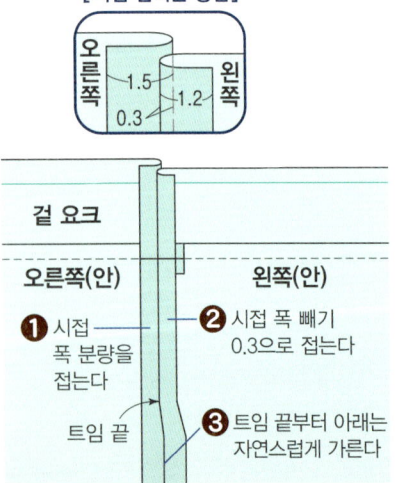

[시접 겹치는 방법]

오른쪽 1.5 / 0.3 / 1.2 왼쪽

겉 요크

오른쪽(안)   왼쪽(안)

❶ 시접 폭 분량을 접는다

❷ 시접 폭 빼기 0.3으로 접는다

트임 끝

❸ 트임 끝부터 아래는 자연스럽게 가른다

＊안감을 넣는 경우는 이후 P.143 **1**로

3 안 요크를 붙인다

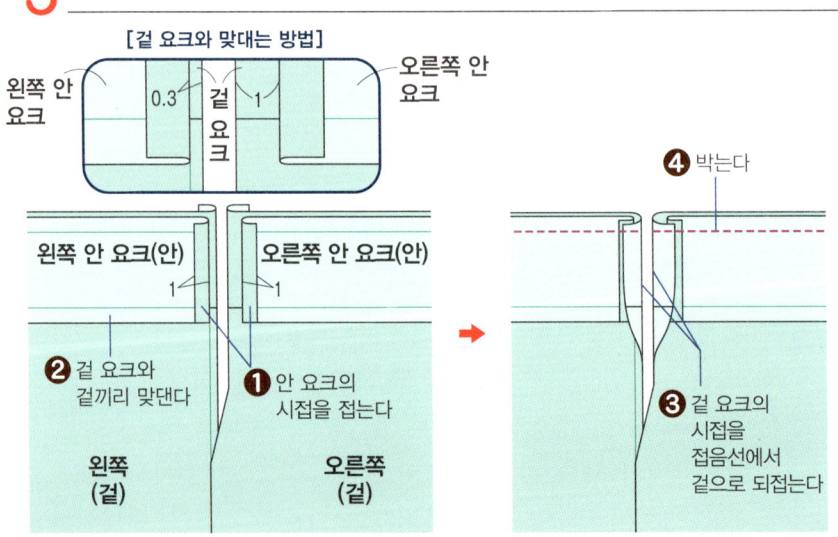

[겉 요크와 맞대는 방법]

왼쪽 안 요크   0.3 겉 요크 1   오른쪽 안 요크

왼쪽 안 요크(안)   오른쪽 안 요크(안)

1   1

❷ 겉 요크와 겉끼리 맞댄다

❶ 안 요크의 시접을 접는다

왼쪽 (겉)   오른쪽 (겉)

❹ 박는다

❸ 겉 요크의 시접을 접음선에서 겉으로 되접는다

4 지퍼를 단다

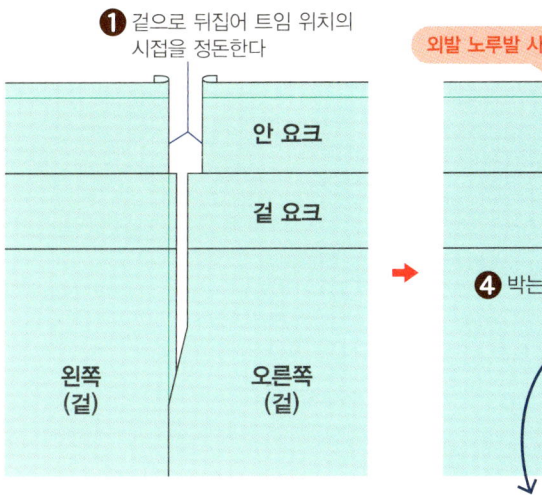

❶ 겉으로 뒤집어 트임 위치의 시접을 정돈한다

안 요크

겉 요크

왼쪽 (겉)

오른쪽 (겉)

외발 노루발 사용

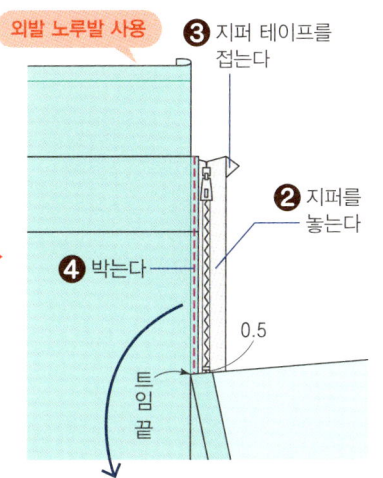

❸ 지퍼 테이프를 접는다

❷ 지퍼를 놓는다

❹ 박는다

0.5

트임 끝

[지퍼 다는 위치]

5 지퍼를 스티치로 고정한다

외발 노루발 사용

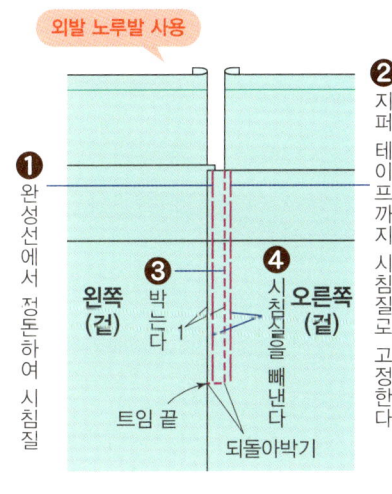

❶ 완성선에서 정돈하여 시침질

❷ 지퍼 테이프까지 시침질로 고정한다

왼쪽 (겉)

❸ 박는다 1

❹ 시침질을 빼낸다

오른쪽 (겉)

트임 끝

되돌아박기

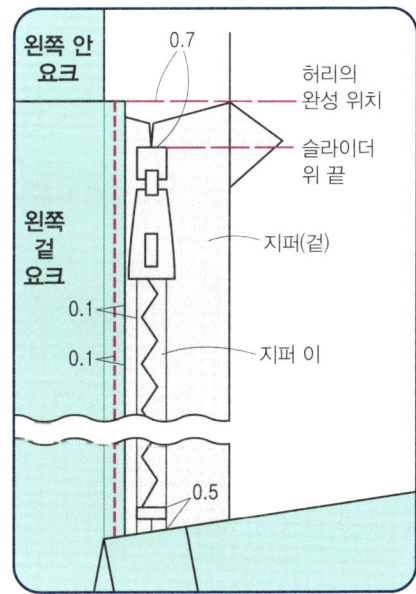

왼쪽 안 요크

0.7

허리의 완성 위치

슬라이더 위 끝

왼쪽 겉 요크

0.1

0.1

지퍼(겉)

지퍼 이

0.5

6 지퍼 테이프, 안 요크를 고정한다

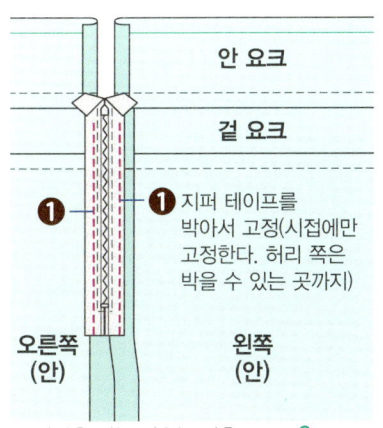

안 요크

겉 요크

❶ 지퍼 테이프를 박아서 고정(시접에만 고정한다. 허리 쪽은 박을 수 있는 곳까지)

오른쪽 (안)

왼쪽 (안)

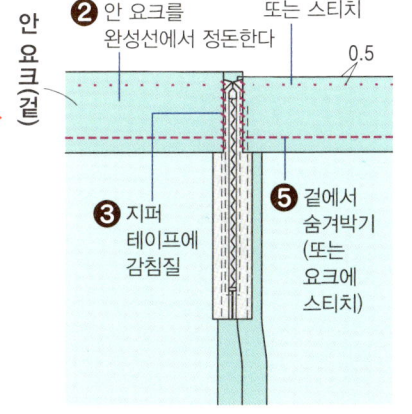

안 요크(겉)

❷ 안 요크를 완성선에서 정돈한다

❹ 숨은상침 또는 스티치

0.5

❸ 지퍼 테이프에 감침질

❺ 겉에서 숨겨박기 (또는 요크에 스티치)

＊안감을 넣는 경우는 이후 P.143 2로

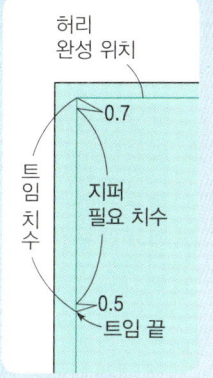

Hint!

지퍼의 길이와 조정

지퍼의 필요 치수는 트임 치수 빼기 1.2cm. 먼저 트임 치수보다 1.2cm 짧은 지퍼를 준비하는 것이 기본. 하지만 일반 지퍼는 20cm, 56cm 등으로 치수가 정해져 있기 때문에 필요 치수와 맞지 않는 경우 트임 치수 또는 지퍼 길이를 조정한다.

허리 완성 위치

0.7

트임 치수

지퍼 필요 치수

0.5

트임 끝

차이가 1cm 이하인 경우

지퍼의 길이에 맞춰 트임 끝 위치를 이동한다.
(예: 지퍼가 20cm면 트임 치수를 21.2cm로)

차이가 1.1cm 이상인 경우

필요 치수보다 긴 지퍼를 사서 길이를 자른다. 조정 방법은 지퍼 이 소재에 따라 다르다.

● 플랫 니트 지퍼

트임 치수 빼기 1.2+2.5cm로 자른다.
아래 2.5cm는 휘갑치기로 고정한다.

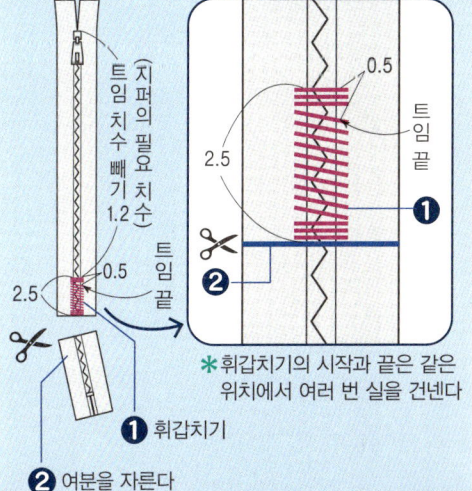

(지퍼의 필요 치수) 트임 치수 빼기 1.2

트임 끝

2.5

0.5

0.5

2.5

트임 끝

❶

❷

❶ 휘갑치기

❷ 여분을 자른다

＊휘갑치기의 시작과 끝은 같은 위치에서 여러 번 실을 건넨다

● 금속 지퍼

금속 지퍼는 혼자서는 조정하기 힘들다. 구입하는 곳에서 조정해주는지 확인한다.

지퍼가 보이는 트임(바깥쪽에 다는 경우)

일반 지퍼를 사용하고 지퍼가 전부 보인다. 허리 마무리는 트임을 만드는 과정에서 한다

숨겨야 하는 지퍼를 겉으로 보이게 해 디자인 포인트로 활용한 트임. 트임 부분을 자르고 그 위에 겹쳐 단다. 뒤 중심 트임에서 허리를 파이핑으로 마무리하는 방법을 소개한다. 위치를 바꾸거나 벨트와 안단, 요크로 마무리하는 경우도 박는 법은 같지만, 벨트의 경우 벨트를 달고 나서 위쪽 끝까지 지퍼를 단다. 지퍼는 트임 치수보다 0.5cm 짧은 것을 준비한다. 딱 맞는 사이즈가 없는 경우의 조정 방법은 P.131을 참조. 이 트임은 트임 끝부터 아래로 솔기가 없는 디자인에서도 가능하다.

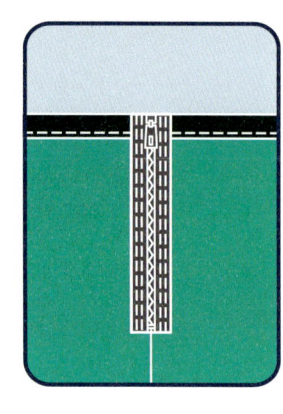

〈재단 방법〉
재단 끝은 적당히 마무리

왼쪽 뒤 (겉) ─ 중심 ─ 0.5 cm 자른다

0.5 cm 자른다 ─ 중심 ─ 오른쪽 뒤 (겉)

0.5 ── 트임 끝 ── 트임 끝 ── 1.5

1 뒤 중심을 박고 시접을 가른다

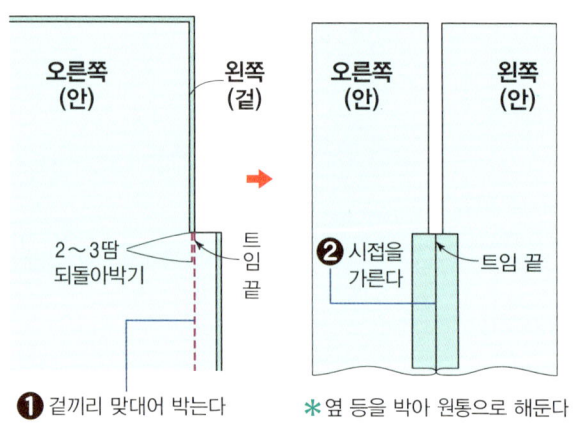

오른쪽 (안)   왼쪽 (겉)

오른쪽 (안)   왼쪽 (안)

2~3땀 되돌아박기
트임 끝
❶ 겉끼리 맞대어 박는다

❷ 시접을 가른다
트임 끝
*옆 등을 박아 원통으로 해둔다

2 허리를 마무리한다

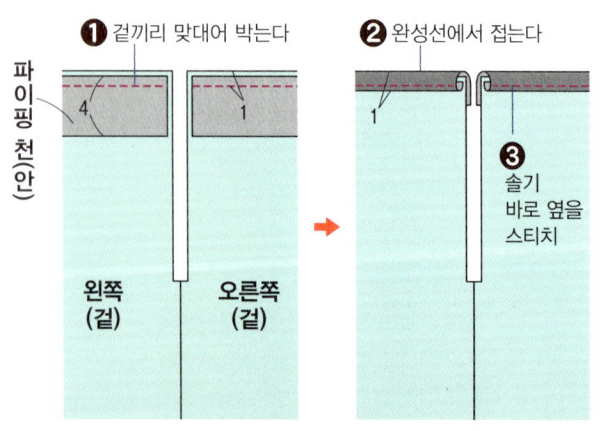

❶ 겉끼리 맞대어 박는다
파이핑 천(안)
4
1
왼쪽 (겉)   오른쪽 (겉)

❷ 완성선에서 접는다
1
❸ 솔기 바로 옆을 스티치

3 지퍼를 단다

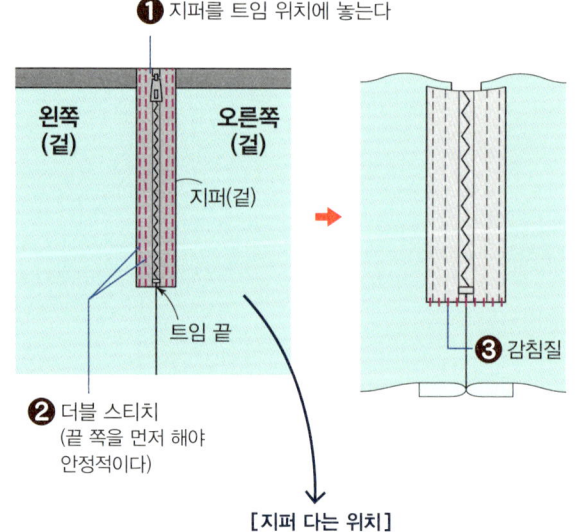

❶ 지퍼를 트임 위치에 놓는다

왼쪽 (겉)   오른쪽 (겉)
지퍼(겉)
트임 끝
❷ 더블 스티치 (끝 쪽을 먼저 해야 안정적이다)

❸ 감침질

[지퍼 다는 위치]

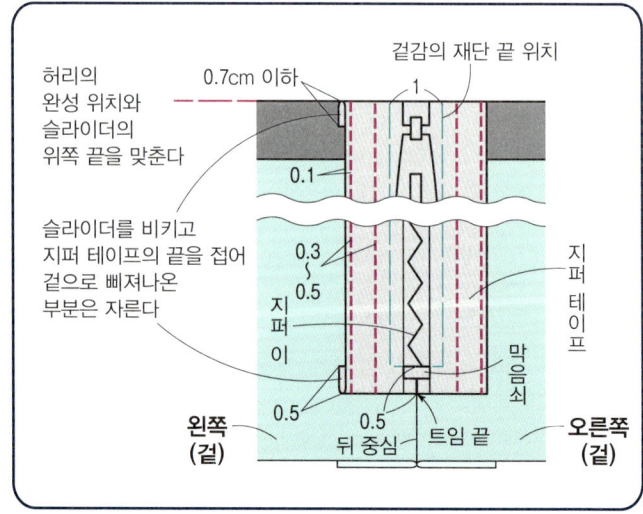

허리의 완성 위치와 슬라이더의 위쪽 끝을 맞춘다

0.7cm 이하
1
겉감의 재단 끝 위치
0.1

슬라이더를 비키고 지퍼 테이프의 끝을 접어 겉으로 삐져나온 부분은 자른다
0.3
0.5
지퍼 이
0.5
지퍼 테이프
막음쇠

왼쪽 (겉)   0.5   뒤 중심   트임 끝   오른쪽 (겉)

지퍼가 보이는 트임(안쪽에 다는 경우)

일반 지퍼를 사용하고 지퍼의 일부가 보인다. 허리 마무리는 트임을 만드는 과정에서 한다

겉으로 지퍼가 보이게 해 디자인 포인트로 활용하는 트임. 트임 부분을 접어 지퍼가 안쪽에서 살짝 보이게 단다. 뒤 중심 트임에서 허리를 안단으로 마무리하는 방법을 소개한다. 위치를 바꾸거나 벨트와 요크로 마무리하는 경우도 박는 법은 같지만 벨트의 경우 벨트를 달고 나서 위쪽 끝까지 지퍼를 단다. 지퍼는 트임 치수보다 0.5cm 짧은 것을 준비한다. 딱 맞는 사이즈가 없는 경우의 조정 방법은 P.131을 참조. 이 트임은 트임 끝부터 아래로 솔기가 없는 디자인에서도 가능하다. 풀리기 쉬운 천은 가위집 위치에 접착심지를 붙인다.

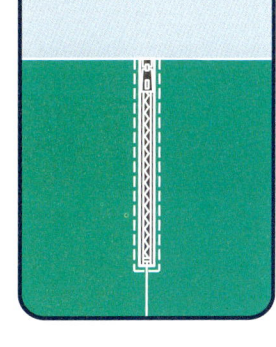

〈재단 방법〉

재단 끝은 적당히 마무리

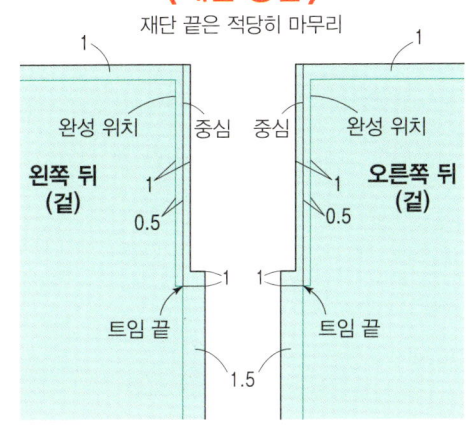

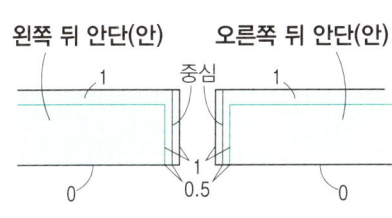

＊안단은 뒤 중심을 0.5cm 띄운다

1 뒤 중심을 박는다

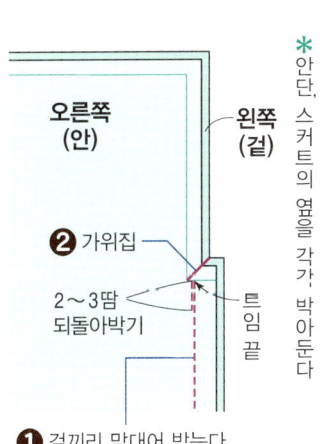

2 안단을 붙이고 시접을 접는다

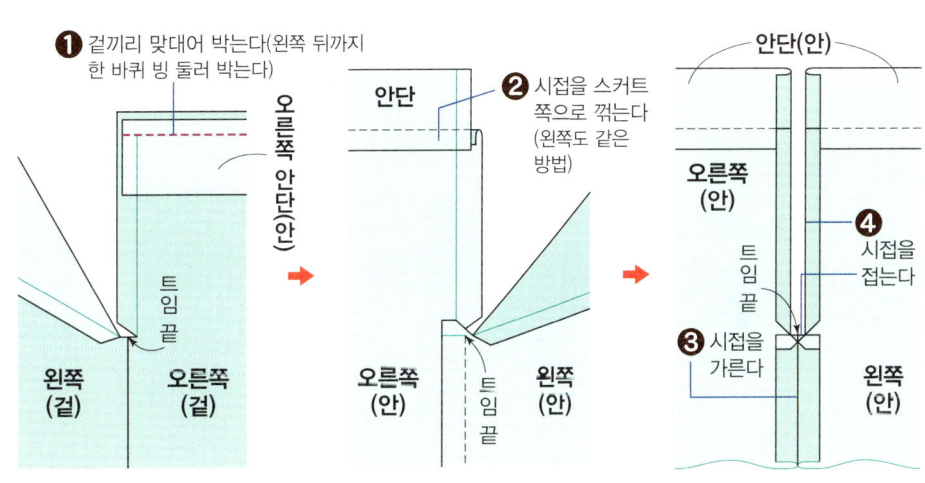

3 지퍼를 달고 안단을 고정한다

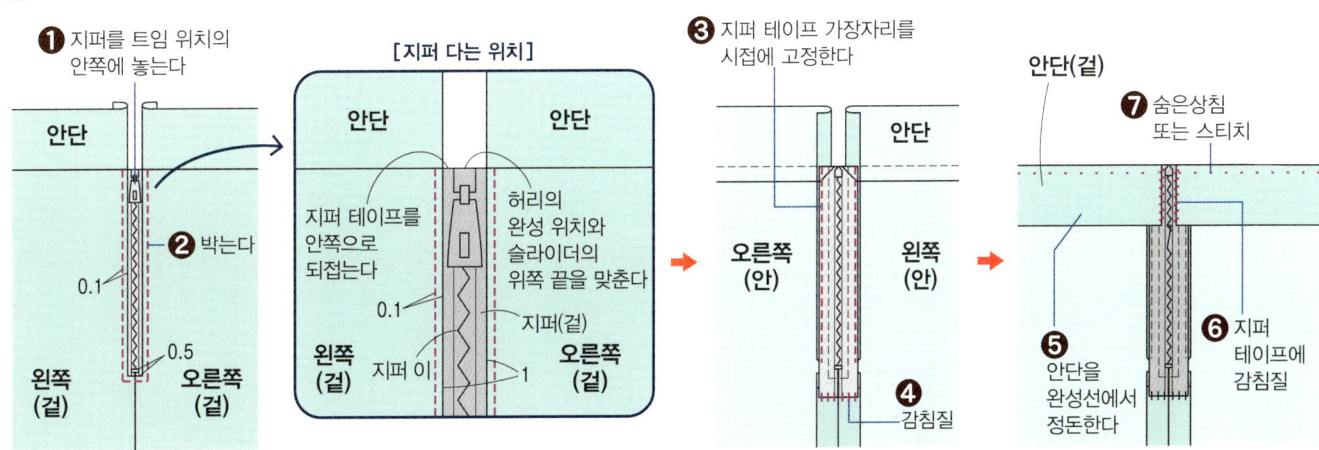

맞댄 지퍼 트임(안단의 경우)

일반 지퍼를 사용하고 겉으로 스티치가 보인다. 안단은 트임을 만드는 과정에서 붙인다

맞대는 트임은 트임 위치의 안쪽에 지퍼를 놓고 겉에서 스티치로 고정해 완성한다. 허리를 안단으로 마무리하는 경우는 트임을 만드는 과정에서 안단을 붙인다. 단단하게 완성하고 싶은 경우는 안단에 접착심지를 붙인다. 지퍼를 달 때(**3**)는 노루발을 외발 노루발로 바꿔야 순조롭게 박을 수 있다. 지퍼는 플랫 니트 지퍼, 금속 지퍼 등으로 트임 치수보다 1.2cm 짧은 것을 준비한다. 딱 맞는 사이즈가 없는 경우의 조정 방법은 P.131을 참조. 바이어스 천 안단(P.93 **8**)으로 마무리하는 경우도 방법은 같다.

〈재단 방법〉

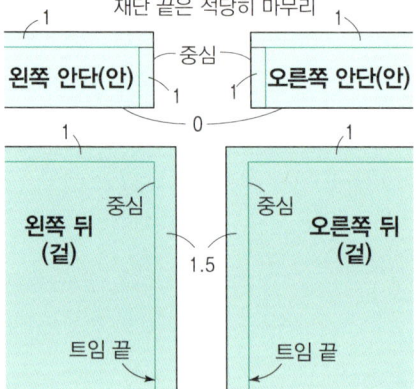
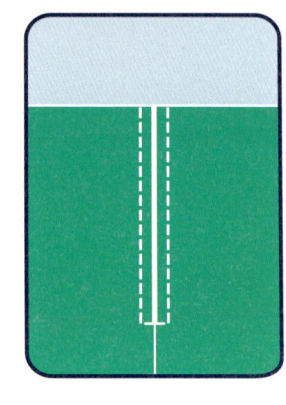

1 안단을 붙인다

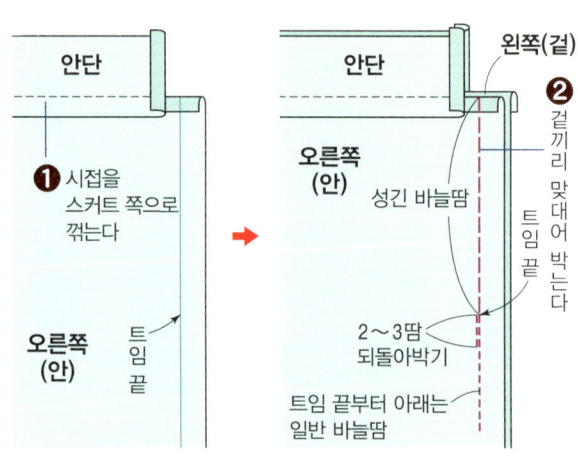

2 뒤 중심을 박는다

3 지퍼를 달고 안단을 고정한다

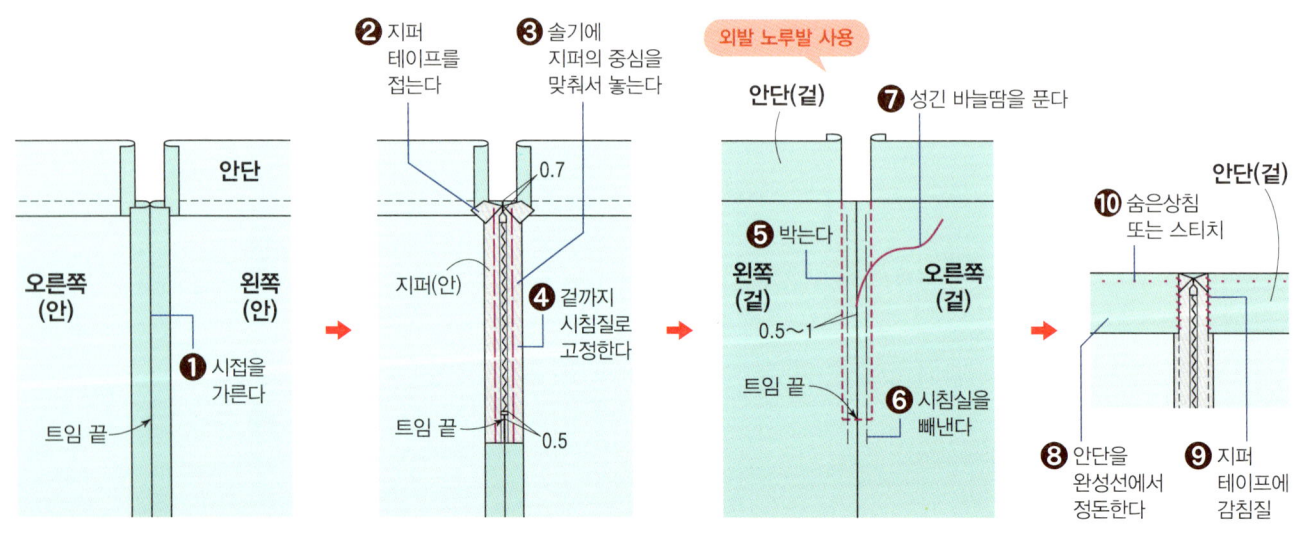

슬릿

겹침을 만들지 않고 자른 듯이 보이는 트임. 안단을 붙여서 완성한다

뒤 중심 등의 솔기를 이용해 밑단에 만드는, 활동을 위한 기능성 디자인. 단단하게 완성하고 싶은 경우는 안단 부분에 접착심지를 붙인다. 두꺼운 천을 사용하는 경우 모서리를 액자 틀(P.136)처럼 만들면 시접이 부피감 없이 깔끔하다.

〈재단 방법〉

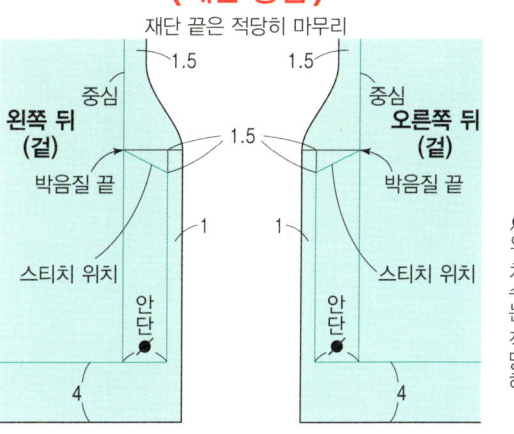

재단 끝은 적당히 마무리
1.5   1.5
왼쪽 뒤   중심   1.5   중심   오른쪽 뒤
(겉)   (겉)
박음질 끝   박음질 끝
1   1
스티치 위치   스티치 위치
안단   안단
4   4

●의 치수는 적당히

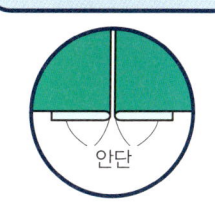

안단

1 뒤 중심을 박고 시접을 가른다

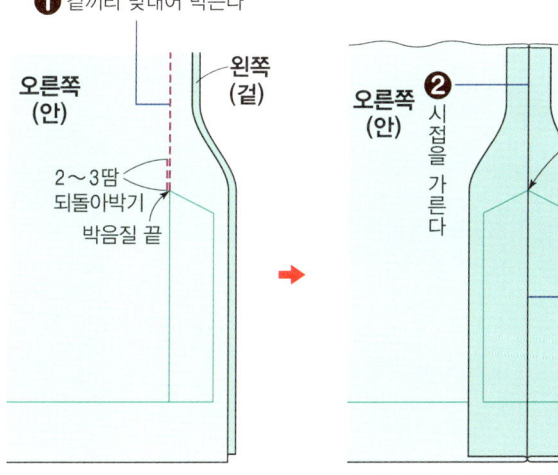

❶ 겉끼리 맞대어 박는다

오른쪽 (안)   왼쪽 (겉)

2~3땀 되돌아박기
박음질 끝

❷ 시접을 가른다   박음질 끝
오른쪽 (안)   왼쪽 (안)

❸ 안단을 완성선에서 접는다

＊옆 등을 박아 원통으로 해둔다

2 밑단의 시접, 안단 속을 고정한다

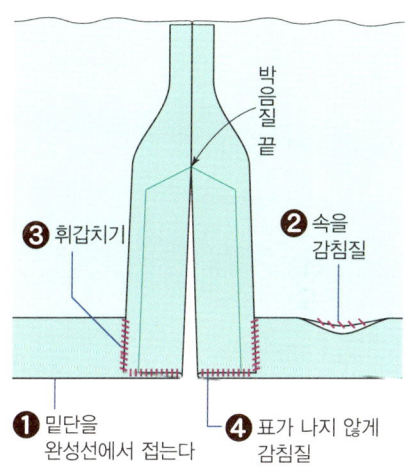

박음질 끝

❸ 휘갑치기   ❷ 속을 감침질

❶ 밑단을 완성선에서 접는다   ❹ 표가 나지 않게 감침질

스티치로 고정하는 방법

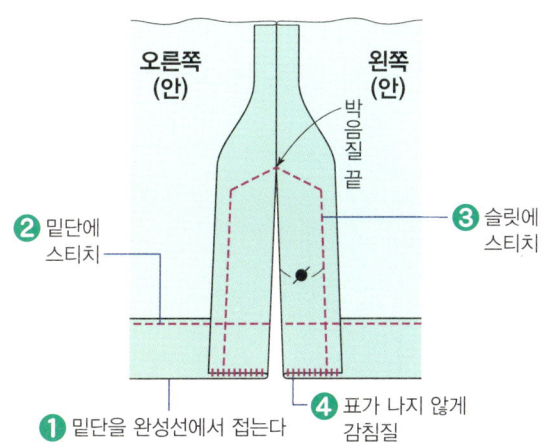

오른쪽 (안)   왼쪽 (안)
박음질 끝

❷ 밑단에 스티치   ❸ 슬릿에 스티치

❶ 밑단을 완성선에서 접는다   ❹ 표가 나지 않게 감침질

Hint!

모서리 시접을 깔끔하게 완성하려면

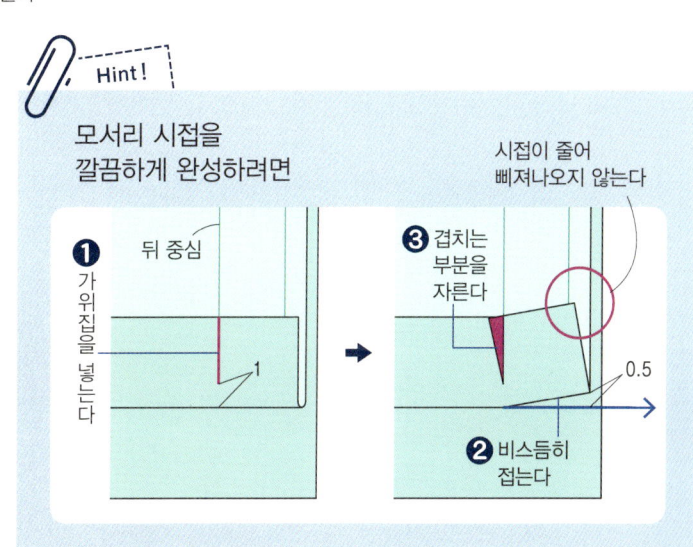

시접이 줄어 삐져나오지 않는다

❶ 가위집을 넣는다   뒤 중심
1

❸ 겹치는 부분을 자른다
0.5
❷ 비스듬히 접는다

벤트

겹침이 있는 기본적인 트임. 한쪽에 안단, 다른 쪽에 여밈분을 넣어 겹침을 만든다

뒤 중심 등의 솔기를 이용해 밑단에 만드는, 활동을 위한 기능성 디자인. 단단하게 만들고 싶은 경우 안단과 여밈분 부분에, 풀리기 쉬운 천은 가위집 위치에 접착심지를 붙인다. 두꺼운 천을 사용하는 경우 모서리를 액자 틀처럼 만들면 시접이 부피감 없이 깔끔하다.

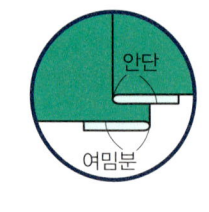

〈재단 방법〉

재단 끝은 적당히 마무리

중심 1.5 1.5 중심
왼쪽 뒤 (겉)   **오른쪽 뒤 (겉)**
1.5
박음질 끝 1.5   박음질 끝
솔기 위치
1.5
여밈분   안단
4   4

● 의 치수는 적당히

안단 / 여밈분

---

1 뒤 중심을 박고 안단과 밑단을 접는다

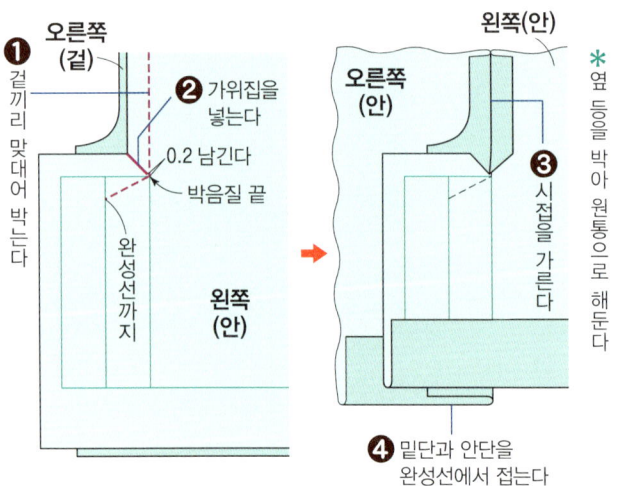

오른쪽 (겉)
❶ 걸끼리 맞대어 박는다
❷ 가위집을 넣는다
0.2 남긴다
박음질 끝
완성선까지
왼쪽 (안)

왼쪽 (안)
오른쪽 (안)
❸ 시접을 가른다
* 옆 등을 박아 원통으로 해둔다

❹ 밑단과 안단을 완성선에서 접는다

2 안단, 여밈분, 밑단을 고정한다

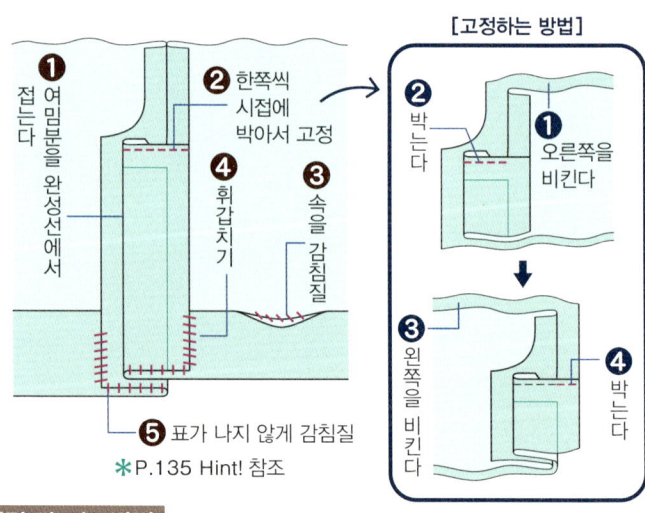

❶ 여밈분을 완성선에서 접는다
❷ 한쪽씩 시접에 박아서 고정
❹ 휘갑치기
❸ 속을 감침질
❺ 표가 나지 않게 감침질
*P.135 Hint! 참조

[고정하는 방법]
❷ 박는다 ❶ 오른쪽을 비킨다
❸ 왼쪽을 비킨다 ❹ 박는다

모서리를 액자 틀처럼 만드는 방법

A 는 밑단의 완성선에서 시접 폭(∅)을 잡은 위치
B 는 액자 틀의 모서리가 되는 위치
C 는 A·B를 연결해서 연장한 위치

(**1**은 위 그림과 같은 방법으로 만들고, **2**를 아래 그림으로 변경한다)

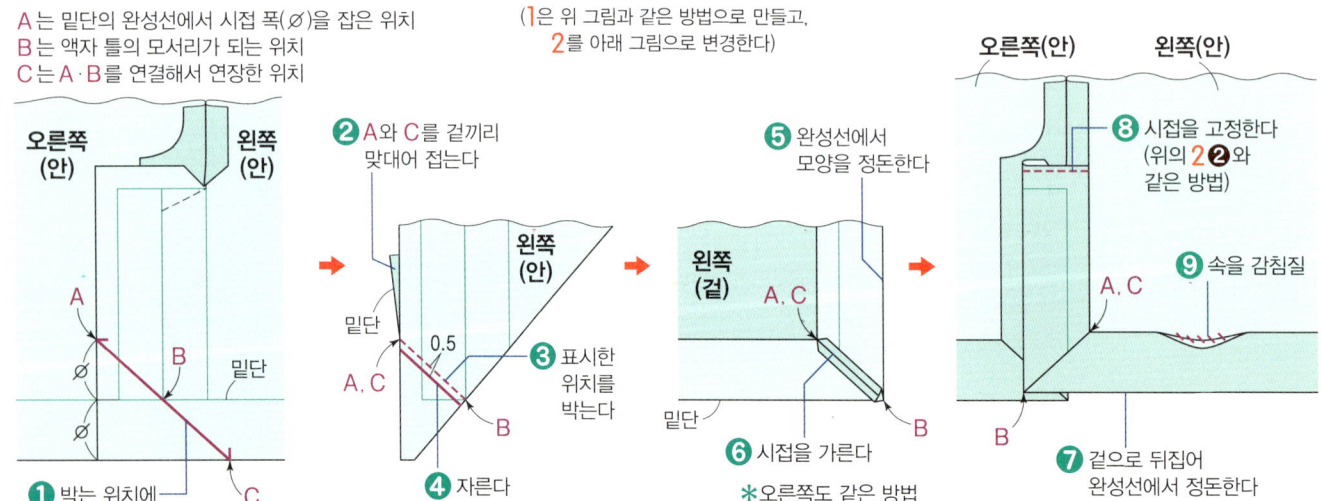

오른쪽 (안) 왼쪽 (안)
A B 밑단
∅
∅
❶ 박는 위치에 표시한다 C

❷ A와 C를 겉끼리 맞대어 접는다
왼쪽 (안)
밑단 0.5
A, C
❸ 표시한 위치를 박는다
B
❹ 자른다

❺ 완성선에서 모양을 정돈한다
왼쪽 (겉)
A, C
밑단
❻ 시접을 가른다
B
*오른쪽도 같은 방법

오른쪽(안) 왼쪽(안)
❽ 시접을 고정한다 (위의 2 ❷와 같은 방법)
❾ 속을 감침질
A, C
B
❼ 겉으로 뒤집어 완성선에서 정돈한다

플리트형 벤트

플리트 분량을 넣어 트임처럼 보이는 디자인

뒤 중심 등의 솔기를 이용해 밑단에 만드는, 활동을 위한 기능성 디자인. 슬릿이나 벤트와는 달리 다리가 보이지 않아 뒷모습도 안심이 된다.

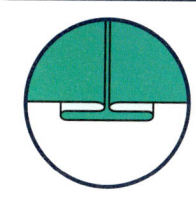

〈재단 방법〉

재단 끝은 적당히 마무리

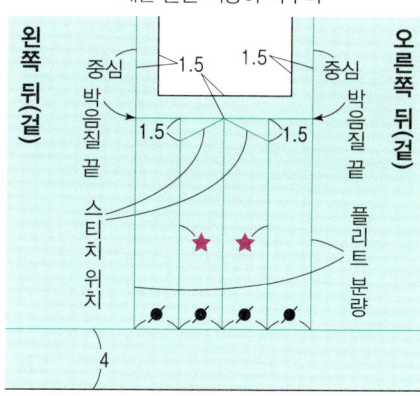

왼쪽 뒤(겉)

오른쪽 뒤(겉)

중심 1.5 / 1.5 중심
박음질 끝 / 박음질 끝
1.5 ← → 1.5
스티치 위치
플리트 분량

4

● 의 치수는 적당히,
★ (숨은 주름선)을 이어서 만드는 것도 가능

1 뒤 중심을 박는다

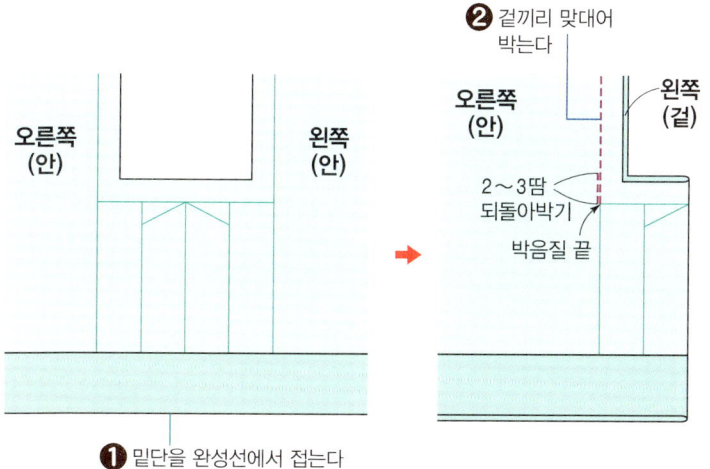

오른쪽 (안)　왼쪽 (안)

❷ 겉끼리 맞대어 박는다
오른쪽 (안)　왼쪽 (겉)
2~3땀 되돌아박기
박음질 끝

❶ 밑단을 완성선에서 접는다

2 플리트를 고정한다

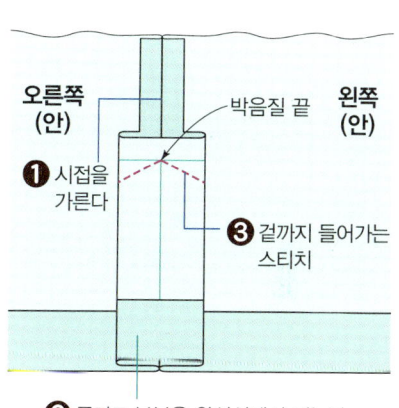

오른쪽 (안)　왼쪽 (안)
박음질 끝
❶ 시접을 가른다
❸ 겉까지 들어가는 스티치

❷ 플리트 부분을 완성선에서 접는다

3 밑단을 마무리한다

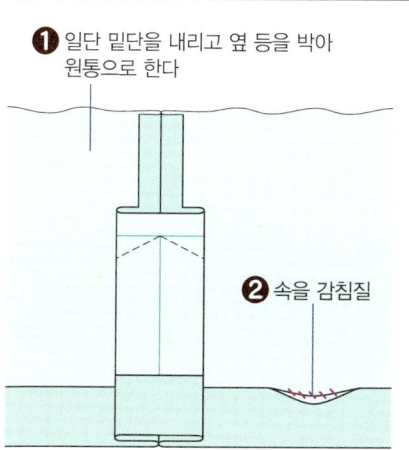

❶ 일단 밑단을 내리고 옆 등을 박아 원통으로 한다

❷ 속을 감침질

겉으로 스티치가 나오지 않는 방법

(2를 아래 그림으로 변경한다)　[고정하는 방법]

오른쪽 (안)　왼쪽 (안)
한쪽씩 시접에 박아서 고정

❶ 오른쪽을 비킨다
❷ 박는다
❸ 왼쪽을 비킨다
❹ 박는다

137

안감 패턴 만드는 법

안감의 패턴은 '겉감과 같은 모양'과 '분량을 줄인다' 2가지 타입이 있다. 타입에 상관없이 겉감의 다트나 플리트는 턱으로 변경. 밑단은 겉에서 보이지 않게 겉감에서 3cm 자른다. 밑단 둘레 치수가 좁은 경우 옆 밑단에 슬릿을 만든다. 기본적으로 중심은 골선으로 재단하고 천 폭이 부족한 경우 이음선을 넣는다. 타입별로 조건을 제시했으니 적합한 방법으로 만들자. 왼쪽의 추천 대응표도 참조한다.

겉감과 같은 모양

겉감의 패턴을 그대로 사용
조건 ● 기본적으로 모든 스커트에 대응(디자인 스커트 ⑥, ⑩은 제외)*(예1). ● 허리에 고무줄을 사용하는 경우는 겉감과 마찬가지로 신축성이 있도록 같은 모양을 추천. ● 디자인적인 장식으로 턱 등이 있는 경우 잘라서 벌리기 전과 같은 모양(예2). 　*디자인 스커트 ⑥은 안감을 넣을 수 없고, ⑩은 겉감과 안감이 일체형인 특수 디자인.

예1

트라페즈 스커트 Ｅ (P.22)

겉감의 밑단 완성선에서 길이를 평행으로 3cm 잘라 안감의 완성선으로 하고 이곳에서 3cm 시접을 넣는다. 겉감의 완성 위치가 안감의 재단 끝이 된다.

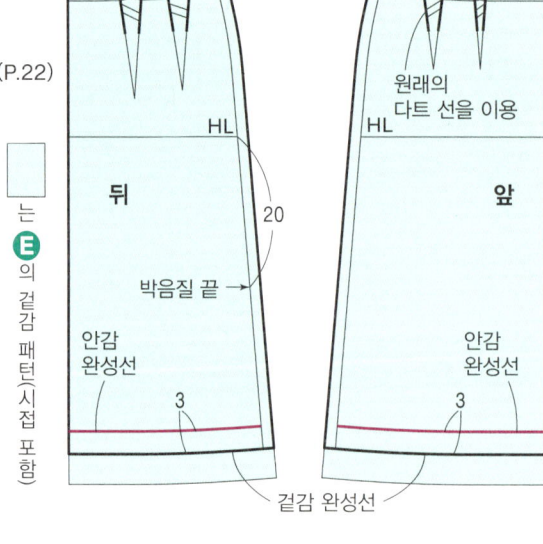

Hint!

겉감 패턴에서 자르고 추가

길이나 분량을 자를 때는 겉감의 패턴을 접어 넣고, 시접 등 부족한 부분을 추가할 때는 재단 시 안감에 직접 그린다. 안감 패턴을 만드는 수고를 덜어 빠르게 완성된다.

예2

디자인 스커트 ⑤ (P.78)

뒤 스커트는 겉감과 같은 모양. 앞 스커트는 잘라서 벌리기 전의 패턴과 같은 모양. 밑단은 예1과 같은 방법으로 자른다.

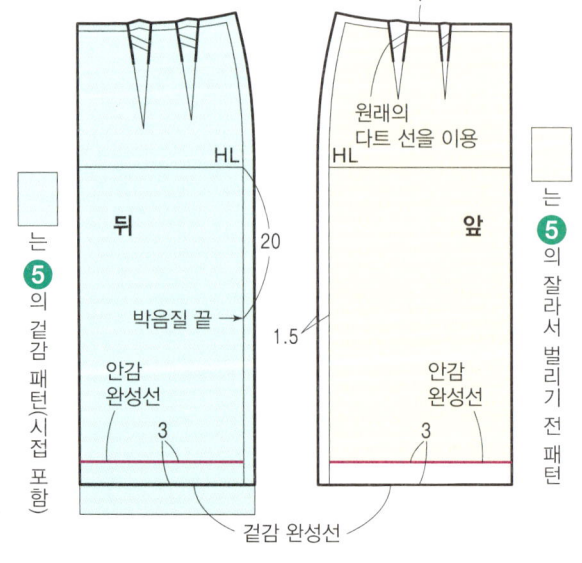

Hint!

안감에 슬릿을 만드는 조건

겉감과 안감의 밑단 둘레 치수를 비교해서 같은 치수 또는 안감 쪽이 적은 경우는 엉덩이선보다 20cm 정도 아래에서 밑단까지 슬릿을 넣는다. 단, 겉감에 벤트, 슬릿, 등 밑단 트임이 있는 경우는 P.144~145를 참조해 완성한다. 또 안감의 밑단 둘레가 한 바퀴에 150cm 이상인 경우는 슬릿이 필요 없다.

안감 넣기 / 패턴 만드는 법(겉감과 같은 모양)

분량을 줄인다

볼륨을 줄이기 위해 겉감 패턴을 접어서 사용

조건	●플레어, 개더, 턱, 플리트 분량을 줄여서 깔끔하게 만드는 경우(예3 ~ 예5).
	●밑단 너비를 안감 폭에 흡수시키는 경우(방법은 예3 ~ 예5 와 같은 방법. 접는 분량은 천 폭에 맞춘다).

예3

플레어 스커트 Ⓚ (P.28)

※플레어 분량의 0.3배를 접는 경우

접는 분량을 정해 허리와 밑단의 2등분 위치에서 접는다. 밑단은 예1 과 같은 방법으로 자른다. 슬릿은 필요 없음. 원의 경우 접는 치수는 적당히.

는 Ⓚ의 겉감 패턴(시접 포함)

접는다

★=밑단의 추가 치수(절개＋옆 밑단의 추가)의 합계×0.3

＊뒤도 같은 방법

완만하게 수정

앞
중심

안감 완성선

3

겉감 완성선

1.5

＊중심을 솔기로 하지 않는 경우
★ 치수를 적당히 늘린다

예4

개더 스커트 Ⓣ (P.37)

※개더 분량의 0.3배를 접는 경우

접는 분량을 정해 앞 중심에서 접는다. 밑단은 예1 과 같은 방법으로 자른다. 슬릿은 필요 없음. 허리의 부피감이 커지는 경우 개더 분량을 턱으로 변경한다.

Hint!

접는 분량의 표준

기본적으로 패턴을 만들 때 추가하는 플레어 분량, 개더 분량 등의 0.3~0.5배가 표준. 단, 트임을 만들지 않는 경우 허리를 엉덩이가 들어가는 치수 이상으로 하는 것이 필수. 또 접는 분량을 조금 늘려야 천 폭에 맞게 효과적으로 재단되는 경우는 적당히 조정하자.

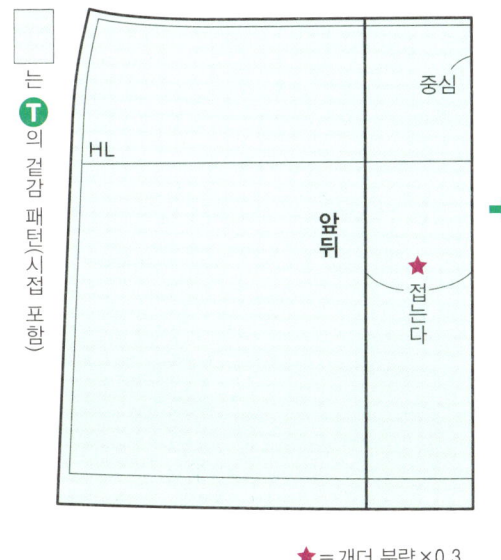

는 Ⓣ의 겉감 패턴(시접 포함)

중심

HL

앞뒤

★ 접는다

★=개더 분량×0.3

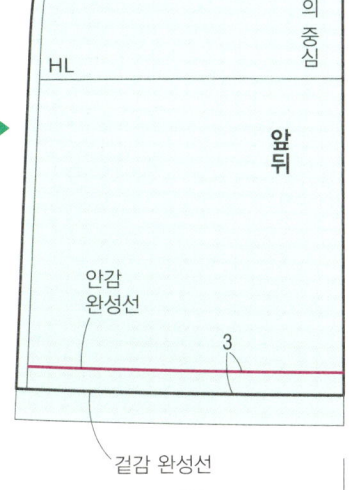

안감의 중심

HL

앞뒤

안감 완성선

3

겉감 완성선

안감 넣기 / 패턴 만드는 법(분량을 줄인다)

예5

턱트 스커트 f (P.52)

※턱트 분량의 0.3배를 접는 경우

접는 분량을 정해 각 턱 분량의 중심에서 접는다. 밑단은 예1 과 같은 방법으로 자른다. 슬릿 은 필요 없음.

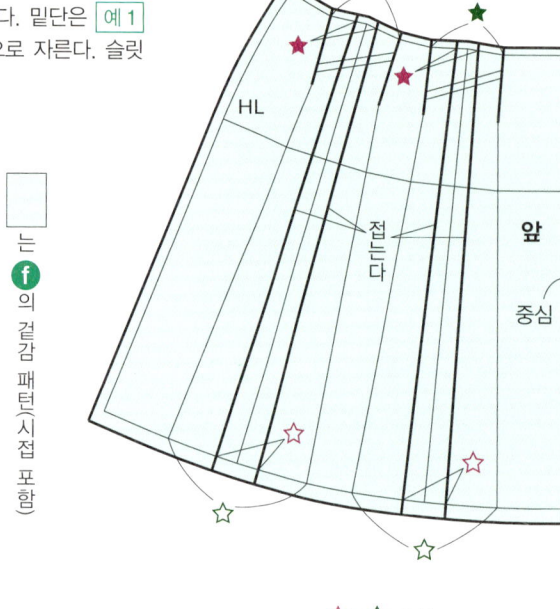

★ = ★×0.3

∗뒤도 같은 방법

HL

접는다

앞

중심

1.5

안감 완성선

겉감 완성선

3

는 f 의 겉감 패턴(시접 포함)

☆ = ☆×0.3

∗중심을 솔기로 하지 않는 경우
★·☆치수를 적당히 늘린다

Hint!

그 밖에 이런 방법도…

페티코트

페티코트는 스커트 아래 입는 속옷의 일종. 겉감 스커트와는 별도로 만들어, 다양한 디자인의 한 겹으로 만든 스커트에 대응할 수 있다. 모양은 '트임 없는 간단 스커트'의 P.70 w, P.73 z 등. 길이는 스커트보다 5cm 정도 짧게 한다.

안감을 덧댄다

겉감에 다른 천을 겹쳐서, 2장을 1장의 천처럼 일반적으로 만든다. 레이스같이 속이 비치는 천에 효과적인 방법. 아래 겹치는 천의 색이나 무늬에 따라 느낌이 달라지므로 고를 때 실제로 겹쳐보고 결정하자.

스커트　　페티코트　　겉　　안

안감 봉제의 기본

겉감의 다트는 턱으로 변경. 밑단에 슬릿을 만든다

밑단 이외의 시접 치수는 기본적으로 겉감과 같지만, 세로 이음선에는 늘림시접(여유분)을 넣어 박는다. 밑단은 겉감에서 3cm 띄워 이곳이 완성선이 되도록 시접을 적당히 넣어 2번 접는다(P.144 Hint! 참조). 그 밖의 시접은 적당히 마무리한다. 슬릿을 만드는 조건은 P.138을 참조. 길이는 박음질 끝 위치가 무릎 위 15~20cm 정도가 표준. 슬릿의 유무에 상관없이 마지막에 겉감과 밑단을 실 고리로 연결한다. 슬릿이 있는 경우와 없는 경우의 박는 순서를 소개한다.

〈재단 방법〉

1.5 1.5

트임 끝 앞 중심 골선

안감 뒤 (겉) 안감 앞 (겉)

뒤 중심

3 3

겉감의 완성 밑단선

슬릿이 없는 경우

1 턱을 임시 고정하고 옆, 뒤 중심을 박는다

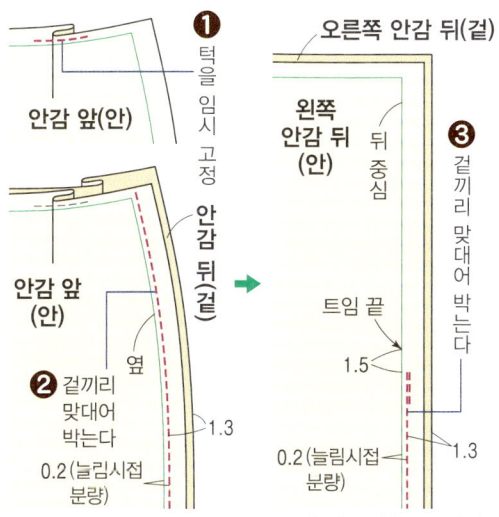

턱을 임시 고정

안감 앞(안)

안감 뒤(겉)

안감 앞(안)

안감 앞(안)

옆

❷ 겉끼리 맞대어 박는다

0.2(늘림시접 분량)

1.3

* 슬릿을 만드는 경우 옆의 박음질 끝까지

오른쪽 안감 뒤(겉)

왼쪽 안감 뒤(안)

뒤 중심

❸ 겉끼리 맞대어 박는다

트임 끝

1.5

0.2(늘림시접 분량)

1.3

* 박음질 시작은 되돌아박기

2 밑단을 마무리한다

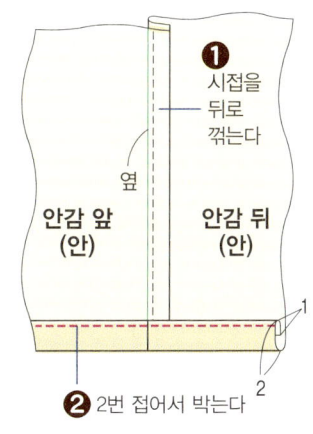

❶ 시접을 뒤로 꺾는다

옆

안감 앞(안) 안감 뒤(안)

1

2

❷ 2번 접어서 박는다

* 밑단이 곡선인 경우 완전 2번 접기 (P.146 **3**)의 방법으로 접는다
* 이후 트임이나 허리를 완성한다

3 겉감과 연결한다

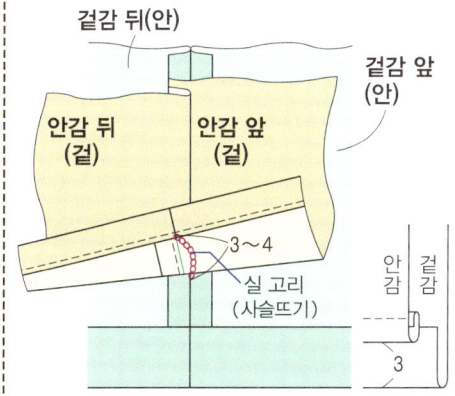

겉감 뒤(안)

겉감 앞(안)

안감 뒤 (겉) 안감 앞 (겉)

3~4

실 고리 (사슬뜨기)

안감 겉감

3

슬릿이 있는 경우

1은 슬릿이 없는 경우 와 같다

2 밑단과 슬릿 부분을 마무리한다

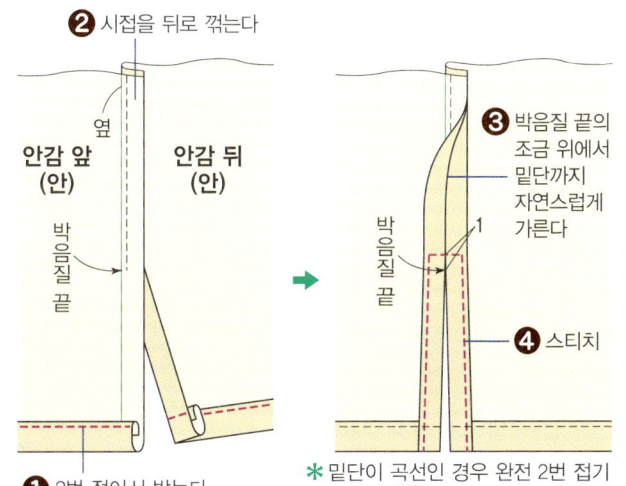

❷ 시접을 뒤로 꺾는다

옆

안감 앞(안) 안감 뒤(안)

박음질 끝

❶ 2번 접어서 박는다

박음질 끝

1

❸ 박음질 끝의 조금 위에서 밑단까지 자연스럽게 가른다

❹ 스티치

* 밑단이 곡선인 경우 완전 2번 접기 (P.146 **3**)의 방법으로 접는다
* 이후 트임이나 허리를 완성한다

3 겉감과 연결한다

안감 앞 (겉)

겉감 앞(안)

안감 뒤 (겉)

3~4

실 고리 (사슬뜨기)

겉감 뒤 (안)

옆

지퍼 트임(벨트의 경우)

겉감 트임을 완성한 후 안감을 감침질해서 넣는다. 벨트는 마지막에 단다

안감 넣는 법은 허리 마무리의 종류에 따라 다르다. 벨트를 다는 경우는 지퍼를 달아 겉감을 완성하고(P.124, 126) 나서 안감을 넣는다. **2**의 과정에서 시접 접는 법은 달라지지만 숨김 지퍼 트임이나 일반 지퍼 트임도 순서는 같다. 슬라이더를 내렸을 때 천이 물리지 않도록 지퍼 이에서 떨어뜨려 고정하고 다시 숨은상침으로 누른다. 트임 부분의 재단 방법은 겉감과 같다. 그림은 뒤트임으로 설명하지만 일반 지퍼로 옆트임을 하는 경우 좌우가 앞뒤로 바뀌기 때문에 모양이 반대가 된다(P.127 참조).

〈재단 방법〉

겉감의 재단 방법은 P.124, 126 참조

숨김 지퍼 트임의 경우

1 뒤 중심을 박는다

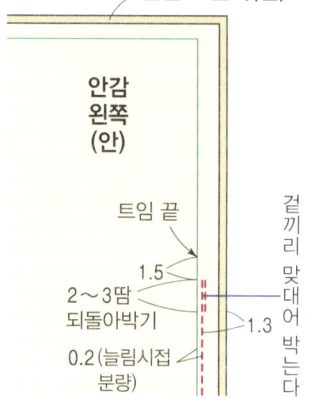

2 안감을 넣는다

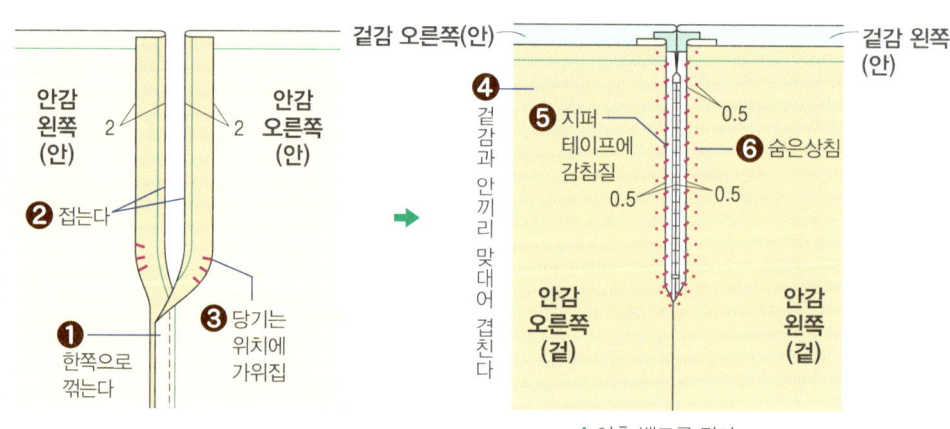

＊이후 벨트를 단다

일반 지퍼 트임의 경우

1은 **숨김 지퍼 트임의 경우** 와 같다

2 안감을 넣는다

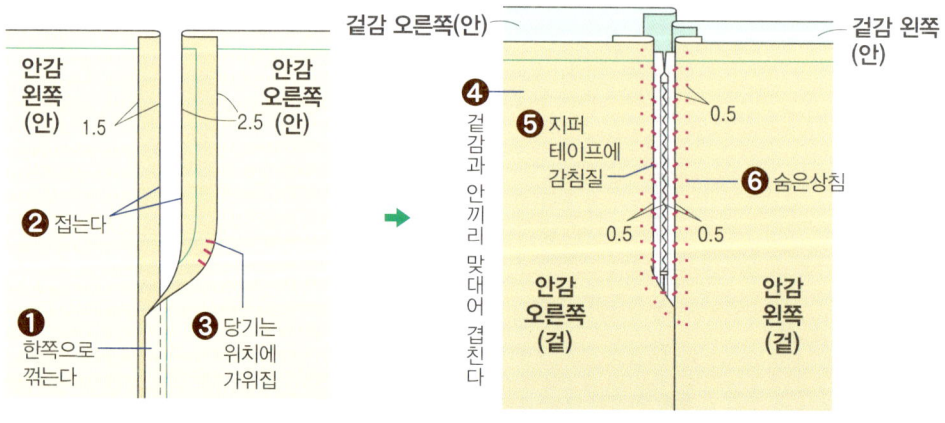

＊이후 벨트를 단다

지퍼 트임 (요크 or 안단의 경우)

안감은 미리 안 요크와 박아놓고 트임을 만드는 과정에서 넣는다

안감 넣는 법은 허리 마무리 방식에 따라 다르다. 요크로 마무리하는 경우는 안감을 안 요크와 박아놓고, 안감을 넣지 않는 경우(P.125, 130)의 순서로 박아 마지막에 트임 부분을 감침질한다. **1**의 과정에서 시접 맞추는 법, 접는 법은 달라지지만 숨김 지퍼 트임이나 일반 지퍼 트임도 순서는 같다. 슬라이더를 내렸을 때 천이 물리지 않도록 지퍼 이에서 떨어뜨려 고정한다. 재단 방법은 안감은 안 요크 폭 분량을 자른다. 안단의 경우도 그림의 '안 요크'를 '안단'으로 바꾸면 순서는 같다. 안단에는 안감과 박기 위해 시접을 넣어둔다. 그림은 뒤트임으로 설명하지만 일반 지퍼로 옆트임을 하는 경우 좌우가 앞뒤로 바뀌기 때문에 모양이 반대가 된다(P.129 참조).

〈재단 방법〉

겉감의 재단 방법은 P.125, 130 참조

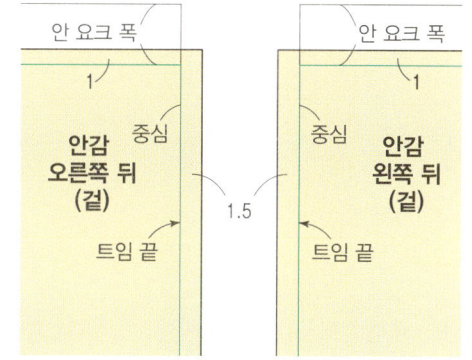

숨김 지퍼 트임의 경우

1 안 요크와 안감을 박는다

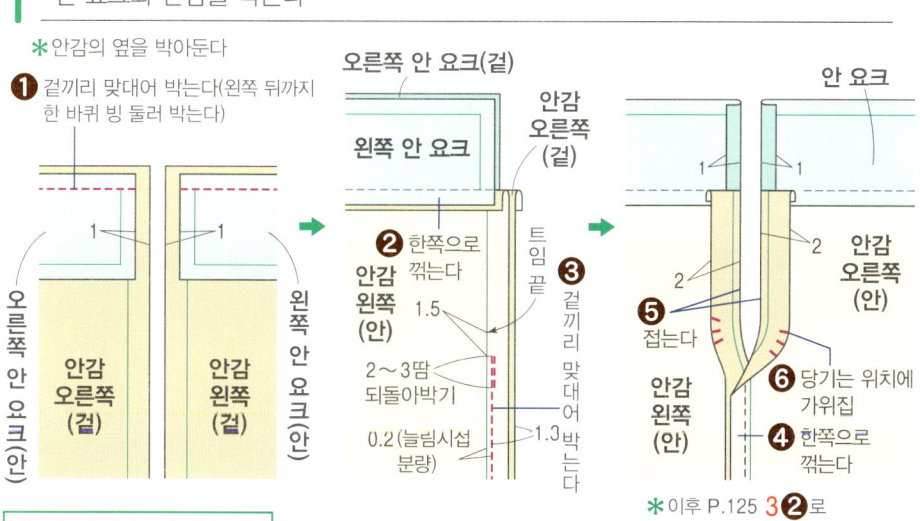

※이후 P.125 **3** **2** 로

2 안감, 안 요크를 고정한다

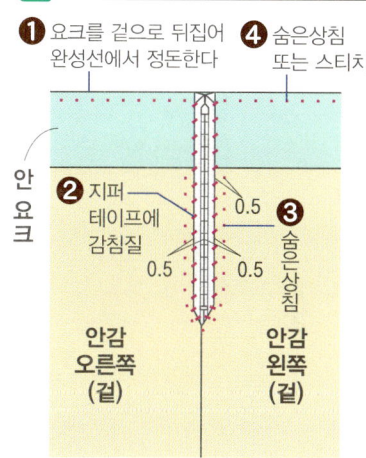

일반 지퍼 트임의 경우

1 안 요크와 안감을 박는다

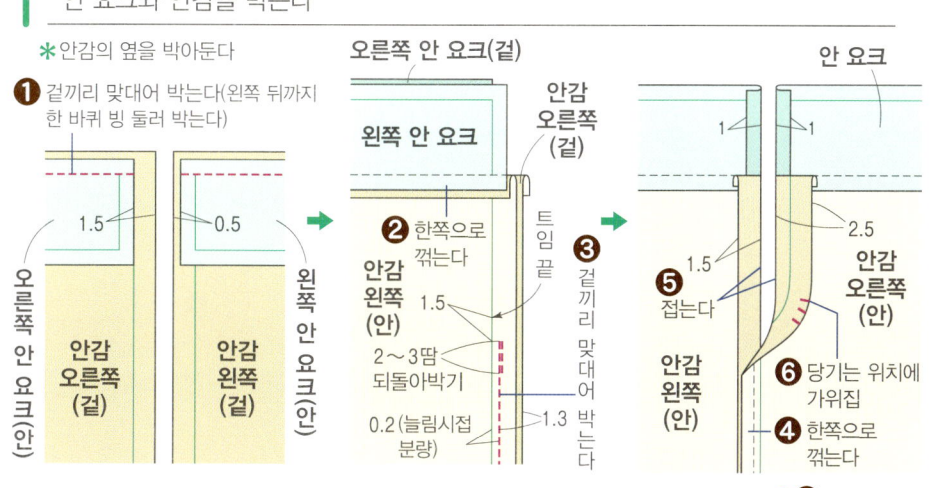

※이후 P.130 **3** **2** 로

2 안감, 안 요크를 고정한다

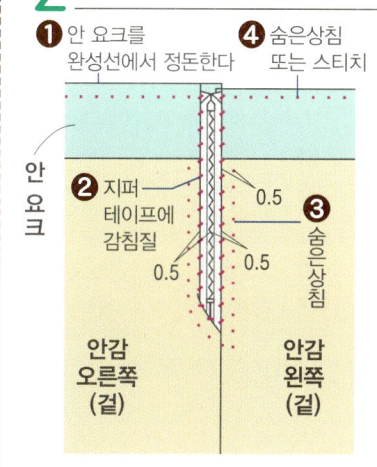

슬릿

겉감을 완성한 후 안감을 넣는다. 겉감의 재단 방법은 안감 없는 경우와 같다

안감을 단독으로 만들고 마지막에 겉감과 맞춰서 감침질한다.

〈재단 방법〉

겉감의 재단 방법은 P.135 참조

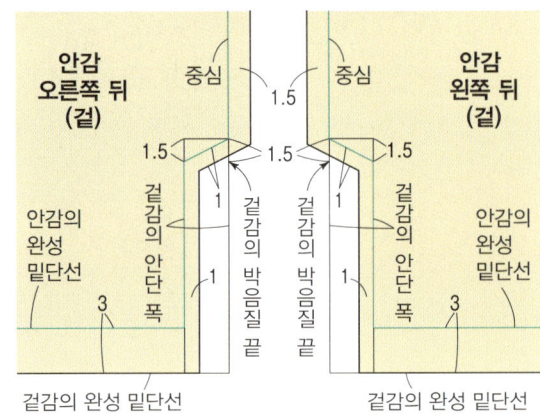

1 뒤 중심을 박는다

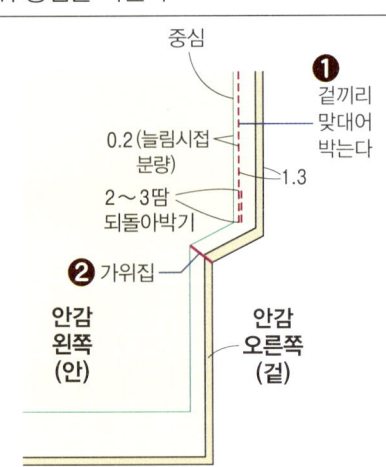

- 중심
- ❶ 겉끼리 맞대어 박는다
- 0.2 (늘림시접 분량)
- 1.3
- 2~3땀 되돌아박기
- ❷ 가위집
- 안감 왼쪽 (안)
- 안감 오른쪽 (겉)

2 밑단을 마무리한다

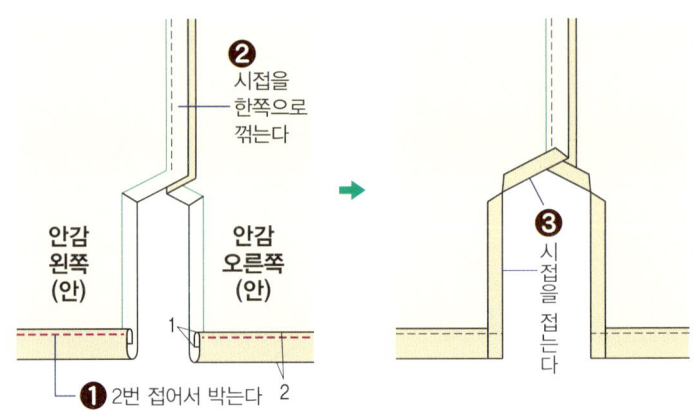

- ❷ 시접을 한쪽으로 꺾는다
- ❸ 시접을 접는다
- 안감 왼쪽 (안)
- 안감 오른쪽 (안)
- ❶ 2번 접어서 박는다
- 1
- 2

3 겉감에 고정한다

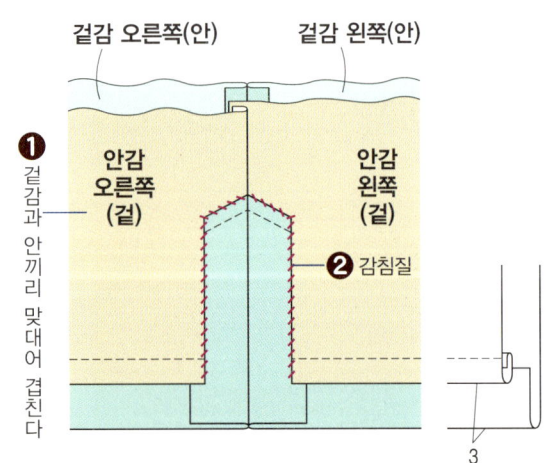

- 겉감 오른쪽(안)
- 겉감 왼쪽(안)
- ❶ 겉감과 안끼리 맞대어 겹친다
- 안감 오른쪽 (겉)
- 안감 왼쪽 (겉)
- ❷ 감침질
- 3

Hint!

안감의 밑단 시접과 접어 올리는 법

안감의 완성 밑단선에 평행으로 3cm 시접을 넣는다.
이것을 아래 그림처럼 접으면 겉감의 밑단선에서 3cm 띄워서 완성된다.

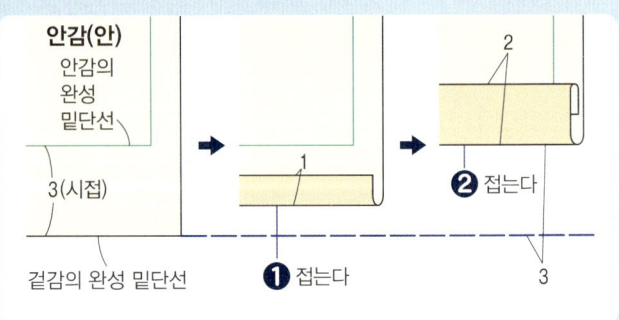

- 안감(안)
- 안감의 완성 밑단선
- 3(시접)
- 겉감의 완성 밑단선
- ❶ 접는다
- 1
- 2
- 3
- ❷ 접는다

벤트

겉감을 박는 과정에서 안감을 넣는다. 겉감의 재단 방법은 안감이 없는 경우와 다르다

포인트는 안감 없는 경우와 겉감의 재단 방법이 다르다는 것. 여밈분의 안쪽 부분이 필요 없고, 좌우 같은 모양으로 재단한다. 겉감을 박는 과정에서 안감을 넣고(**3, 4**) 완성한다.

〈재단 방법〉

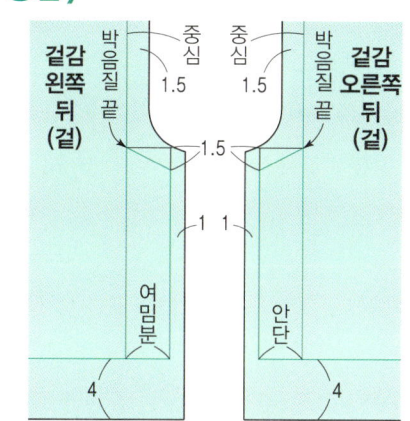

1 겉감의 뒤 중심을 박는다

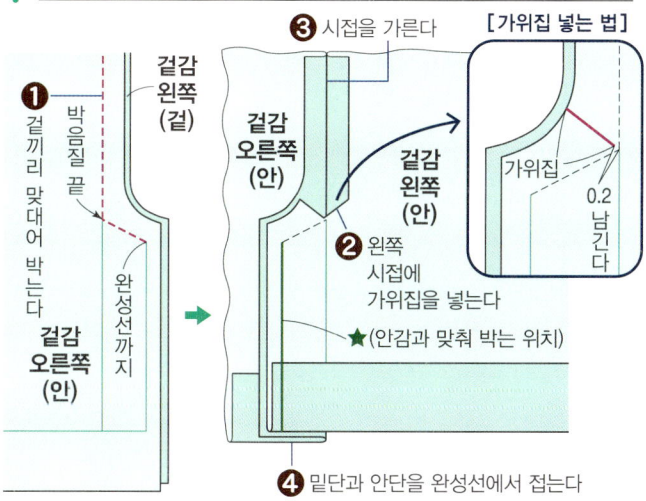

❸ 시접을 가른다

[가위집 넣는 법]

❶ 겉끼리 맞대어 박는다 박음질 끝
겉감 왼쪽 (겉)
겉감 오른쪽 (안)
박음질 끝
겉감 오른쪽 (안)
겉감 왼쪽 (안)
가위집
0.2 남긴다
완성선까지

❷ 왼쪽 시접에 가위집을 넣는다
★(안감과 맞춰 박는 위치)

❹ 밑단과 안단을 완성선에서 접는다

2 안감의 뒤 중심을 박고 밑단을 마무리한다

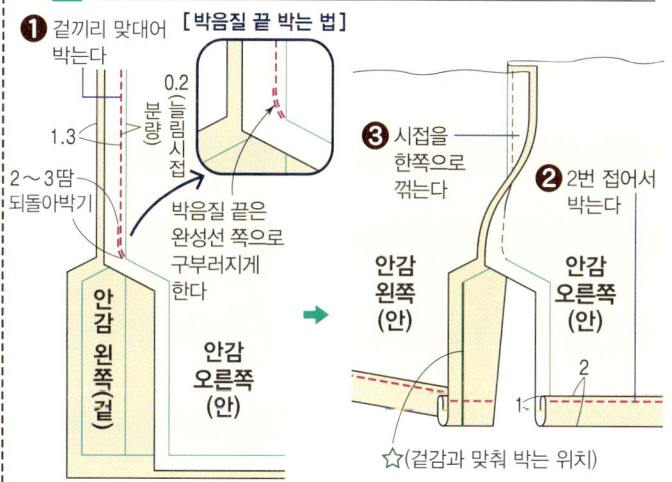

❶ 겉끼리 맞대어 박는다

[박음질 끝 박는 법]

0.2 (늘림시접)분량

1.3

2~3땀 되돌아박기

박음질 끝은 완성선 쪽으로 구부러지게 한다

안감 왼쪽(겉)
안감 오른쪽 (안)

❸ 시접을 한쪽으로 꺾는다
안감 왼쪽 (안)
안감 오른쪽 (안)

❷ 2번 접어서 박는다
☆(겉감과 맞춰 박는 위치)

3 왼쪽의 겉감과 안감을 박는다

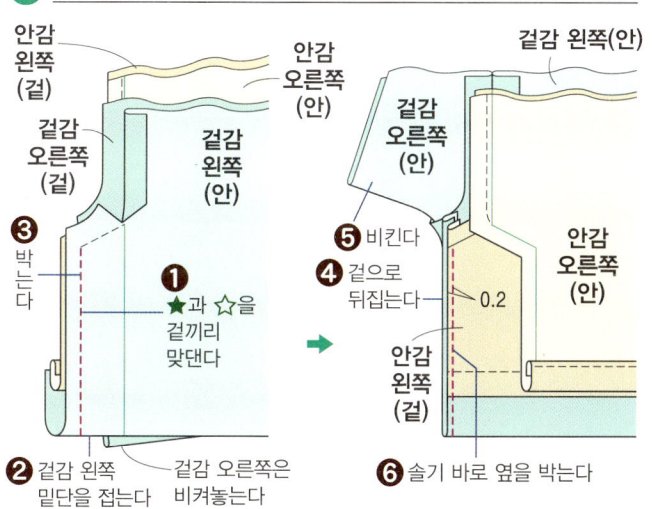

안감 왼쪽 (겉)
안감 오른쪽 (안)
겉감 왼쪽(안)

겉감 오른쪽 (겉)
겉감 왼쪽 (안)
겉감 오른쪽 (안)
안감 오른쪽 (안)

❸ 박는다

❶ ★과 ☆을 겉끼리 맞댄다

❺ 비킨다
❹ 겉으로 뒤집는다 0.2
안감 왼쪽 (겉)

❷ 겉감 왼쪽 밑단을 접는다 겉감 오른쪽은 비켜놓는다

❻ 솔기 바로 옆을 박는다

4 겉감의 시접, 안감의 트임 위치를 고정한다

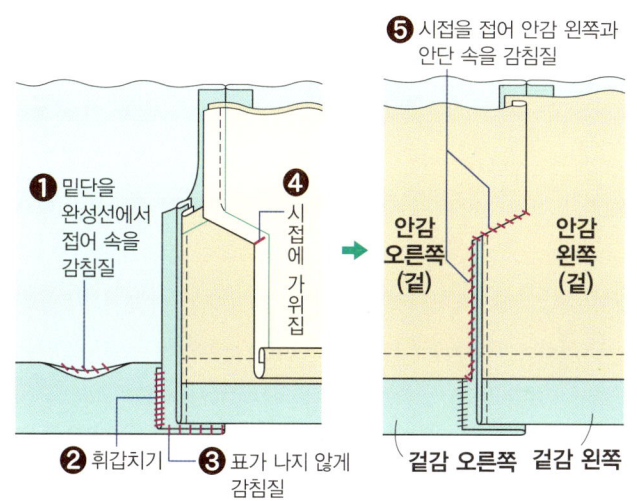

❺ 시접을 접어 안감 왼쪽과 안단 속을 감침질

❶ 밑단을 완성선에서 접어 속을 감침질
❹ 시접에 가위집

안감 오른쪽 (겉)
안감 왼쪽 (겉)

❷ 휘갑치기 **❸** 표가 나지 않게 감침질

겉감 오른쪽 겉감 왼쪽

밑단 마무리 종류

밑단의 형태나 스티치 폭에 따라 적당한 방법을 고른다

스커트 밑단 마무리에는 여러 가지 방법이 있다. 밑단선의 형태나 사용하는 천, 디자인과 완성 이미지에 따라 구별해서 사용하자.
1 ~ 6 은 스티치를 하는 방법으로 소개하지만, 좀 더 부드럽게 감침질로도 가능하다.

1 1번 접기

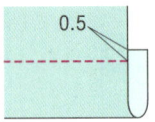
0.5

얇게 완성되며
손쉽고 캐주얼

2 2번 접기
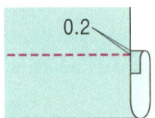
0.2

재단 끝이 가려져
깔끔하고 스마트.
1 보다 두께감이 있다

3 완전 2번 접기
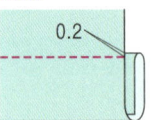
0.2

접은 시접이 비쳐
신경 쓰이는
얇은 소재에

4 안단
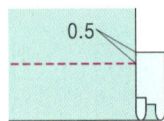
0.5

곡선이 강한 헴라인을
깔끔하게 마무리.
여러 가지 폭에 대응

5 바이어스테이프
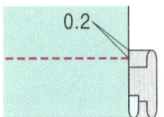
0.2

안단을 좁게
완성하고 싶을 때나
곡선의 밑단에

6 테이프
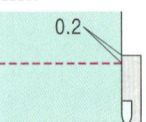
0.2

능직 테이프나
그로그랭 리본 등을
사용한다.
곡선에도 대응

7 휘감는 오버로크
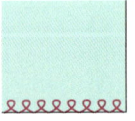

얇은 소재에
가볍게 악센트를
더한다

8 재단

풀리지 않는 소재나
거친 느낌을 살리는
디자인에

9 2번 접어 끝 박기

0.15 ~ 0.2

원 플레어 등
볼륨 있는
밑단을 가볍게

Hint!

2번 접어 끝 박기 순서

좁은 폭으로 접기란 꽤 까다로운 작업.
시접을 많이 넣어서 접고 1번 박아 고
정한 다음 여분을 자르고 접으면 깔끔
하게 완성된다.

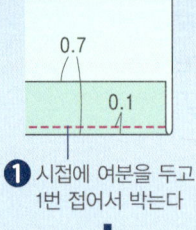
0.7
0.1

❶ 시접에 여분을 두고
1번 접어서 박는다

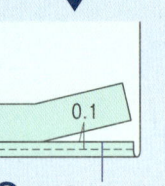
0.1

❷ 시접을 바로 옆에서 자른다

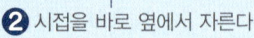
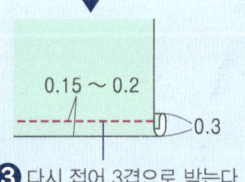
0.15 ~ 0.2
0.3

❸ 다시 접어 3겹으로 박는다

시접 폭 기준

기본은 허리 1cm, 이음선 1.5cm, 밑단은 적당히

스커트는 박는 곳이 어느 정도 정해져 있어 천에 상관없이 기본은 허리 1cm, 옆과 중심 등의 이음선은 1.5cm.
곡선이 강한 이음선은 1cm로 한다. 밑단은 마무리 종류에 따라 다르기 때문에 아래 표를 참고해 결정한다.
사용하는 천이 잘 풀리는 경우는 이보다 많이 넣는다. 많이 넣은 다음 나중에 잘라도 OK.

시접 폭의 기준

* 4 는 안단 폭. 5 , 6 은 테이프 폭을 표시
* 7 은 시접을 자르면서 마무리한다

형태 \ 마무리 종류	1	2	3	4	5	6	7	8	9
직선, 완만한 곡선	1.5~6	1.5~6	1~6	2~6	1.2~5	1.2~5	1	0	1
가파른 곡선	1.5~2.5	1.5~3	1~3	2~6	1.2~1.8	1.2~1.8	1	0	1

단위는 cm

Lecture on Pattern-making

제도와 패턴 제작을 도와주는

집중 강의

부록 실물 대형 패턴의 사용법과 자세한 제도 순서를 시작으로
'맞댄다', '잘라서 벌린다' 같은 처리 방법,
'맞춤 표시', '패턴 체크'까지 자세히 설명한다.
패턴 제작의 기초를 다질 수 있다.

부록 실물 대형 패턴에 대해서

부록 실물 대형 패턴은 기본 패턴의 엉덩이선(HL) 윗부분이다.
스커트의 피트감이 중요한 허리선(WL)에서 HL까지 부분을 게재했다.
허리 굴곡이 큰 사람부터 작은 사람까지 다양한 체형에 대응하도록 엉덩이둘레(H)와 허리둘레(W) 차이에 따라 17그룹으로 분류.
이 그룹별로 5~21호(엉덩이 87~103cm)까지 9개 사이즈로 전개해, 총 153개 사이즈다. 엉덩이 길이는 모두 18cm로 통일했다.

패턴 보는 법

기본 패턴 오른쪽 반신으로 엉덩이선(HL)에서 윗부분을 앞뒤 겹쳐서 게재.
그룹 마크, 사이즈 표시를 토대로 각자의 사이즈 패턴을 찾는다.

다트 형태
21호만 완성형을 표시. 다른 사이즈는 각 다트 위치에서 이 형태(분량은 각 사이즈 공통)를 베낀다.

다트 종류
앞에 A, B, 뒤에 C, D. 반신이므로 모두 4개.

다트의 중심 쪽 위치
5~19호까지의 중심 쪽 다트 위치(★)를 짧고 비스듬한 선으로 표시. 이 경사는 다트의 방향이 되기 때문에 그대로 베낀다.

WL
허리의 가장 가는 위치. 중심에서 옆쪽으로 올라가는 완만한 곡선.

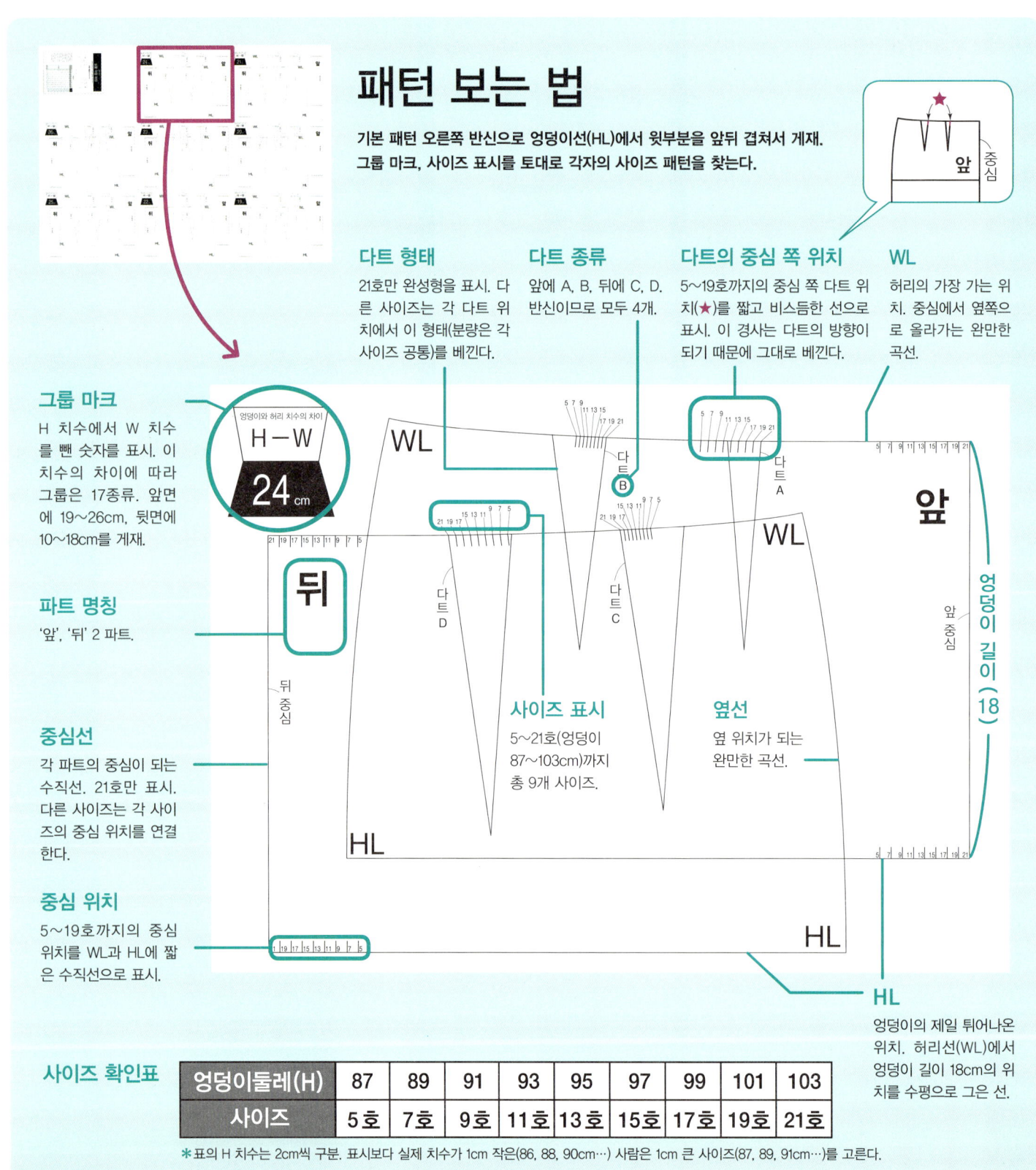

그룹 마크
H 치수에서 W 치수를 뺀 숫자를 표시. 이 치수의 차이에 따라 그룹은 17종류. 앞면에 19~26cm, 뒷면에 10~18cm를 게재.

엉덩이와 허리 치수의 차이
H - W
24 cm

파트 명칭
'앞', '뒤' 2 파트.

중심선
각 파트의 중심이 되는 수직선. 21호만 표시. 다른 사이즈는 각 사이즈의 중심 위치를 연결한다.

중심 위치
5~19호까지의 중심 위치를 WL과 HL에 짧은 수직선으로 표시.

사이즈 표시
5~21호(엉덩이 87~103cm)까지 총 9개 사이즈.

옆선
옆 위치가 되는 완만한 곡선.

엉덩이 길이 (18)

HL
엉덩이의 제일 튀어나온 위치. 허리선(WL)에서 엉덩이 길이 18cm의 위치를 수평으로 그은 선.

사이즈 확인표

엉덩이둘레(H)	87	89	91	93	95	97	99	101	103
사이즈	5호	7호	9호	11호	13호	15호	17호	19호	21호

✽표의 H 치수는 2cm씩 구분. 표시보다 실제 치수가 1cm 작은(86, 88, 90cm…) 사람은 1cm 큰 사이즈(87, 89, 91cm…)를 고른다.

기본 패턴 만드는 법

그룹, 사이즈, 엉덩이 길이의 적합 상태에 따라
실물 대형 '기본 패턴'을 사용하는 타입 1 , 타입 2 와, 사용하지 않고 처음부터 새로 제도하는 타입 3 으로 나뉜다.
먼저 자신의 타입을 확인해보자. 실제 제도 방법은 P.150부터.
스커트 길이는 60cm로 설명. 적당히 원하는 길이로 커스터마이징해 사용한다(P.110).

기본 패턴

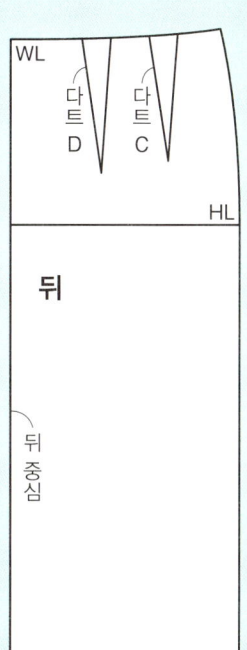
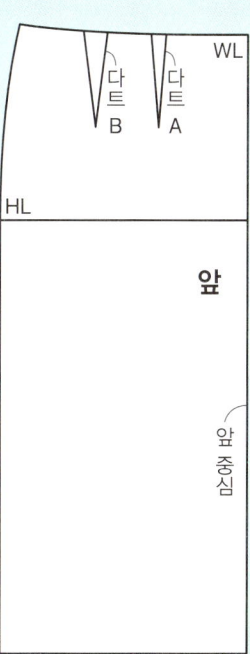

실물 대형 패턴의 적합 조건 ▶ 그룹 10~26cm, 사이즈 5~21호, 엉덩이 길이 18cm

실물 대형 '기본 패턴'과의 적합 상태	기본 패턴 만드는 법
그룹, 사이즈, 엉덩이 길이 모두 맞는다 ▶	타입 1
그룹, 사이즈는 맞는데 엉덩이 길이가 맞지 않는다 ▶	타입 2
그룹, 사이즈 어느 한쪽이 맞지 않는다 ▶	타입 3

예 1
H 91cm, W 67cm,
엉덩이 길이 18cm의 경우

▼

그룹 24cm, 사이즈 9호,
만드는 법 타입 1

예 2
H 91cm, W 67cm,
엉덩이 길이 20cm의 경우

▼

그룹 24cm, 사이즈 9호,
만드는 법 타입 2

예 3
H 91cm, W 83cm,
엉덩이 길이 18cm의 경우

▼

그룹 8cm, 사이즈 9호,
만드는 법 타입 3

타입 1 실물 대형 패턴을 베껴서 사용. 엉덩이선(HL)에서 아랫부분의 선을 긋는다

적합한 그룹(H-W 치수), 사이즈(5~21호)의 패턴을 다른 종이에 베낀다. 이것에 HL에서 아랫부분의 선을 추가해 완성. 다트는 21호 사이즈로 표시.
그 밖의 사이즈는 이 다트를 적합한 사이즈의 다트 위치에 맞춰 베낀다.

1 선택한 사이즈를 베낀다(뒤도 같은 방법)

실물 대형 패턴 위에 제도용지를 겹쳐 외형과
다트의 중심 쪽 위치(21호의 경우는 다트의 V자 형태)를 베낀다

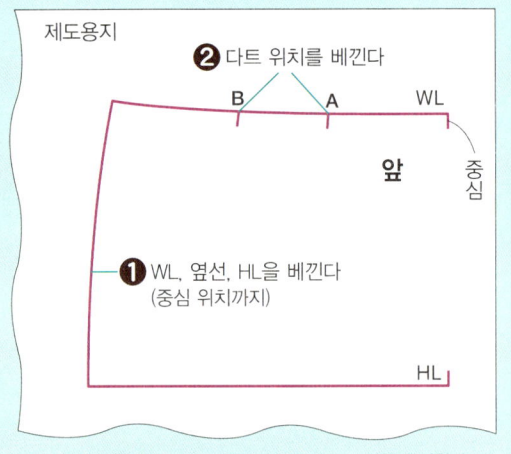

제도용지

❷ 다트 위치를 베낀다

B A WL

앞 중심

❶ WL, 옆선, HL을 베낀다
(중심 위치까지)

HL

✱ 제도용지는 스커트 길이가 들어가는 크기를 준비한다

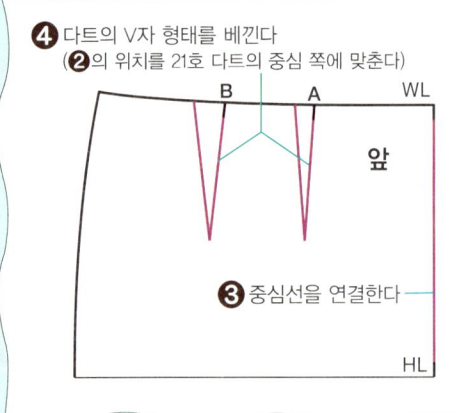

❹ 다트의 V자 형태를 베낀다
(❷의 위치를 21호 다트의 중심 쪽에 맞춘다)

B A WL

앞

❸ 중심선을 연결한다

HL

2 아랫부분의 선을 긋는다

앞뒤 각각 중심선을 연장해 WL에서 스커트 길이를 잡고,
밑단선은 HL, 옆선은 중심선과 평행으로 직선을 긋는다

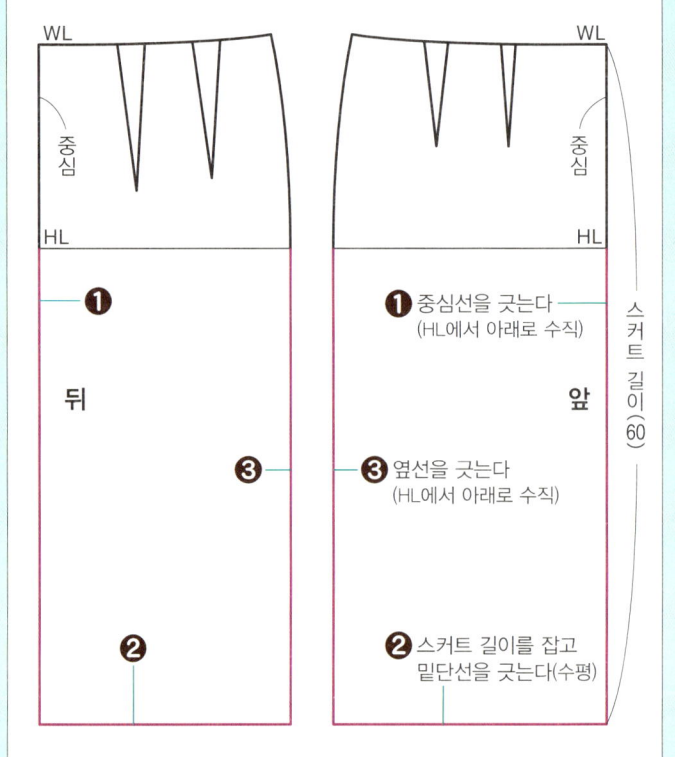

WL   WL

중심   중심

HL   HL

❶   ❶ 중심선을 긋는다
(HL에서 아래로 수직)

스커트 길이(60)

뒤   앞

❸   ❸ 옆선을 긋는다
(HL에서 아래로 수직)

❷   ❷ 스커트 길이를 잡고
밑단선을 긋는다(수평)

Point 곡선 그리는 법

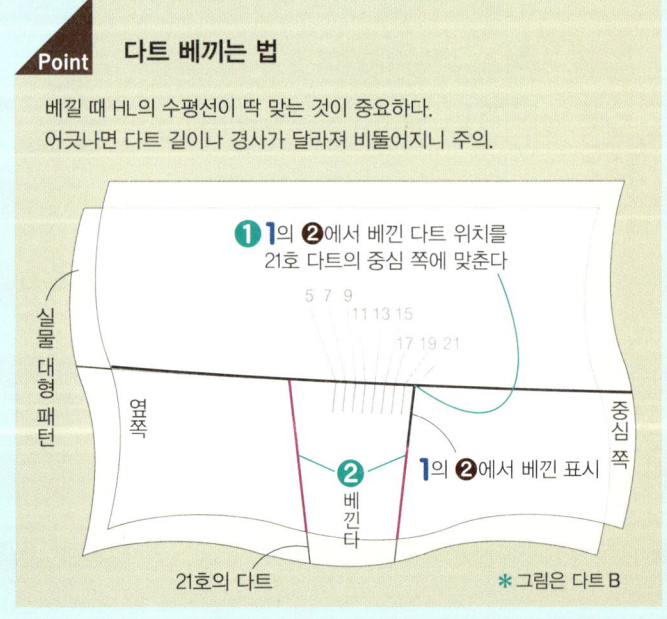

스커트 옆선 등은 L자의 안쪽을 이용하면 완만하게 자연스러운 곡선이 된다. 위치에 따라 곡선 형태가 다르기 때문에 실제로 놓고 이동하면서 가장 좋은 위치를 찾는다.

Point 다트 베끼는 법

베낄 때 HL의 수평선이 딱 맞는 것이 중요하다.
어긋나면 다트 길이나 경사가 달라져 비뚤어지니 주의.

❶ 1의 ❷에서 베낀 다트 위치를
21호 다트의 중심 쪽에 맞춘다

5 7 9
11 13 15
17 19 21

실물 대형 패턴

옆쪽   중심 쪽

❷   1의 ❷에서 베낀 표시

베낀다

21호의 다트   ✱ 그림은 다트 B

실물 대형 패턴의 엉덩이 길이는 18cm. 엉덩이 길이가 18cm 이외의 경우는 적합한 그룹(H-W 치수), 사이즈(5~21호)에서 패턴을 골라 HL에서 평행으로 증감한다. HL을 이동한 다음 옆선, 허리 다트를 다시 그리고, **타입 1** 과 같은 방법으로 밑단까지 아랫부분의 선을 그어 완성한다.

1 선택한 사이즈를 베낀다(뒤도 같은 방법)

실물 대형 패턴 위에 제도용지를 겹치고, 외형과 다트의 중심 쪽 위치(21호 옆쪽 다트 위치와 다트 끝도)를 베낀다

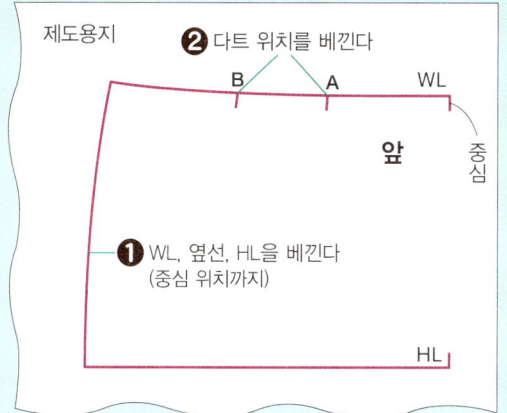

❷ 다트 위치를 베낀다
제도용지
B A WL
앞
중심
❶ WL, 옆선, HL을 베낀다
(중심 위치까지)
HL

＊제도용지는 스커트 길이가 들어가는 크기를 준비한다

❹ 옆쪽 다트 위치와 다트 끝을 베낀다
(❷의 위치를 21호 다트의 중심 쪽과 맞춘다)

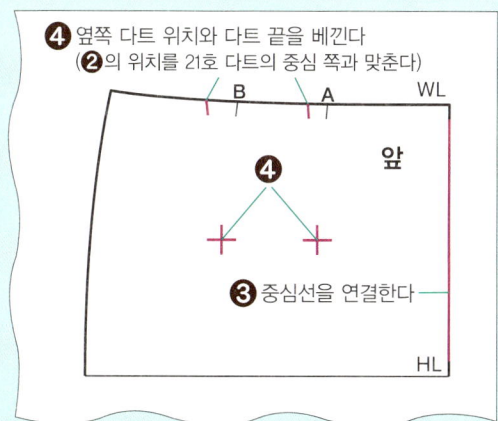

B A WL
앞
❹
❸ 중심선을 연결한다
HL

2 HL을 이동하고 엉덩이 길이를 조정한다(뒤도 같은 방법)

원래의 HL에서 평행으로 이동하고 엉덩이 길이를 길게(또는 짧게) 한다

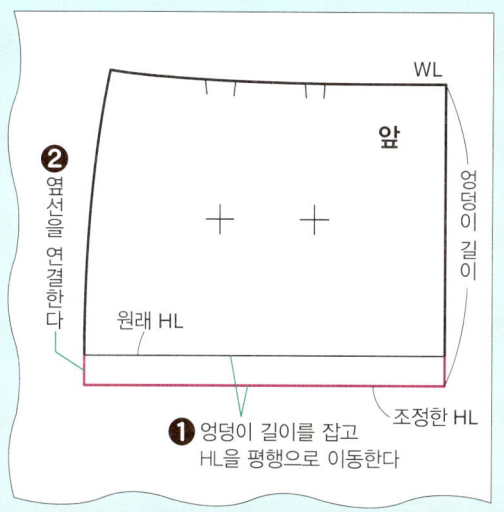

WL
앞
❷ 옆선을 연결한다
엉덩이 길이
원래 HL
조정한 HL
❶ 엉덩이 길이를 잡고 HL을 평행으로 이동한다

3 다트를 그린다

조정한 HL을 사용해서 다트 길이를 균형이 맞게 조정한다

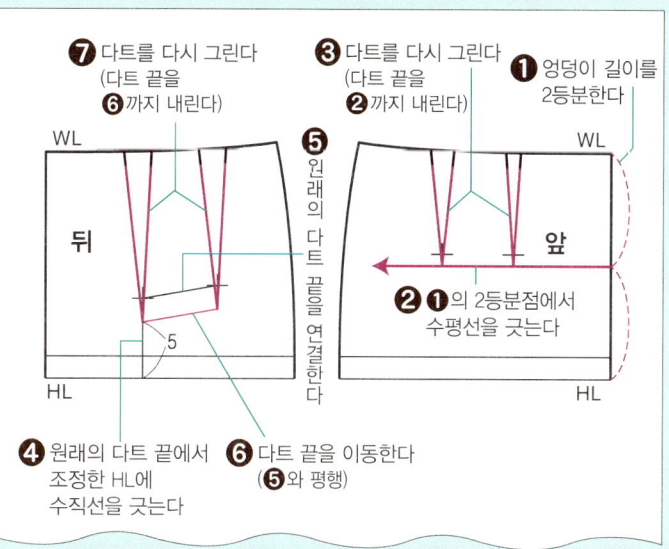

❼ 다트를 다시 그린다
(다트 끝을 ❻까지 내린다)
❸ 다트를 다시 그린다
(다트 끝을 ❷까지 내린다)
❶ 엉덩이 길이를 2등분한다
WL
WL
❺ 원래의 다트 끝을 연결한다
뒤
앞
5
❷ ❶의 2등분점에서 수평선을 긋는다
HL
HL
❹ 원래의 다트 끝에서 조정한 HL에 수직선을 긋는다
❻ 다트 끝을 이동한다 (❺와 평행)

4 아랫부분의 선을 긋는다(**타입 1** 과 같은 방법)

P.150의 **타입 1** 과 같은 방법으로 긋는다

Point ### 수평·수직선을 그을 때는

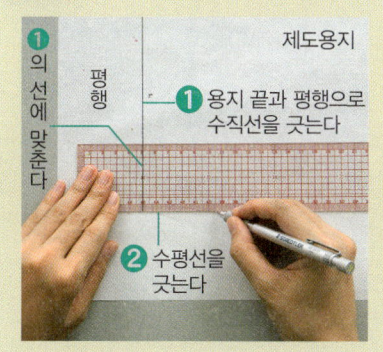

❶의 선에 맞춘다
제도용지
평행
❶ 용지 끝과 평행으로 수직선을 긋는다
❷ 수평선을 긋는다

제도용지의 끝이나 모눈자를 활용하면 어긋나지 않게 정확히 선을 그릴 수 있다. 긴 선은 어긋나기 쉬워 치수를 재서 확인하는 것이 좋다.

타입 3 실물 대형 패턴을 사용하지 않고 각자의 치수를 사용해 엉덩이선(HL)에서 윗부분을 그리고, HL에서 아랫부분의 선을 긋는다

부록 실물 대형 패턴에 맞는 사이즈가 없는 경우*, 처음부터 새로 제도를 하는 방법이다. 엉덩이둘레(H), 허리둘레(W), 엉덩이 길이의 각 치수와 다트 분량 등의 치수를 사용해서 엉덩이선(HL)에서 윗부분을 완성하고, **타입 1** 이나 **타입 2** 와 같은 방법으로 아랫부분을 그려 넣는다.

＊그룹(H-W 치수)이 10~26cm 이외, 또는 엉덩이 치수가 86~103cm 이외의 경우

1 기초선을 긋는다

엉덩이둘레(H)와 엉덩이 길이 치수를 사용해서 직사각형을 그리고 다트의 안내선을 긋는다

＊제도용지는 스커트 길이가 들어가는 크기를 준비한다

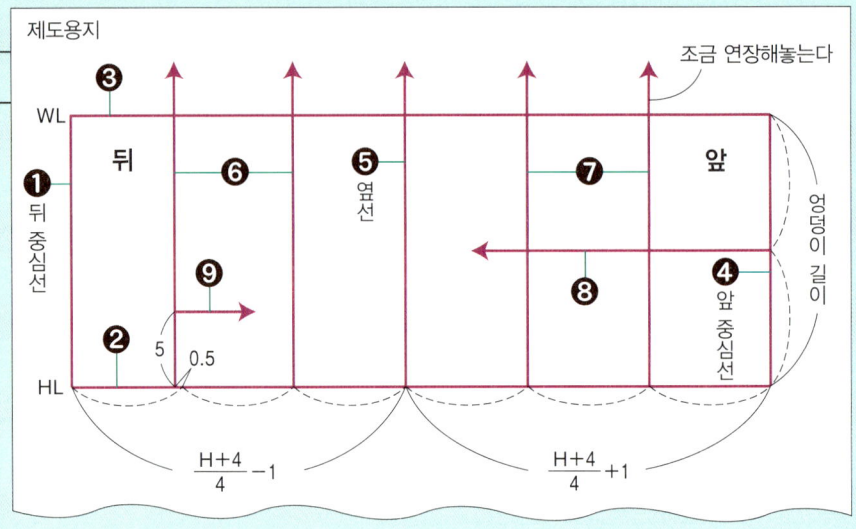

2 앞의 외형, 다트를 그린다

옆의 경사 치수, 허리 올림 치수, 다트 분량을 오른쪽 페이지 표에서 골라 옆, 허리선(WL), 다트를 그린다

[예: H 91, W 84] 그룹 7

∅ = 0.4cm

✿ = 0.7cm

다트 B = 0.8cm

다트 A = 0.6cm

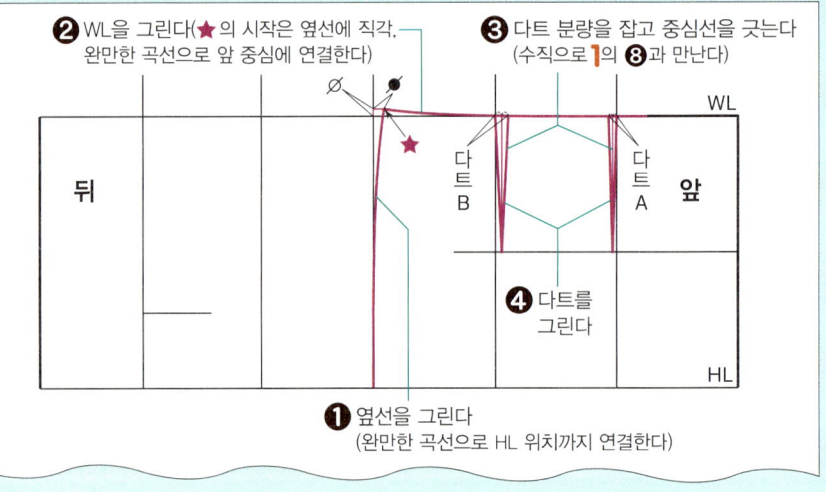

3 뒤의 외형, 다트를 그린다

앞의 옆선과 허리선을 반전시켜 베끼고 다트 분량을 오른쪽 표에서 골라 다트를 그린다

[예: H 91, W 84] 그룹 7

다트 D, C = 1.1cm

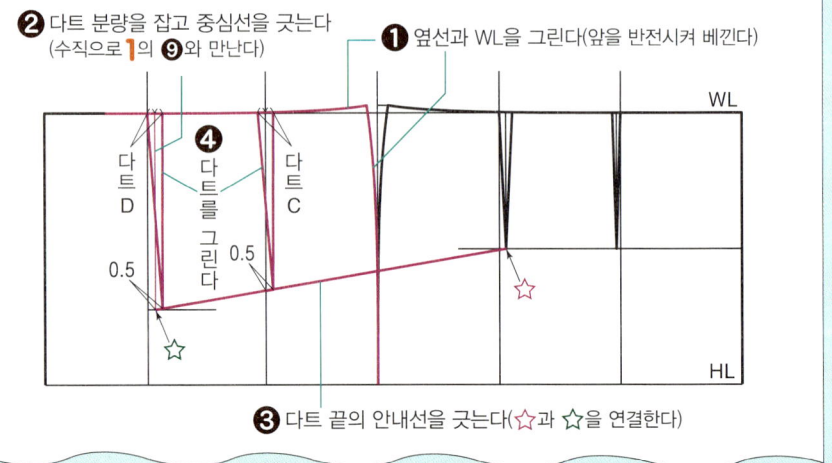

4 아랫부분의 선을 긋는다 (**타입 1** 과 같은 방법)

P.150의 **타입 1** 과 같은 방법으로 긋는다

분량 일람표

엉덩이 치수와 허리 치수의 차이(H-W 치수)를 토대로
각 치수를 참조하자.

그룹	옆 올림 치수	옆 자르기	다트		
H-W	∅	◉	D, C	B	A
35	1.4	2.7	4.0	3.4	2.2
34	1.3	2.7	3.9	3.3	2.0
33	1.3	2.6	3.8	3.2	2.0
32	1.3	2.5	3.7	3.1	2.0
31	1.2	2.5	3.6	2.9	1.9
30	1.2	2.4	3.5	2.9	1.8
29	1.2	2.3	3.4	2.8	1.8
28	1.1	2.2	3.3	2.8	1.7
27	1.1	2.1	3.2	2.7	1.7
26	1.1	2.1	3.1	2.5	1.6
25	1.0	2.0	3.0	2.4	1.6
24	1.0	2.0	2.8	2.4	1.5
23	1.0	1.9	2.7	2.3	1.5
22	0.9	1.8	2.6	2.2	1.5
21	0.9	1.8	2.5	2.1	1.3
20	0.9	1.7	2.4	2.0	1.3
19	0.8	1.6	2.3	2.0	1.2
18	0.8	1.5	2.2	1.9	1.2
17	0.8	1.4	2.1	1.8	1.2
16	0.7	1.4	2.0	1.6	1.1
15	0.7	1.3	1.9	1.6	1.0
14	0.7	1.2	1.8	1.5	1.0
13	0.6	1.2	1.7	1.3	0.9
12	0.6	1.1	1.6	1.3	0.8
11	0.6	1.0	1.5	1.2	0.8
10	0.5	0.9	1.4	1.2	0.7
9	0.5	0.8	1.3	1.1	0.7
8	0.5	0.8	1.2	0.9	0.6
7	0.4	0.7	1.1	0.8	0.6
6	0.4	0.6	1.0	0.8	0.5
5	0.4	0.6	0.8	0.7	0.5
4	0.3	0.5	0.7	0.6	0.5
3	0.3	0.5	0.6	0.5	0.3
2	0.3	0.4	0.5	0.4	0.3
1	0.2	0.3	0.4	0.4	0.2
0	0.2	0.2	0.3	0.3	0.2

단위는 cm

허리에서 엉덩이까지의 여유분과 중간 엉덩이의 조정법

기본 패턴의 허리에서 엉덩이까지 라인은 표준적인 균형의 곡선으로, 각각에 대응하는 기본적인 여유분이 들어가 있다. 체형에 따라 중간 엉덩이선(MHL)의 치수가 부족한 경우 아래 방법으로 추가한다.

각 부분의 여유분

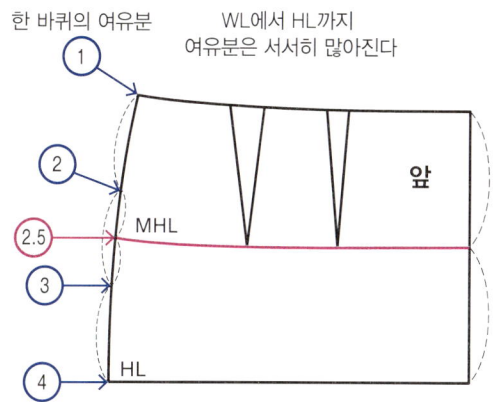

엉덩이가 끼는 경우

부족분의 $\frac{1}{4}$ 을 MHL의 옆 위치에서 추가한다

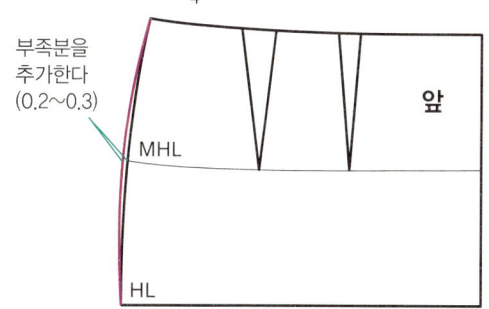

※뒤도 같은 방법

배가 나온 경우

엉덩이가 끼는 경우의 조정에 더해
앞 다트 끝을 올리고 다트 선을 곡선으로.
다트 끝의 이동 가능한 치수는
MHL에서 최대 2cm

❷ 곡선으로 한다　❶ 다트 끝을 올린다

0.1 ~ 0.2

✱위의 경우와는 반대로 MHL에서 치수가 남는 경우는
무리하게 보정하지 말고 기본 패턴을 그대로 이용해서
장력이 있는 소재를 골라 커버한다.

제도 방법
다트 분량이 적은 경우 조정법

1개로 모은다, 옆에서 자른다, 여유분을 줄인다, 이 3종류의 방법으로 조정한다

다트 분량은 엉덩이와 허리 치수의 차이에 따라 달라진다.
타이트, 트라페즈, 플리티드, 머메이드 같은 다트가 있는 디자인에서 분량이 적은 경우 패턴을 만드는 과정에서 조정이 필요하다.
이 방법은 치수에 따라 달라지므로 아래의 방법으로 처리하자. 스커트 앞판 설명이지만 뒤도 방법은 같다.

다트 합계가
1.2cm 이상 3cm 미만인 경우
다트 분량을 1개로 모으고 원래 다트의 중간에 배치한다

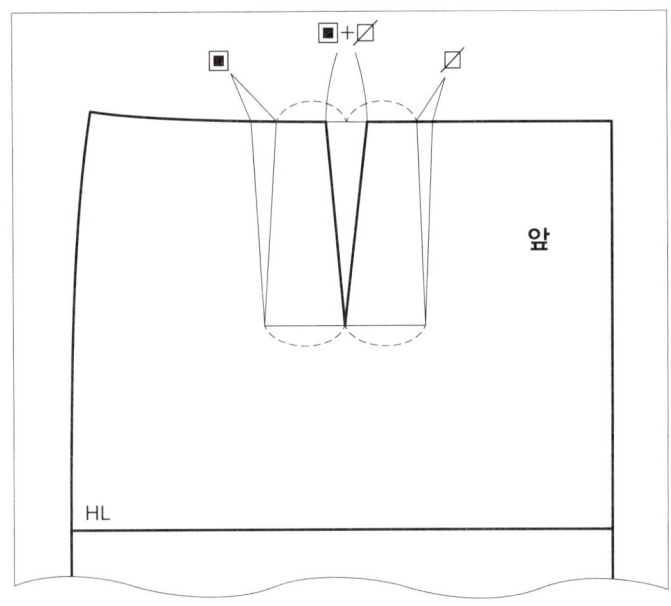

다트 합계가
0.7cm 이상 1.2cm 미만인 경우
2개 다트 분량의 합계를 반은 옆에서 자른다. 나머지는 여유분 줄임으로 처리한다

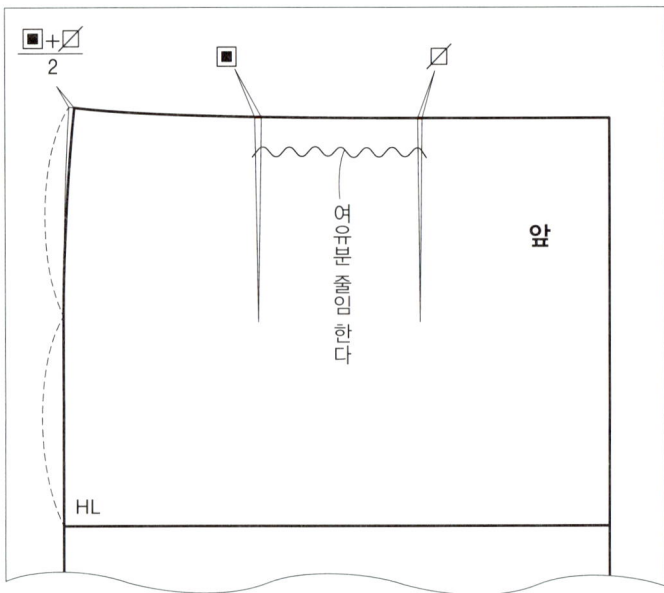

다트 합계가 0.7cm 미만인 경우
방법은 2가지. 2개 다트 분량의 합계를 옆에서 자르거나 여유분 줄임으로 처리한다

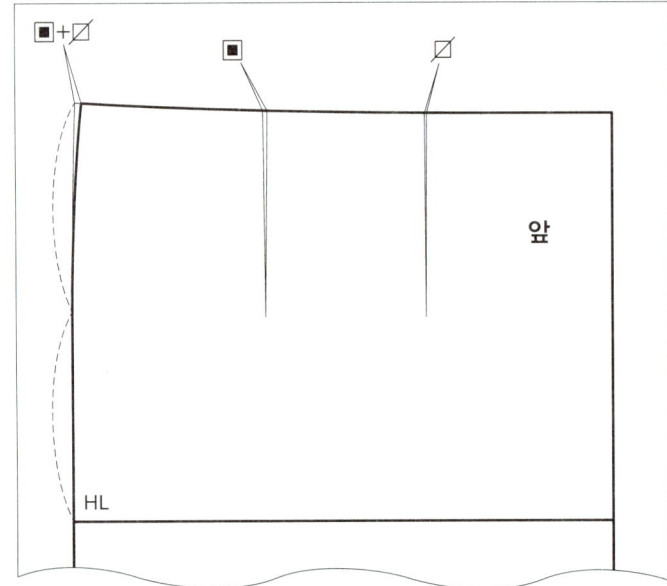

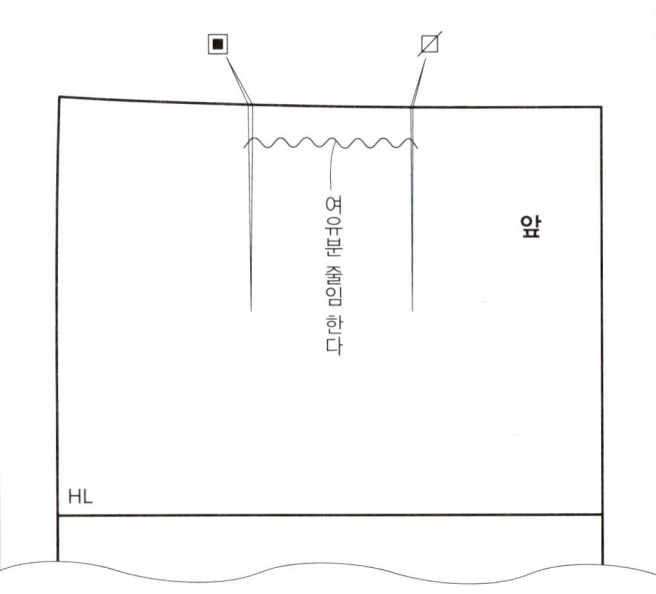

제도 방법
디자인 스커트

[P.77]

앞뒤 스커트를 제도하고 앞에 턱 분량을 추가한다

허리에 다트를 넣지 않는 디자인으로 기본 패턴을 사용하지 않고 새롭게 제도한다. 뒤는 트라페즈의 기본을 그대로 사용. 앞은 좌우를 펼친 패턴에 절개선을 넣고 턱 분량을 추가한다.

절개 방법은 제도에 표시한 순서대로 처리하면서 Ⓐ Ⓑ Ⓒ 파트를 베낀다.

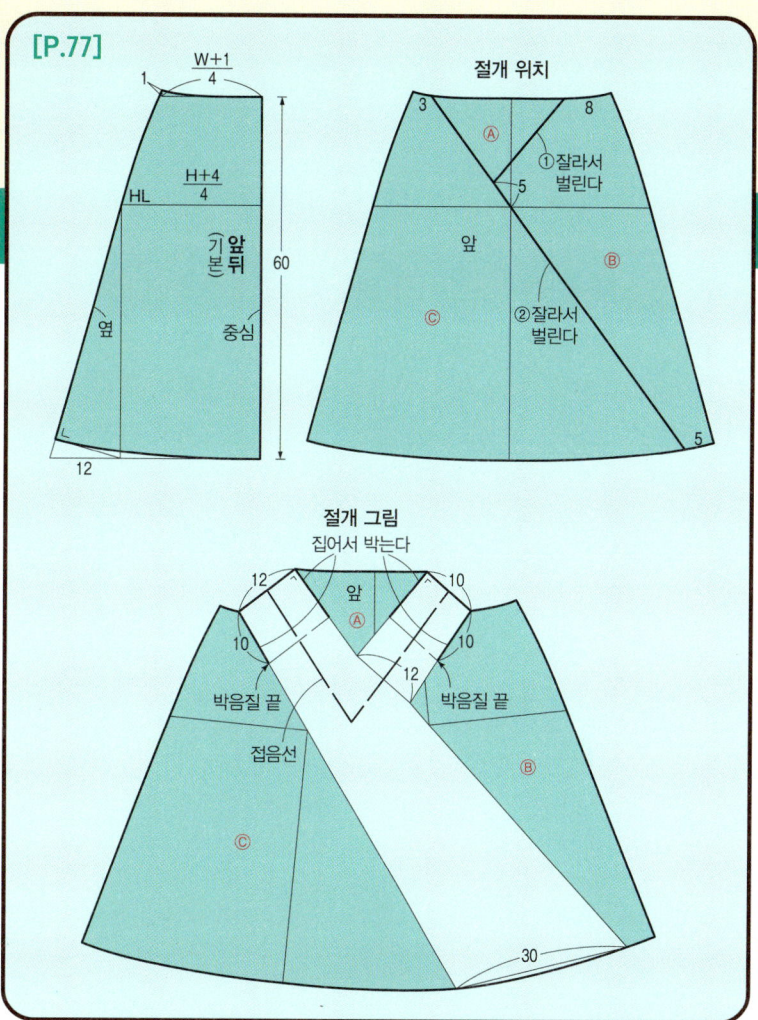

1 스커트의 윤곽을 그린다

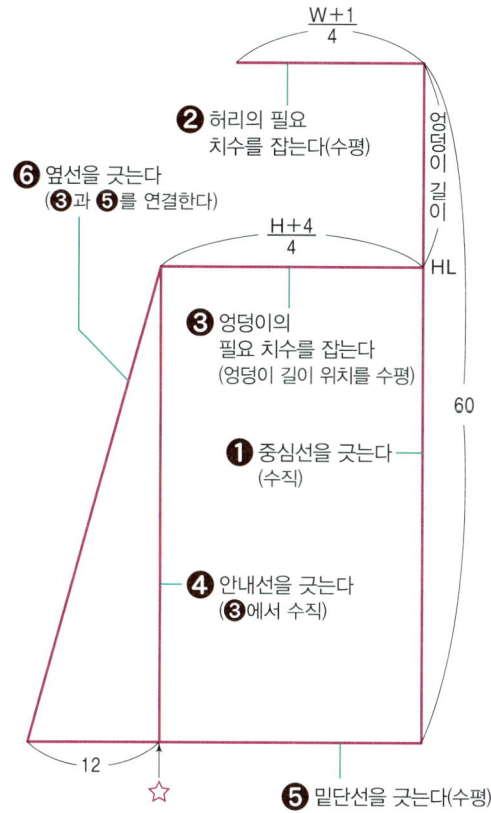

2 허리의 필요 치수를 잡는다(수평)

6 옆선을 긋는다 (**3**과 **5**를 연결한다)

3 엉덩이의 필요 치수를 잡는다 (엉덩이 길이 위치를 수평)

1 중심선을 긋는다 (수직)

4 안내선을 긋는다 (**3**에서 수직)

5 밑단선을 긋는다(수평)

Point 수평 · 수직선을 정확하게 긋는 법

수평·수직선을 그을 때 길이가 긴 쪽을 먼저 긋고 나머지 한쪽을 그으면 직각선을 정확하게 그을 수 있다.

2 허리선, 옆선을 그린다

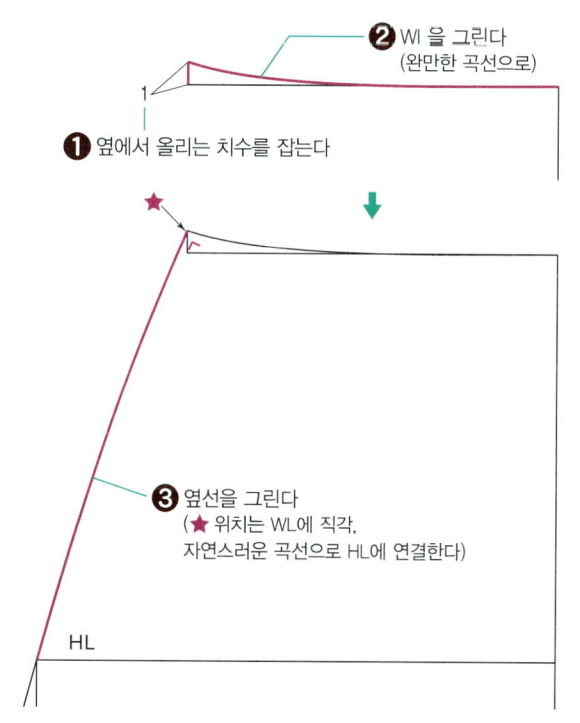

2 WI 을 그린다 (완만한 곡선으로)

1 옆에서 올리는 치수를 잡는다

3 옆선을 그린다 (★ 위치는 WL에 직각, 자연스러운 곡선으로 HL에 연결한다)

3 밑단선을 그리면 기본 패턴 완성!

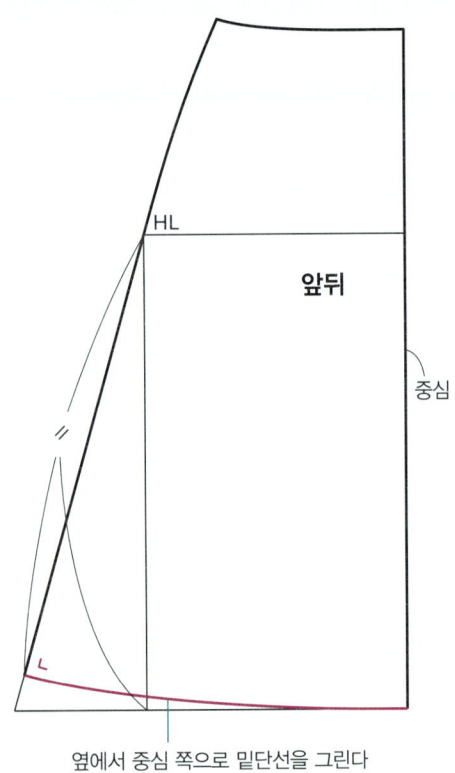

앞뒤

HL

중심

=

⌐

옆에서 중심 쪽으로 밑단선을 그린다
(시작은 직각으로, 다음은 완만한 곡선으로)
＊뒤는 이 기본 패턴을 그대로 사용

4 앞은 기본의 외형을 베끼고 절개선을 긋는다

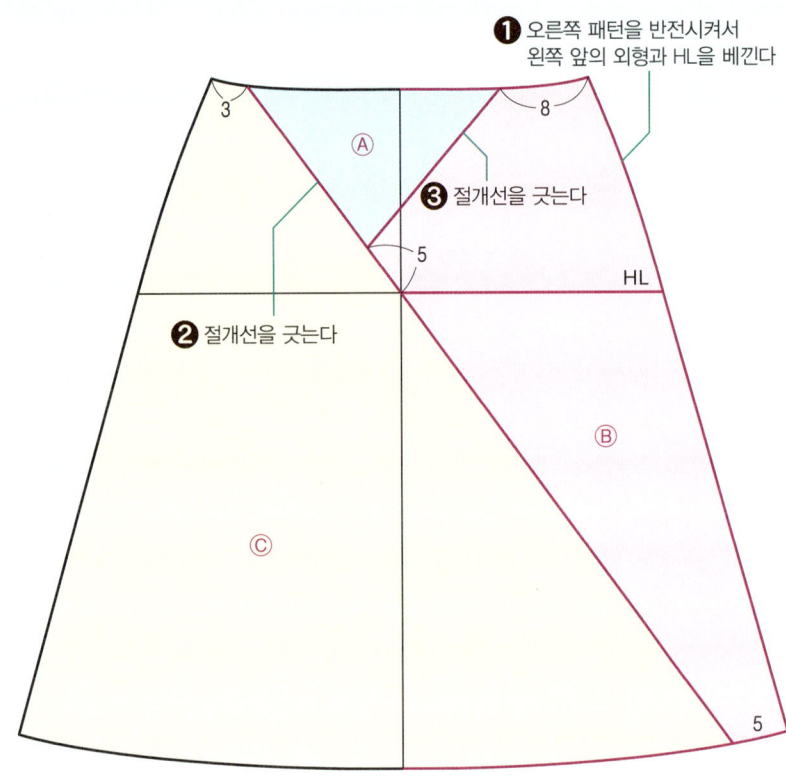

❶ 오른쪽 패턴을 반전시켜서
왼쪽 앞의 외형과 HL을 베낀다

3

ⓐ

8

❸ 절개선을 긋는다

5

HL

❷ 절개선을 긋는다

ⓑ

ⓒ

5

5 잘라서 벌리는 처리를 한다

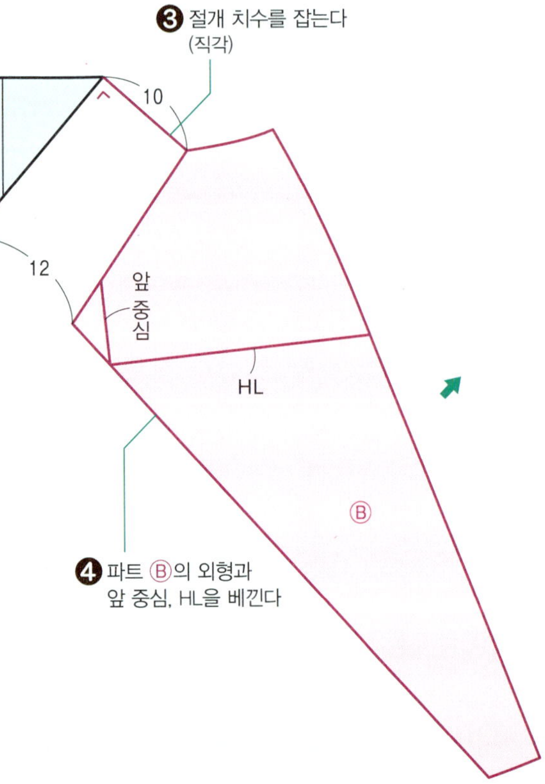

❶ 파트 ⓐ의 외형을 베낀다

ⓐ

❷ 앞 중심을 베낀다

❸ 절개 치수를 잡는다
(직각)

ⓐ

10

12

앞
중심

HL

ⓑ

❹ 파트 ⓑ의 외형과
앞 중심, HL을 베낀다

Point **처리 방법** 잘라서 벌리는 처리는 제도를 베끼면서 분량을 추가한다.

❶ ⓐ를 베껴
모서리에서 직각으로
절개 치수의 선을
긋는다

ⓐ

★

❷ ❶의 포인트(★)를
제도에 맞춰서 겹친다

ⓐ

★

ⓑ

❸ ❷에서 맞춘 포인트(★)를
고정하고 ⓐⓑ 사이(★)가
지정된 치수(12)가 되도록
제도용지를 회전해서 ⓑ를 베낀다

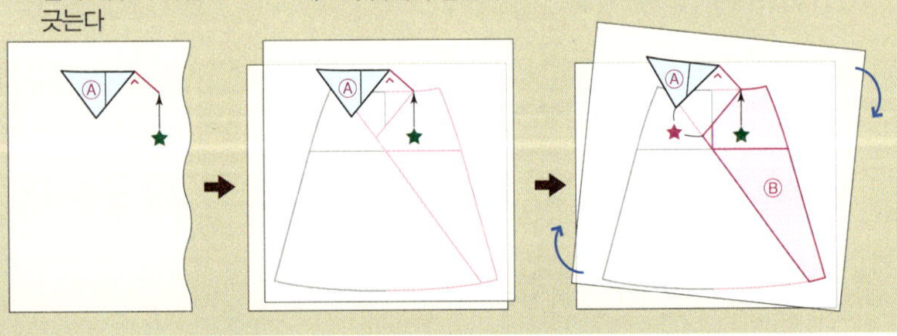

ⓐ

★ ★

ⓑ

⑤ 절개 치수를 잡는다
(직각)

12

Ⓐ

P.156에서 ↗

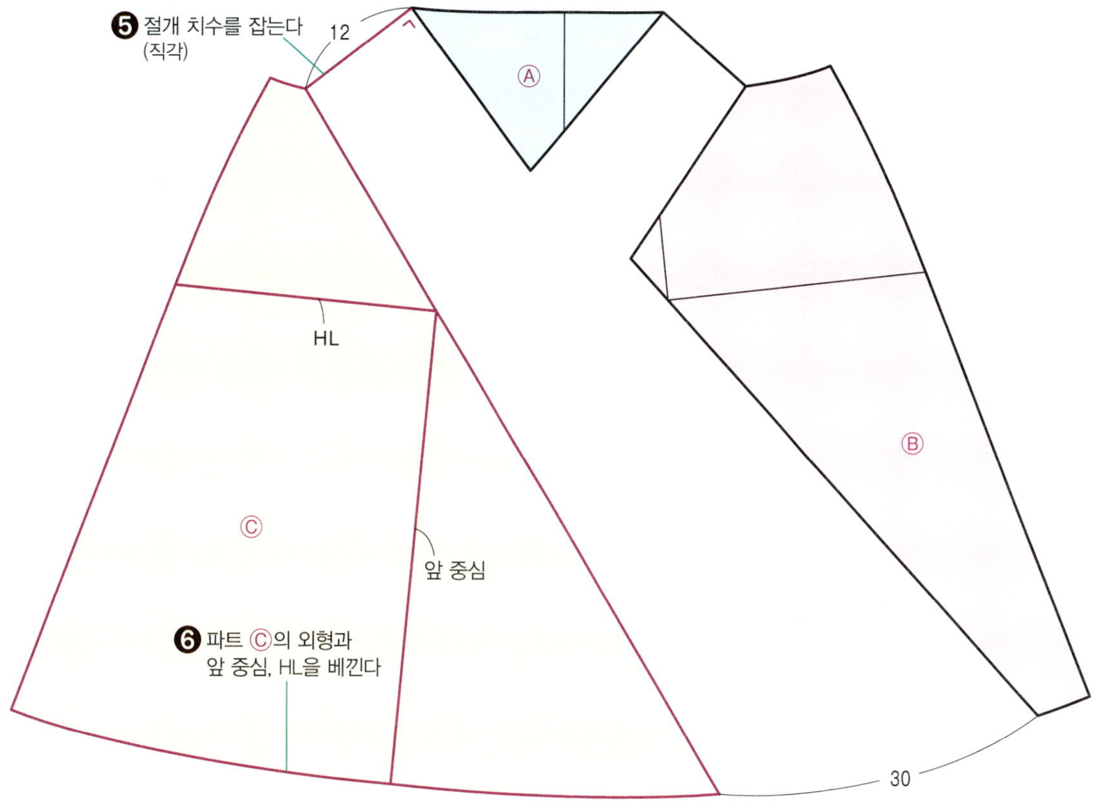

HL

Ⓑ

Ⓒ

앞 중심

⑥ 파트 Ⓒ의 외형과
앞 중심, HL을 베낀다

30

---

6 밑단선을 완성하고 접음선을 그리면 앞 패턴 완성!

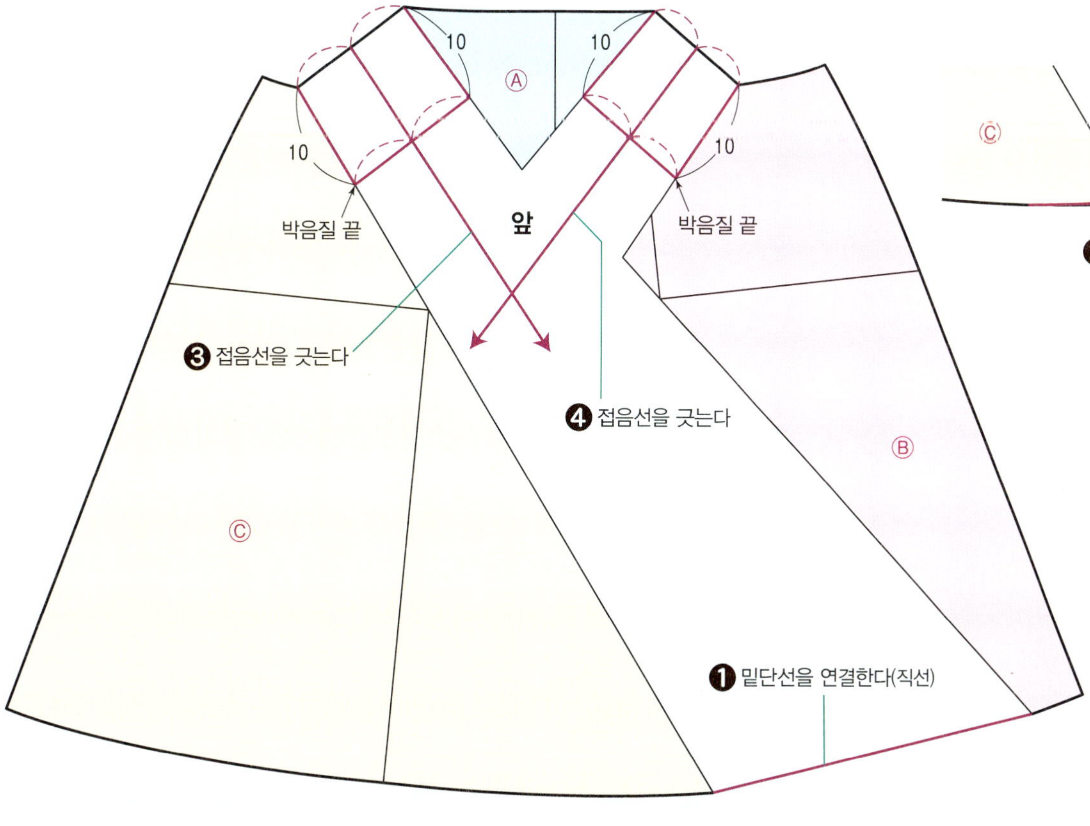

10   10

Ⓐ

(축소 그림)

Ⓒ   앞   Ⓑ

10   10

박음질 끝   **앞**   박음질 끝

② 밑단선을 완만하게 수정한다
(각지지 않게 완만한 곡선으로)

③ 접음선을 긋는다

Ⓒ

④ 접음선을 긋는다

Ⓑ

① 밑단선을 연결한다(직선)

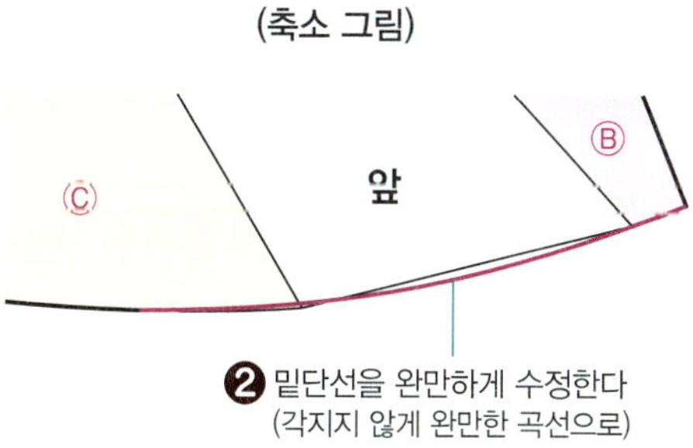

제도 방법
플레어 스커트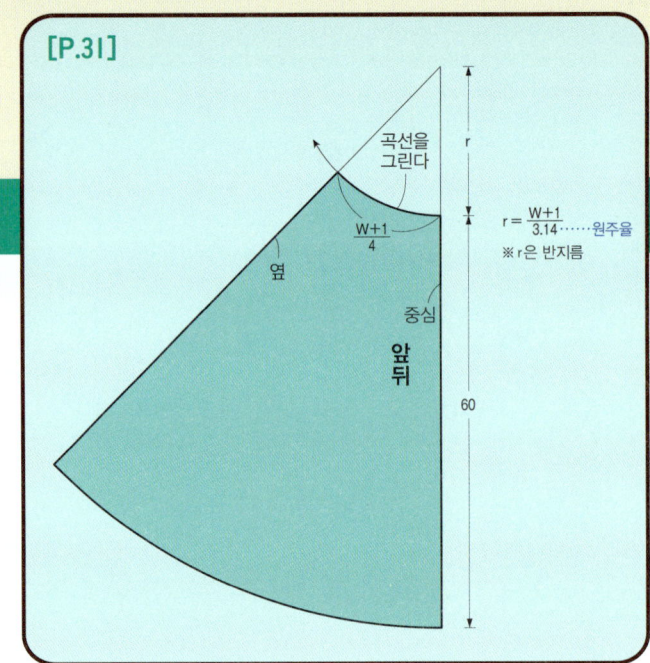

패턴은 앞뒤가 같다. 원을 그리는 요령으로

제도 과정은 대단히 단순하다. 중심선을 그리고 허리선(WL), 옆선, 밑단선의 순서로 그리면 완성이다. 포인트는 곡선 그리는 법. WL은 컴퍼스(P.8 참조)를 사용하면 되지만 밑단선은 길어서 그리기가 조금 어렵다. 몇 가지 방법을 소개하니 참고하자.

[P.31]

곡선을
그린다

$\dfrac{W+1}{4}$

옆

중심

앞뒤

$r = \dfrac{W+1}{3.14}$ ······원주율

※ r은 반지름

r

60

1 스커트 중심선과 허리선의 안내선을 그린다

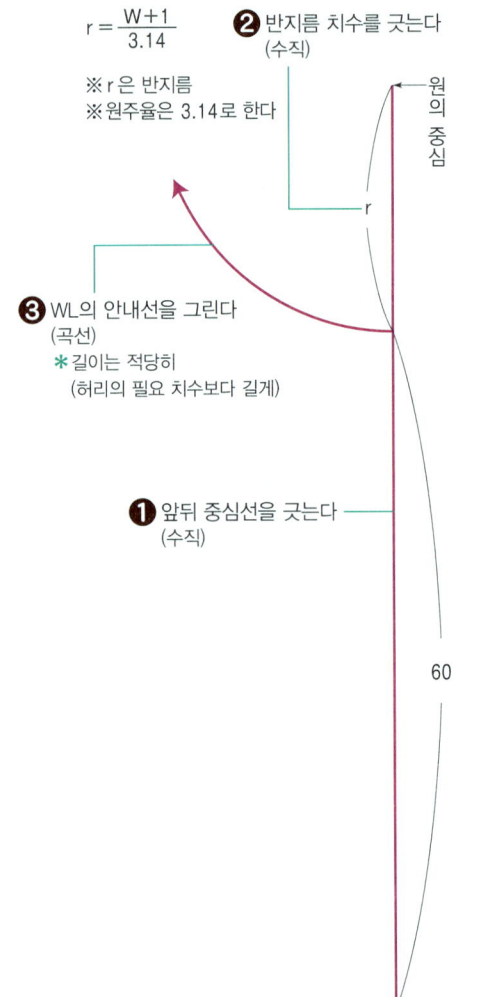

$r = \dfrac{W+1}{3.14}$

❷ 반지름 치수를 긋는다
(수직)

※ r은 반지름
※ 원주율은 3.14로 한다

원의 중심

r

❸ WL의 안내선을 그린다
(곡선)
＊길이는 적당히
(허리의 필요 치수보다 길게)

❶ 앞뒤 중심선을 긋는다
(수직)

60

2 허리선, 옆선, 밑단선을 그리면 앞뒤 패턴 완성!

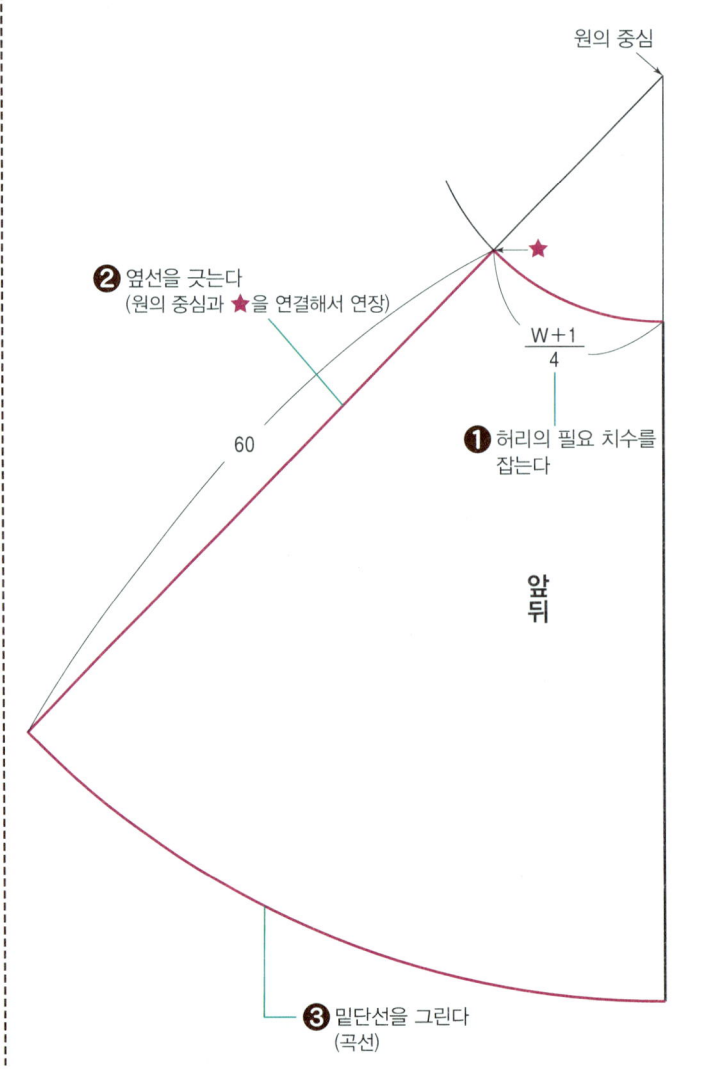

원의 중심

❷ 옆선을 긋는다
(원의 중심과 ★을 연결해서 연장)

$\dfrac{W+1}{4}$

❶ 허리의 필요 치수를 잡는다

60

앞뒤

❸ 밑단선을 그린다
(곡선)

곡선 그리는 법

✳ 추천 ✳
자를 사용하는 방법

심플하고 정확하게 그리는 방법. 긴 자(여기서는 50cm 자)를 사용해 연결 표시를 하면서 그린다. 표시 간격이 좁을수록 정확성은 높아진다.

❶ 중심선을 그린 후 원의 중심을 기준점으로 자를 이동하면서 WL 표시를 한다

❷ ❶과 동시에 밑단 표시를 위한 안내선을 그어둔다

앞뒤

원의 중심

r

50

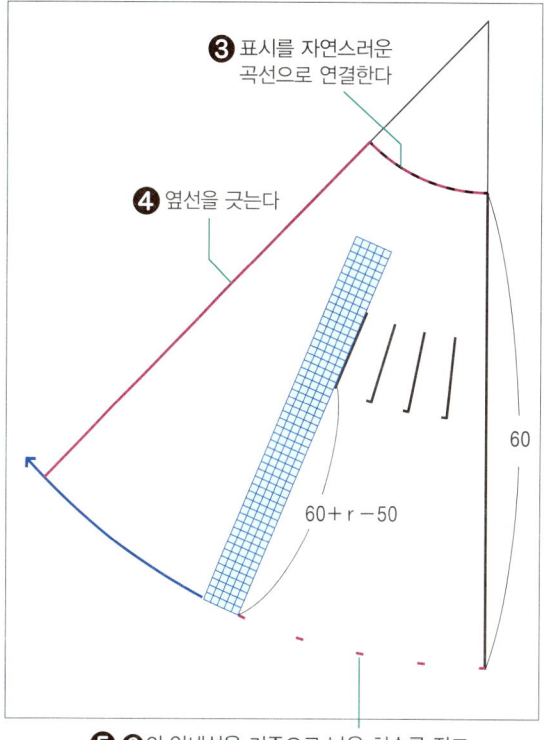

❸ 표시를 자연스러운 곡선으로 연결한다

❹ 옆선을 긋는다

60

60 + r − 50

❺ ❷의 안내선을 기준으로 남은 치수를 잡고, 밑단을 표시해서 자연스러운 곡선으로 연결한다

제도용지를 접어서 자르는 방법

중심선과 옆선으로 자른 제도용지를 방사형으로 접어 표시한다. WL은 다른 방법으로 그린다. 다소 시간은 걸리지만 비교적 정확하게 그릴 수 있다. 단, 중심과 옆에는 시접을 위한 여백이 없기 때문에 재단 시 따로 시접을 넣는다.

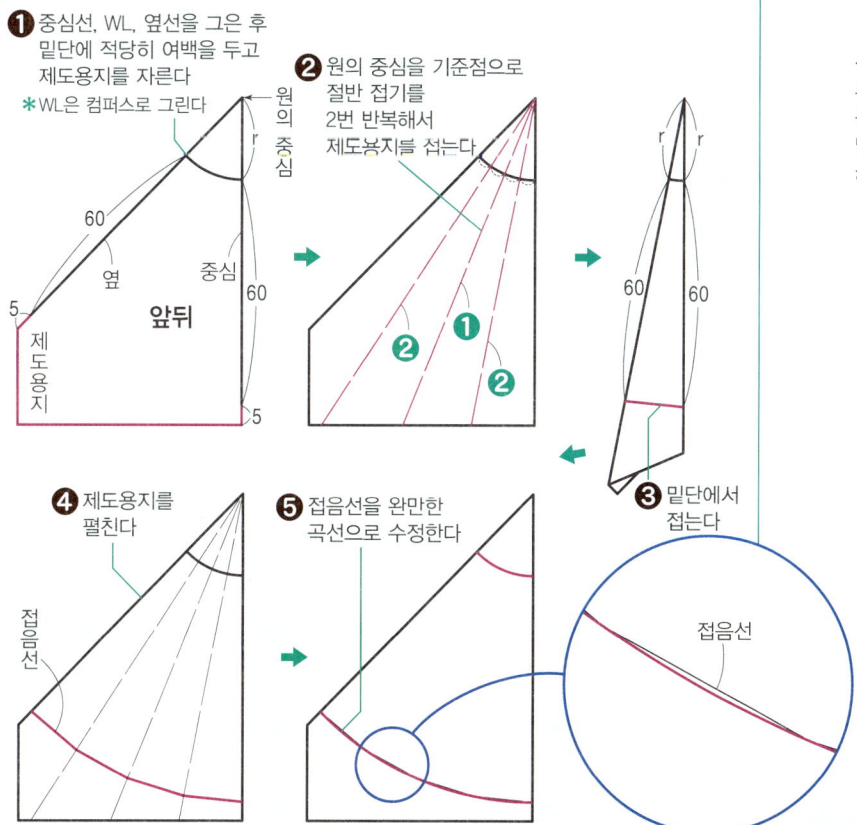

❶ 중심선, WL, 옆선을 그은 후 밑단에 적당히 여백을 두고 제도용지를 자른다
✳WL은 컴퍼스로 그린다

원의 중심
r
60
옆
중심
60
5
제도용지
앞뒤
5

❷ 원의 중심을 기준점으로 절반 접기를 2번 반복해서 제도봉지를 접는다

r r
60 60

❸ 밑단에서 접는다

❹ 제도용지를 펼친다

접음선

❺ 접음선을 완만한 곡선으로 수정한다

접음선

실을 이용해 그리는 방법

샤프펜슬 끝에 실을 묶고 원의 중심에 마스킹 테이프로 고정해 컴퍼스 요령으로 곡선을 그린다. 작업은 간단하지만 연필이 기울거나 불안정한 요소가 많다. 정확성이 필요한 WL은 컴퍼스나 자를 사용하는 것이 좋다.

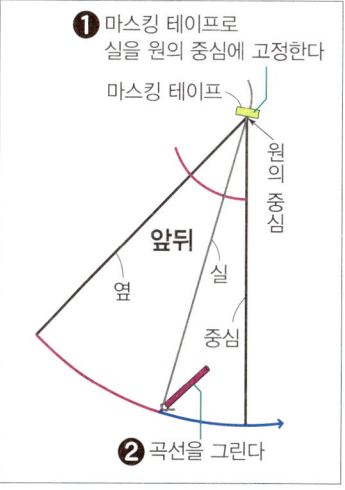

❶ 마스킹 테이프로 실을 원의 중심에 고정한다

마스킹 테이프

원의 중심

앞뒤

옆
실
중심

❷ 곡선을 그린다

✳연필보다 샤프펜슬이 끝이 가늘고 안정적이라 정확히 그릴 수 있다. 실을 심에 가깝게 묶어야 오차가 적다

제도 방법
디자인 스커트 5

기본 패턴의 외형을 베끼고 앞 스커트를 잘라서 벌린다

뒤는 기본 패턴과 같은 모양이다. 앞은 좌우를 펼친 패턴을 만들어 잘라서 벌리고 턱 분량을 추가한다. 왼쪽 앞 다트는 그대로 사용하지만 오른쪽 앞 다트는 맞대기 때문에 이를 위한 사전 준비(3의 ❶❷❸)가 중요한다.

1 기본 패턴을 베낀다

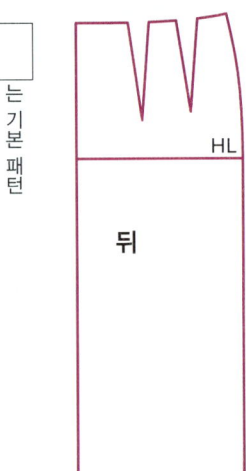

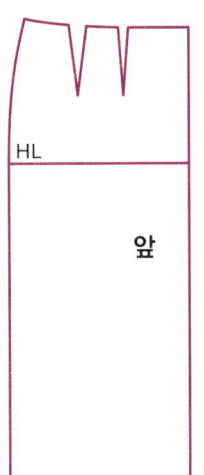

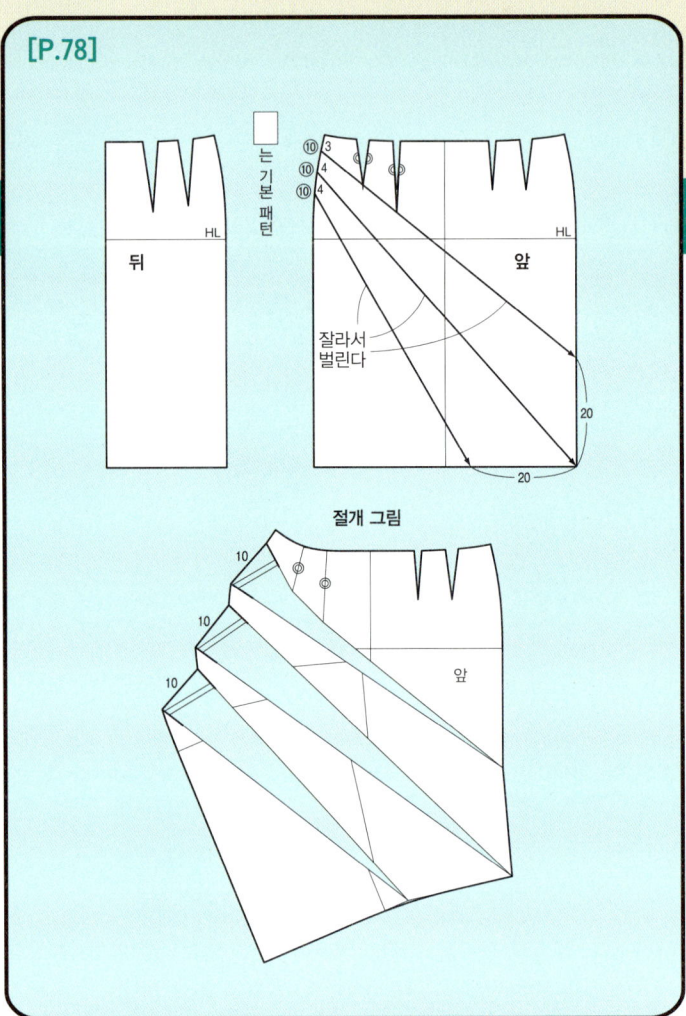

[P.78]

절개 그림

2 왼쪽 앞의 외형을 베끼고 절개선을 긋는다

❶ 기본 패턴을 반전시켜서 왼쪽 앞의 외형을 베낀다

❷ HL을 긋는다
(오른쪽 HL을 연장)

❸ 절개선을 긋는다
(직선)

오른쪽 앞　왼쪽 앞

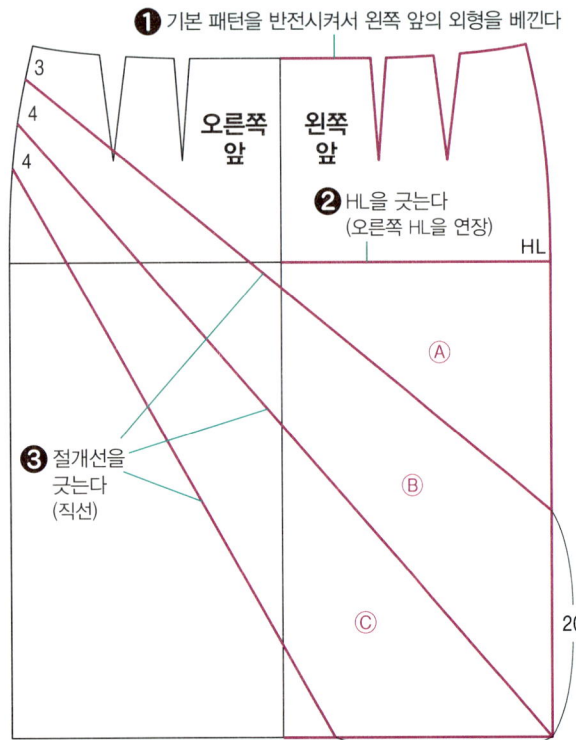

3 오른쪽 앞 다트를 수정한다

❶ 안내선을 긋는다
(옆쪽 다트 끝에서 위로 수직)

❸ 다트를 절개선까지의 길이로 수정한다(절개선과 ❶❷의 교점을 다트 위치와 연결한다)

❷ 안내선을 긋는다
(옆쪽 다트 끝에서 아래로 수직)

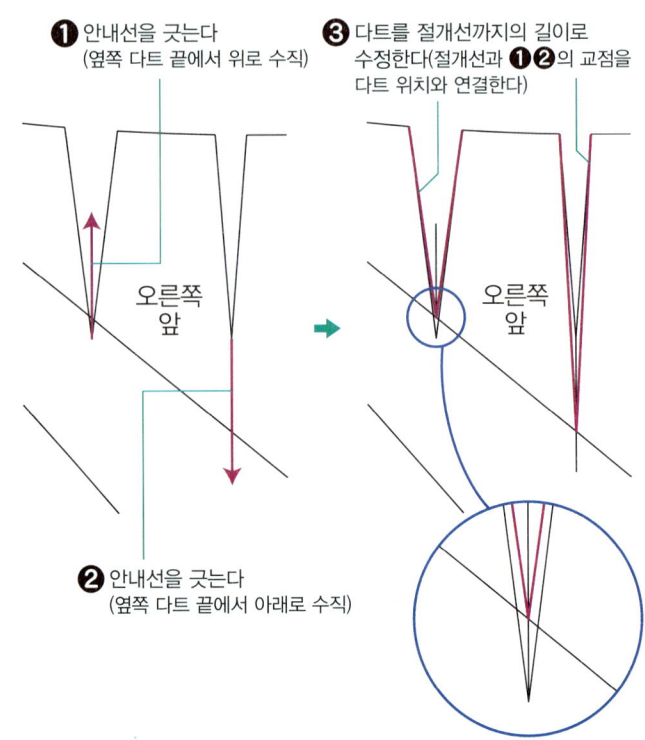

4 Ⓐ 부분을 처리한다

❶ 오른쪽 앞의 중심 쪽 다트 선부터
왼쪽의 외형, 중심선, HL을 베낀다

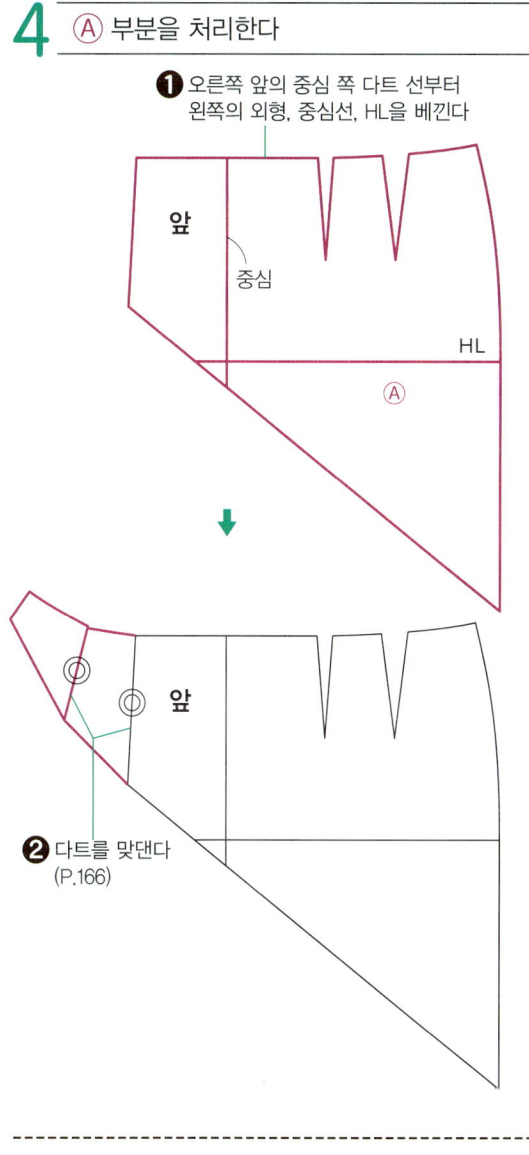

앞

중심

HL

Ⓐ

↓

앞

❷ 다트를 맞댄다
(P.166)

❹ 턱 부분을 연결한다

Ⓐ

앞

Ⓑ

Ⓒ

Ⓓ

5 Ⓑ 부분을 처리한다

10

앞

HL

중심

제도의 화살표 끝을 기준점으로
절개 분량을 넣고
Ⓑ의 외형과 중심선, HL을 베낀다

Ⓑ

기
준
점

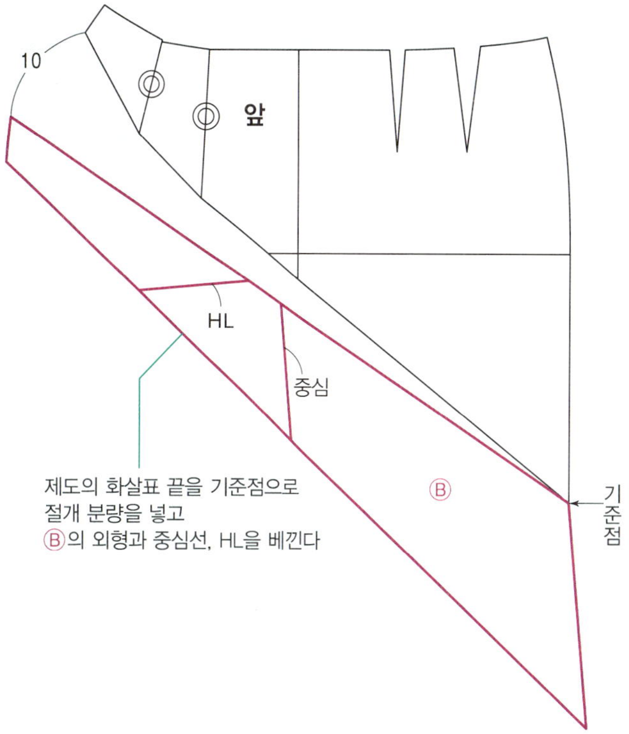

6 ⒸⒹ 부분을 처리하면 앞 패턴 완성!

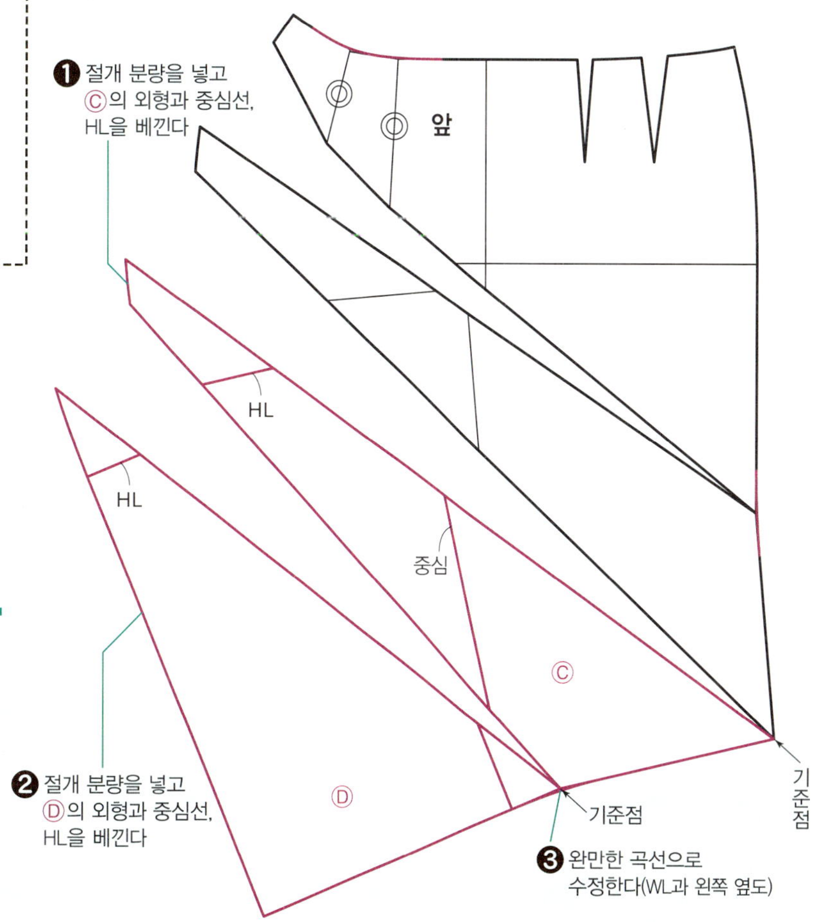

❶ 절개 분량을 넣고
Ⓒ의 외형과 중심선,
HL을 베낀다

앞

HL

HL

중심

Ⓒ

❷ 절개 분량을 넣고
Ⓓ의 외형과 중심선,
HL을 베낀다

Ⓓ

기준점

❸ 완만한 곡선으로
수정한다(WL과 왼쪽 옆도)

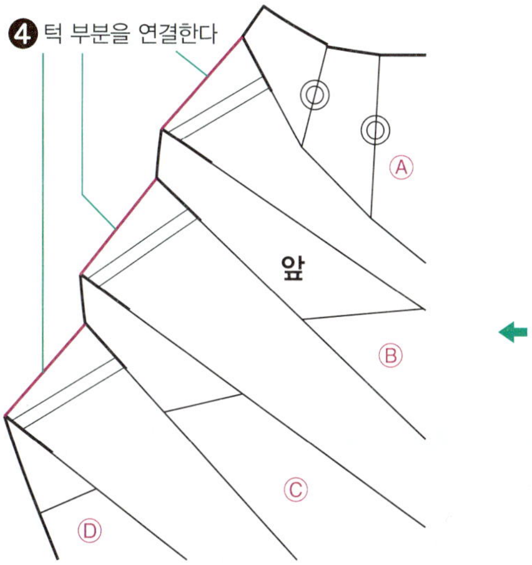

기
준
점

제도 방법
디자인 스커트 ⑥

좌우 모양이 거의 같고 그리는 법도 같다

거의 직선으로만 구성된 패턴이다. 제일 중요한 포인트는 허리선이나 요크를 그리기 위한 경사 치수(**2**의 ❷, **3**의 ❷)를 잡는 법. 수평·수직의 안내선을 보완해서 긋는다. 일반 제도는 오른쪽 반신을 표시하는데, 이 스커트는 오른쪽 앞뒤와 왼쪽 앞뒤로 모두 2장의 구조이다.

[P.79]

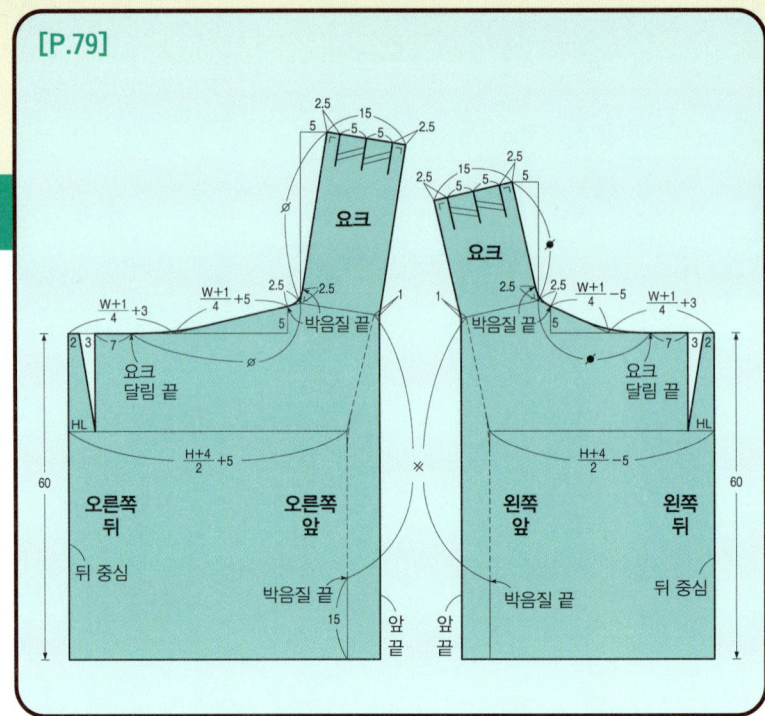

---

1 오른쪽 스커트의 윤곽을 그린다

❷ 허리의 필요 치수에 다트 분량을 추가한 치수를 잡는다(❶에 직각)

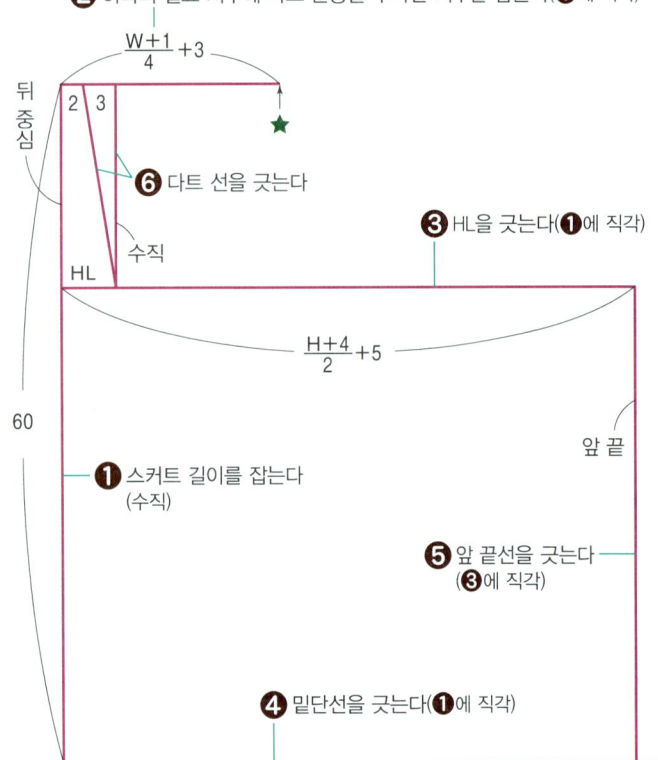

$$\frac{W+1}{4}+3$$

뒤 중심

❻ 다트 선을 긋는다

수직

HL

❸ HL을 긋는다(❶에 직각)

$$\frac{H+4}{2}+5$$

앞 끝

60

❶ 스커트 길이를 잡는다 (수직)

❺ 앞 끝선을 긋는다 (❸에 직각)

❹ 밑단선을 긋는다(❶에 직각)

Point 수평·수직선을 정확하게 긋는 법

수평·수직선을 그을 때 길이가 긴 쪽을 먼저 긋고 나머지 한쪽을 그으면 직각선을 정확하게 그을 수 있다.

---

2 허리선을 그린다

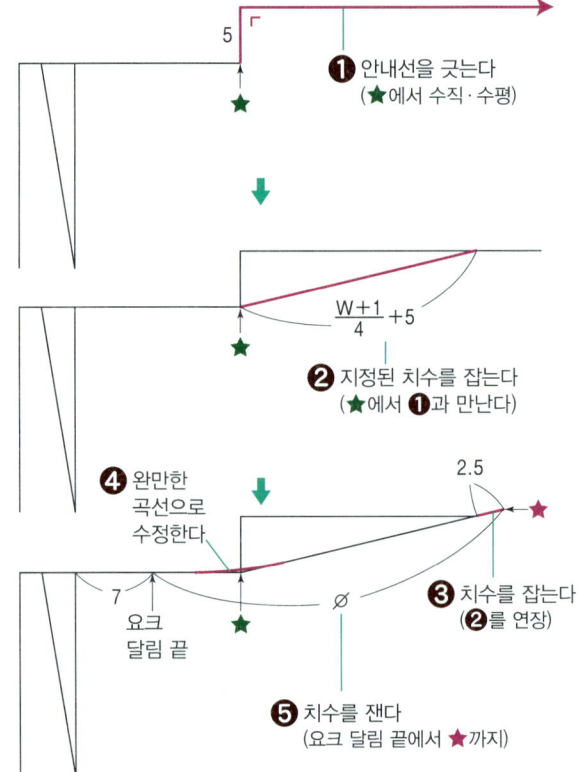

5

❶ 안내선을 긋는다 (★에서 수직·수평)

$$\frac{W+1}{4}+5$$

❷ 지정된 치수를 잡는다 (★에서 ❶과 만난다)

❹ 완만한 곡선으로 수정한다

2.5

7

요크 달림 끝

∅

❸ 치수를 잡는다 (❷를 연장)

❺ 치수를 잰다 (요크 달림 끝에서 ★까지)

Point 경사 치수 잡는 법(❶❷)

제도에서 자주 쓰이는 방법. 수직 또는 수평으로 경사 치수(이 경우는 5cm)의 안내선을 긋고, 기준점(★)에서 그 선 위에 지정된 치수로 만나는 점을 구한다.

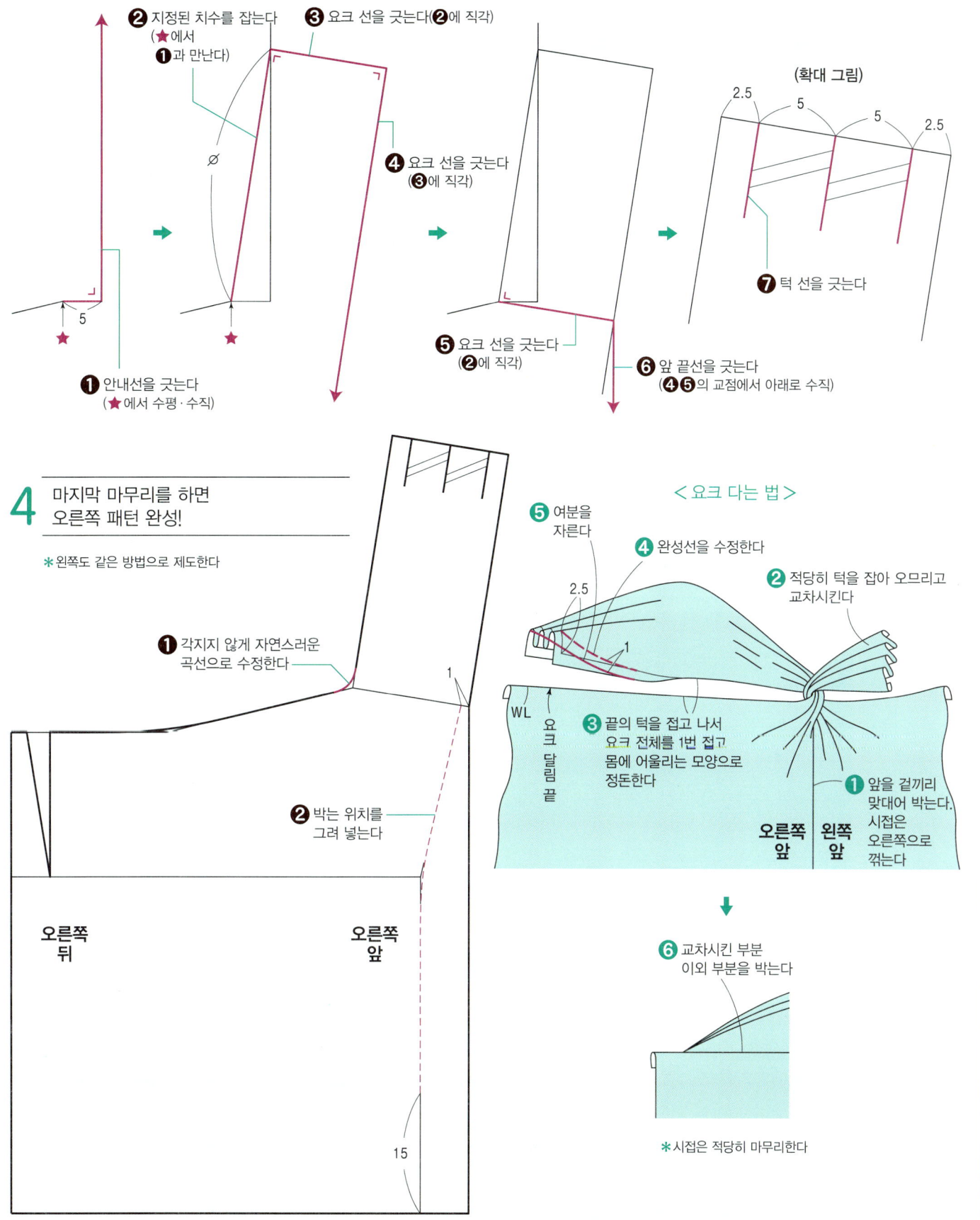

3 요크를 그린다

❷ 지정된 치수를 잡는다
(★에서
❶과 만난다)

❸ 요크 선을 긋는다(❷에 직각)

❹ 요크 선을 긋는다
(❸에 직각)

❺ 요크 선을 긋는다
(❷에 직각)

❻ 앞 끝선을 긋는다
(❹❺의 교점에서 아래로 수직)

Ø

5

★

★

(확대 그림)

2.5   5   5   2.5

❼ 턱 선을 긋는다

❶ 안내선을 긋는다
(★에서 수평·수직)

4 마지막 마무리를 하면
오른쪽 패턴 완성!

＊ 왼쪽도 같은 방법으로 제도한다

❶ 각지지 않게 자연스러운
곡선으로 수정한다

❷ 박는 위치를
그려 넣는다

1

오른쪽
뒤

오른쪽
앞

15

< 요크 다는 법 >

❺ 여분을
자른다

❹ 완성선을 수정한다

❷ 적당히 턱을 잡아 오므리고
교차시킨다

2.5

1

WL

요크
달림
끝

❸ 끝의 턱을 접고 나서
요크 전체를 1번 접고
몸에 어울리는 모양으로
정돈한다

❶ 앞을 겉끼리
맞대어 박는다.
시접은
오른쪽으로
꺾는다

오른쪽
앞

왼쪽
앞

❻ 교차시킨 부분
이외 부분을 박는다

＊ 시접은 적당히 마무리한다

제도 방법
디자인 스커트 ⑧

윗부분은 기본 패턴을 사용. 아랫부분은 새롭게 제도한다

기본 패턴을 위아래 둘로 나눈다. 윗부분은 기본 패턴의 다트를 이용해 '닫는다·벌린다'의 처리를 하고, 트라페즈 실루엣 패턴을 만든다. 아랫부분은 완성한 윗부분의 달림 치수(●)를 이용하고 다트 분량을 추가해 제도한다.

[P.81]

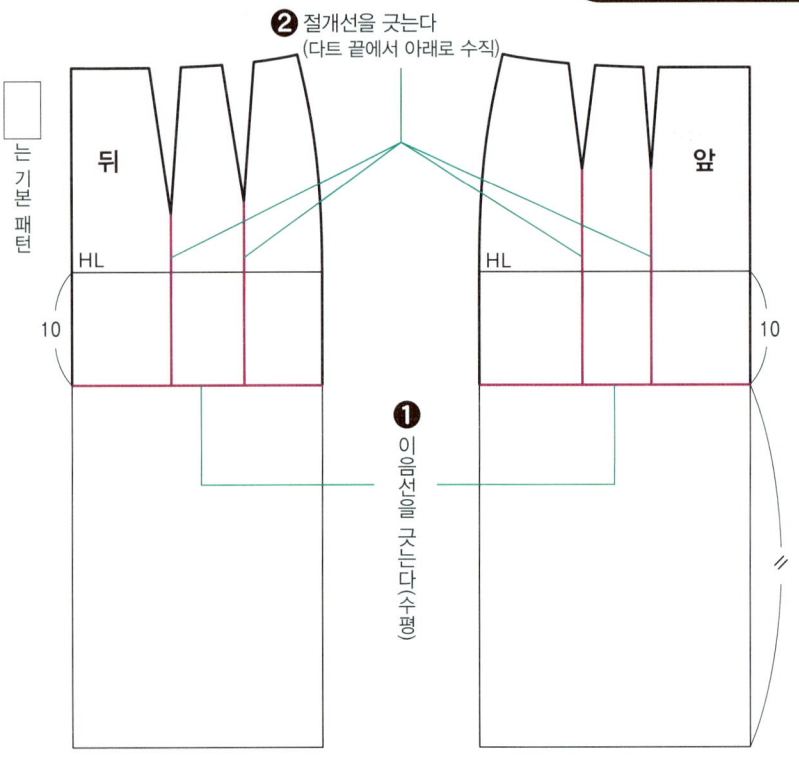

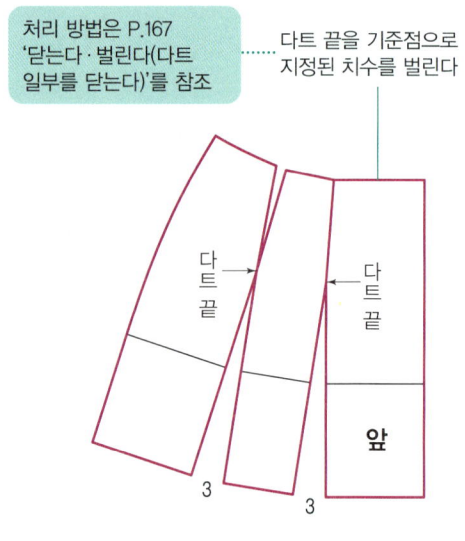

1 윗부분을 제도한다

❷ 절개선을 긋는다
(다트 끝에서 아래로 수직)

❶ 이음선을 긋는다(수평)

2 '닫는다·벌린다'의 처리를 한다

처리 방법은 P.167 '닫는다·벌린다(다트 일부를 닫는다)'를 참조

다트 끝을 기준점으로 지정된 치수를 벌린다

다트 끝

다트 끝

앞

* 지정된 치수를 벌리면 다트 분량이 줄어드는 경우 P.169 '닫는다·벌린다(닫아서 벌어지는 분량 이상으로 벌린다)'를 참조해 처리한다

3 옆 밑단을 추가해 옆선을 그리고, 처리한 곳을 수정한다

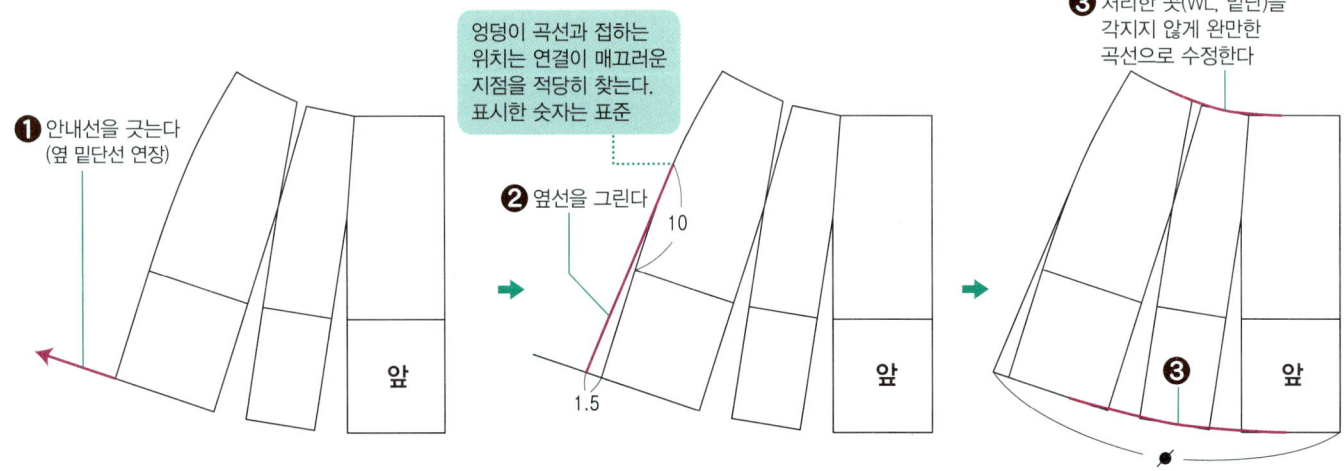

❶ 안내선을 긋는다
(옆 밑단선 연장)

엉덩이 곡선과 접하는 위치는 연결이 매끄러운 지점을 적당히 찾는다. 표시한 숫자는 표준

❷ 옆선을 그린다

❸ 처리한 곳(WL, 밑단)을 각지지 않게 완만한 곡선으로 수정한다

4 다트를 이동하면 윗부분 패턴 완성!

❷ 다트의 중심선을 긋는다

다트 끝 → ← 다트 끝

❶ 안내선을 긋는다
(다트 끝을 연결한다)

＊2개 다트 분량의 합계가 0.7cm 이하인 경우는
 다트를 박지 않고 옆에서 자르거나 여유분 줄임으로 처리한다.
 이 과정은 생략한다

■＋∅

※여기서 ∅는
 거의 0이 된다

■

∅

❸ 2의 처리에서 남은 다트 분량의 합계를
 ❷에서 결정한 위치로 이동하고 다트를 그린다

5 아랫부분의 윤곽과 다트의 중심선을 긋는다

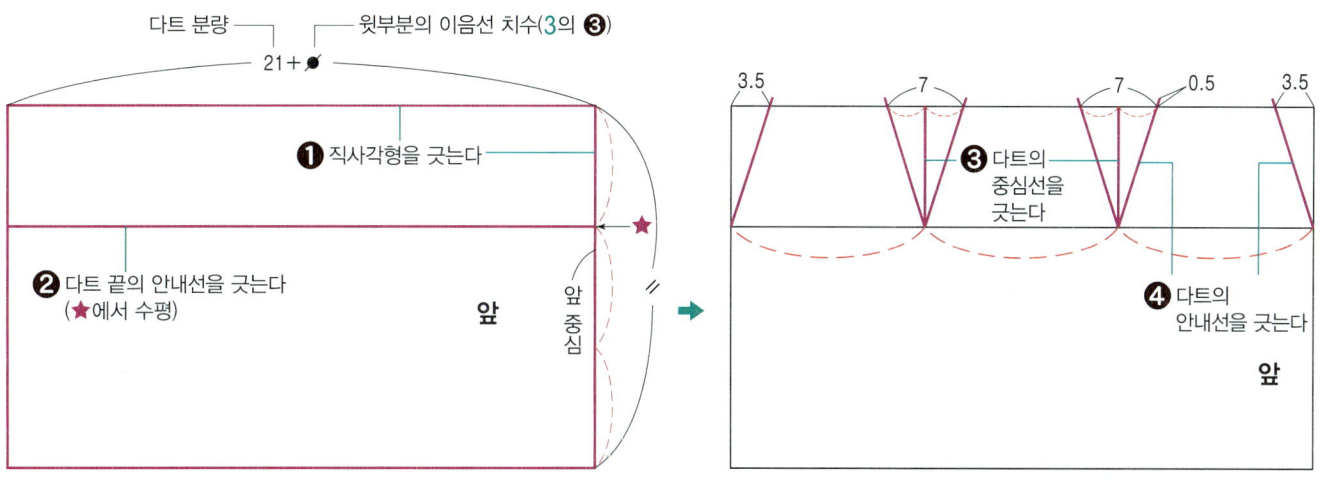

다트 분량 ── 윗부분의 이음선 치수(3의 ❸)

21＋🖉

❶ 직사각형을 긋는다

❷ 다트 끝의 안내선을 긋는다
（★에서 수평)

앞

앞 중심

★

=

3.5   7   7   0.5   3.5

❸ 다트의
 중심선을
 긋는다

❹ 다트의
 안내선을 긋는다

앞

6 다트와 이음선을 그리면 아랫부분 패턴 완성!

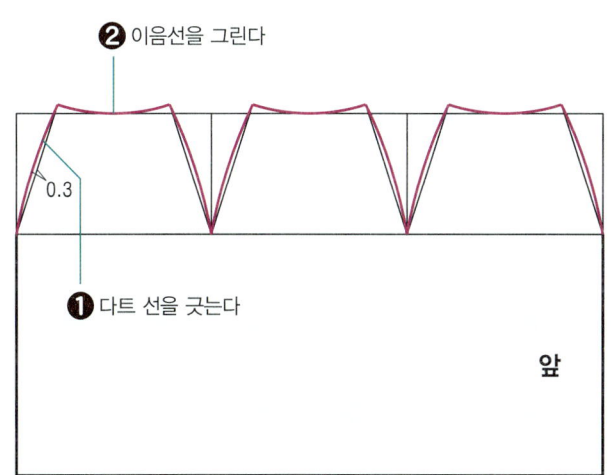

❷ 이음선을 그린다

0.3

❶ 다트 선을 긋는다

앞

Point 이음 위치의 곡선 그리는 법

곡선을 깔끔하게 그리기 위해서는 기준이 되는 선이나 점을 이용하는 것이 요령. 다트의 완성선 모서리에서 직각으로 안내선을 긋고 이음선의 폭을 2등분한 위치를 기준으로 그린다.

❷ 안내선을 긋는다
（❶에 직각)

❶ 다트 선을 긋는다

❸ 이음선을 그린다
（☆을 접점으로 자연스러운 곡선으로)

☆

처리 방법
맞댄다

복수의 패턴을 표시가 있는 위치에서 맞대어 잇는다

제도에서는 맞대는 위치를 2겹의 반원으로 표시한다. 2개의 반원을 결합하면 완전한 원이 되듯이 패턴도 그 위치에서 맞대어 완성한다. 완성형은 '맞댄 그림'으로 표시. 아래 예는 요크 2곳의 다트를 맞대어 합체해 1장의 패턴으로 만든다.

[예]

요크 맞댄 그림

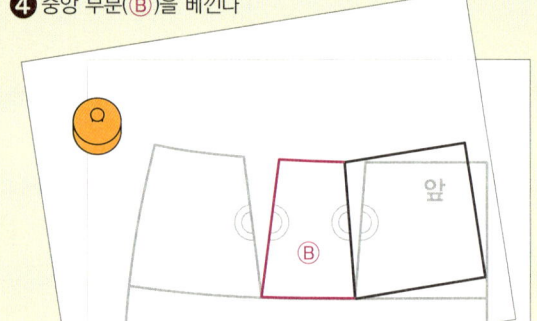

HL
앞

〈처리 방법〉

❶ 제도를 한다

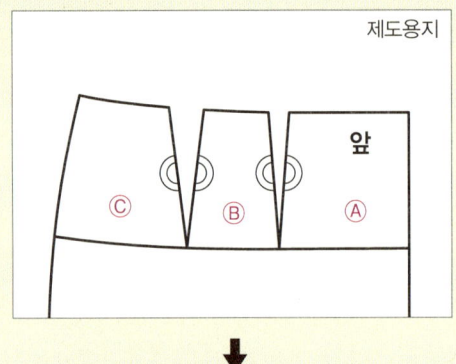

제도용지

앞
ⓒ ⓑ ⓐ

❷ 제도에 다른 제도용지를 겹쳐 중심 쪽(ⓐ)을 베낀다

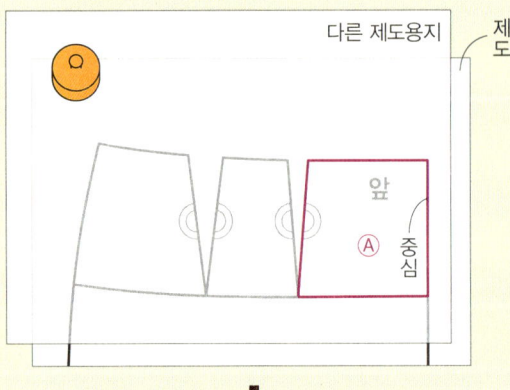

다른 제도용지 / 제도

앞
ⓐ 중심

❸ 중심 쪽의 다트 끝을 연필 등으로 고정하고 겹친 제도용지를 회전해 다트 선을 맞댄다

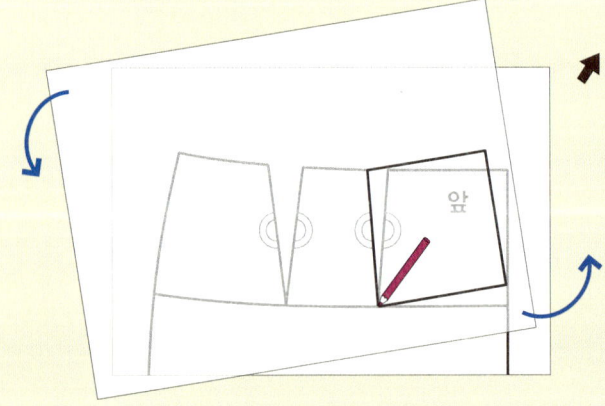

앞

❹ 중앙 부분(ⓑ)을 베낀다

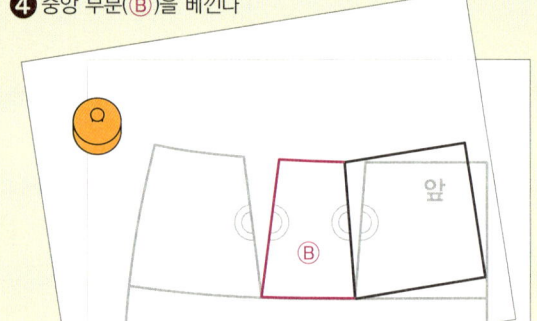

앞
ⓑ

❺ 옆쪽의 다트 끝을 고정하고 ❸❹와 같은 방법으로 처리해 옆쪽(ⓒ)을 베낀다

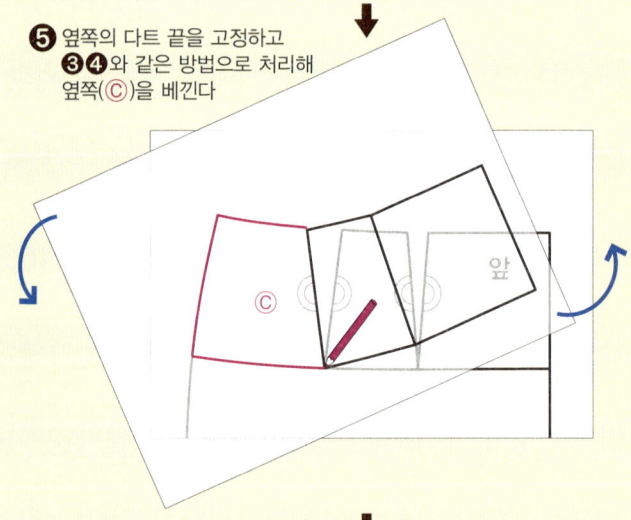

ⓒ 앞

❻ 다트를 맞댄 요크 패턴 완성!

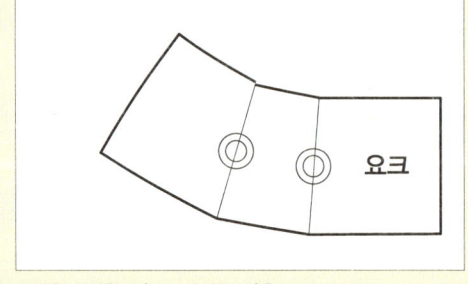

요크

＊이후 처리한 곳(WL, 아래쪽 끝)을 완만한 곡선으로 수정한다(P.174 참조)

처리 방법

닫는다·벌린다(다트 일부를 닫는다)

다트 끝을 기준점으로 밑단을 살짝 벌리고, 그 반동으로 다트를 닫는다

'닫는다'와 '벌린다'는 한 세트다. 한쪽을 닫으면 그 반동으로 다른 쪽이 벌어진다. 완성형은 '절개 그림'으로 표시. 사용하는 제도용지는 처리 후의 모양을 가정해 준비하자. 기본적으로는 '닫는다'의 처리를 하고 그 반동으로 벌리는데, 아래 경우는 반대이다. 밑단을 고정 치수로 벌려서 다트를 조금 닫으면 분량이 줄어서 남는다.

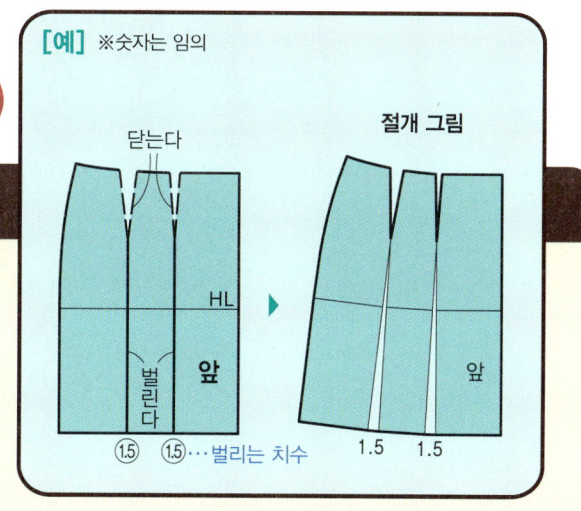

[예] ※숫자는 임의

닫는다
절개 그림

HL
앞
벌린다
앞

①1.5 ①1.5···벌리는 치수
1.5 1.5

〈 처리 방법 〉

❶ 제도를 한다

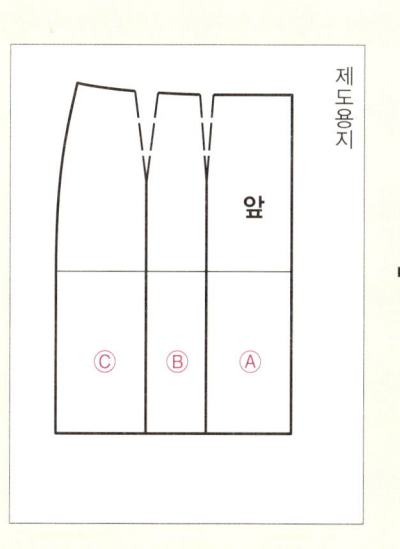

제도용지
앞
ⓒ ⓑ ⓐ

❷ 제도에 다른 제도용지를 겹쳐 중심 쪽(ⓐ)을 베낀다

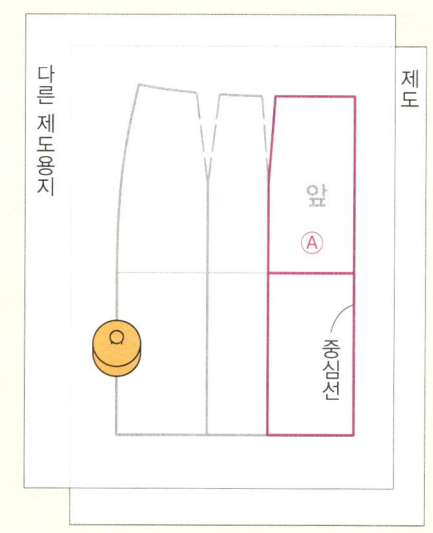

다른 제도용지
제도
앞
ⓐ
중심선

❸ 중심 쪽 다트 끝을 연필 등으로 고정하고 겹친 제도용지를 회전해 지정된 치수를 벌린다

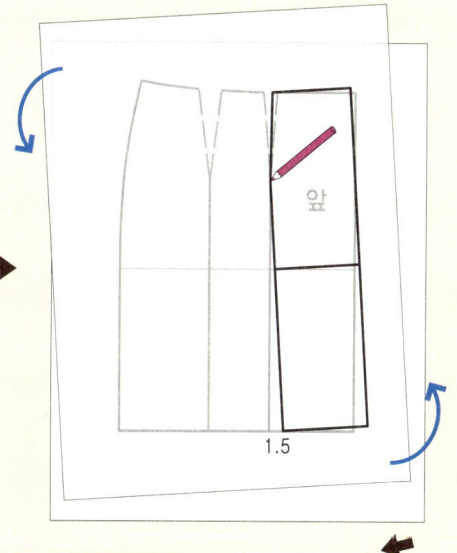

앞
1.5

❹ 중앙 부분(ⓑ)을 베낀다

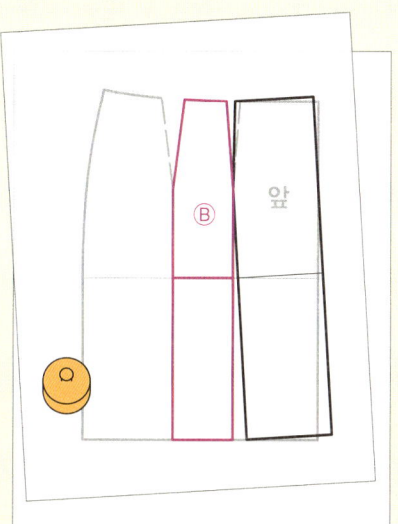

ⓑ 앞

❺ 옆쪽의 다트 끝을 고정하고 ❸❹와 같은 방법으로 처리해 옆쪽(ⓒ)을 베낀다

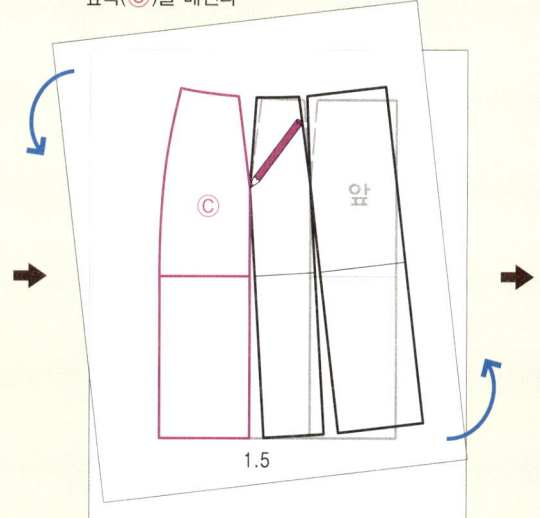

ⓒ 앞
1.5

❻ 다트를 닫아(분량이 줄어서 남는다) 밑단을 벌린 앞 패턴 완성!

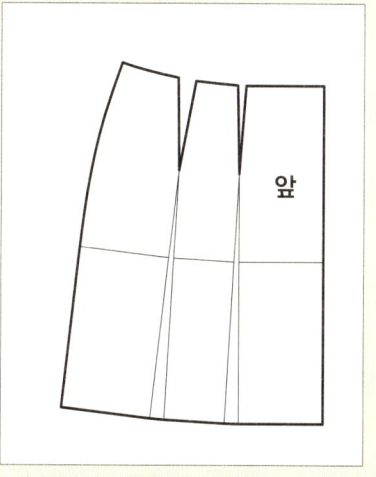

앞

＊ 디자인에 따라 옆 밑단을 추가하고, 그다음 처리한 곳(밑단)을 완만한 곡선으로 수정한다(P.174 참조)

처리 방법
닫는다 · 벌린다(다트를 모두 닫는다)

다트를 모두 닫아 그 반동으로 벌린다

'닫는다'와 '벌린다'는 한 세트다. 한쪽을 닫으면 그 반동으로 다른 쪽이 벌어진다. 완성형은 '절개 그림'으로 표시. 사용하는 제도용지는 처리 후의 모양을 가정해 준비하자. 여기서는 2곳의 허리 다트 전체 분량을 닫아 밑단을 벌린다. 닫아서 벌어지는 분량을 벌리기 때문에 이 치수는 일정하지 않고 사이즈나 엉덩이 길이에 따라 달라진다.

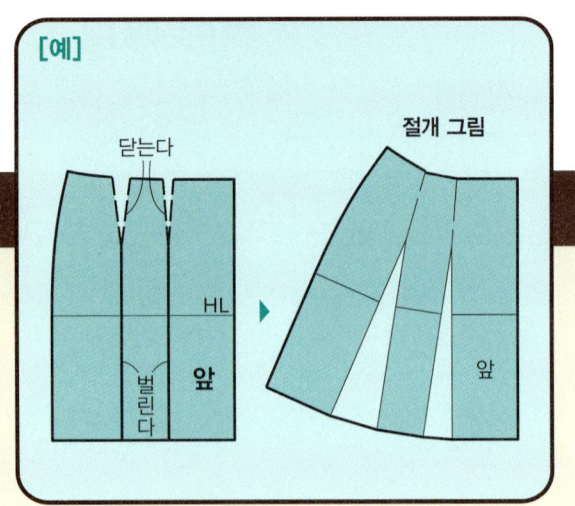

[예]
닫는다
절개 그림
HL
앞
벌린다
앞

〈 처리 방법 〉

❶ 제도를 한다

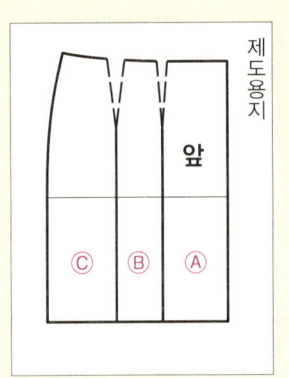

제도용지
앞
ⓒ ⓑ Ⓐ

❷ 제도에 다른 제도용지를 겹쳐 중심 쪽(Ⓐ)을 베낀다

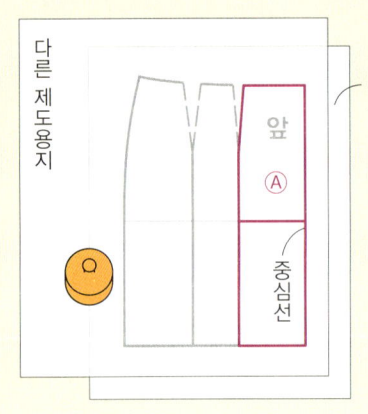

다른 제도용지
제도
앞
Ⓐ
중심선

❸ 중심 쪽의 다트 끝을 연필 등으로 고정하고 겹친 제도용지를 회전해 Ⓐ의 다트 선을 ⓑ의 다트 선에 겹친다 (이 반동으로 밑단이 적당히 벌어진다)

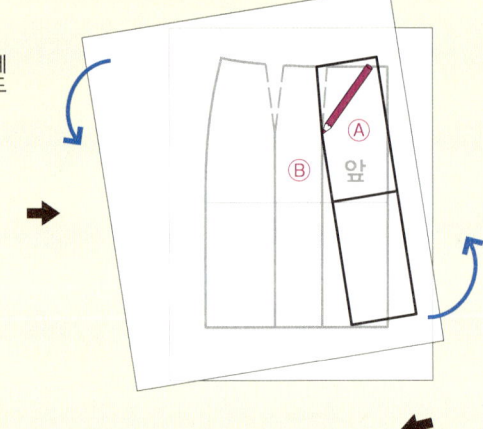

ⓑ 앞 Ⓐ

❹ 중앙 부분(ⓑ)을 베낀다

앞
ⓑ

❺ 옆쪽의 다트 끝을 고정하고 ❸❹와 같은 방법으로 처리해 옆쪽(ⓒ)을 베낀다

앞
ⓒ

❻ 다트를 모두 닫아 밑단을 벌린 앞 패턴 완성!

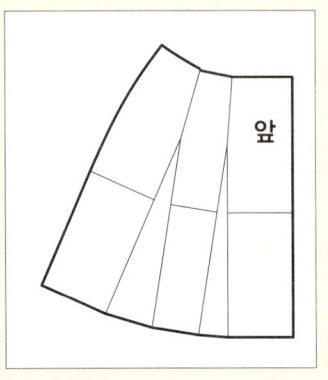

앞

＊디자인에 따라 옆 밑단을 추가하고, 그다음 처리한 곳(WL, 밑단)을 수정한다(P.174 참조).

처리 방법
닫는다 · 벌린다

닫는다 · 벌린다 (닫아서 벌어지는 분량 이상으로 벌린다)

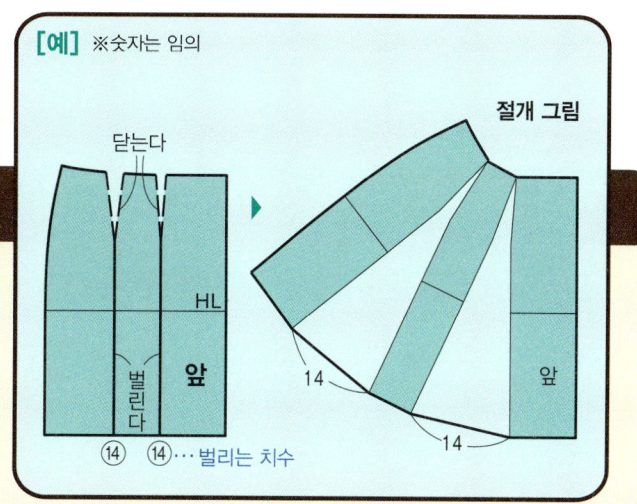

[예] ※숫자는 임의

닫는다

절개 그림

HL

앞

벌린다

⑭   ⑭…벌리는 치수

14

14

앞

다트를 모두 닫아 벌리고, 기준점을 바꿔서 부족분을 다시 벌린다

'닫는다'와 '벌린다'는 한 세트다. 한쪽을 닫으면 그 반동으로 다른 쪽이 벌어진다. 완성형은 '절개 그림'으로 표시. 사용하는 제도용지는 처리 후의 모양을 가정해 준비하자. 아래 예는 다트 전체 분량을 닫아 벌어지는 치수보다 더 많이 벌리고 싶은 경우의 방법이다. '닫는다·벌린다(다트를 모두 닫는다)'의 처리 후 기준점을 WL로 이동하고 결과가 지정된 치수가 되도록 다시 벌린다.

〈처리 방법〉

❶ 제도를 한다

❷ 제도에 다른 제도용지를 겹쳐 중심 쪽(Ⓐ)을 베낀다

❸ 중심 쪽의 다트 끝을 연필 등으로 고정하고 겹친 제도용지를 회전해 다트를 모두 닫고 밑단에서 벌어지는 치수(★)를 확인한다

❹ ★ 치수가 부족한 경우는 고정하는 점을 허리 위치로 바꾸고, 겹친 제도용지를 회전해 지정된 치수가 될 때까지 벌린다

제도용지

앞

Ⓒ Ⓑ Ⓐ

다른 제도용지

앞

Ⓐ

중심선

제도

앞

★

14

* ★이 희망 치수가 된 경우 ❹를 생략한다

앞

❺ 중앙 부분(Ⓑ)을 베낀다

❻ ❸❹❺와 같은 방법으로 처리해 지정된 치수로 벌리고 옆쪽(Ⓒ)을 베낀다

❼ 다트 전체 분량을 닫고 다시 밑단을 벌린 앞 패턴 완성!

앞

Ⓑ

앞

Ⓒ

14

앞

* 디자인에 따라 옆 밑단을 추가하고, 그다음 처리한 곳(WL, 밑단)을 수정한다(P.174 참조)

처리 방법
기준점을 잡고 잘라서 벌린다

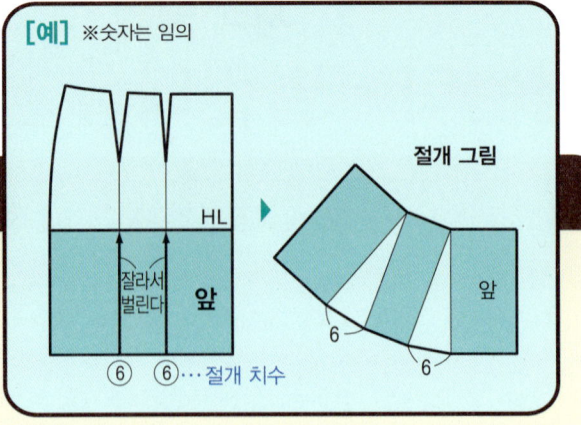

[예] ※숫자는 임의

절개 그림

HL

잘라서 벌린다

앞

앞

6

6

⑥ ⑥···절개 치수

절개선의 한쪽에만 절개 분량을 추가한다

'잘라서 벌린다'는 실제로 제도용지를 자르는 것이 아니고 잘라서 벌리듯이 제도를 베끼면서 분량을 추가하는 처리. 절개선의 한쪽을 고정하고 이곳을 기준점으로 다른 한쪽만 벌려 분량을 추가하는 방법이다. 제도에서는 기준점의 위치를 화살표로 표시하고 있다. 완성형은 '절개 그림'으로 표시. 사용하는 제도용지는 처리 후의 모양을 가정해 준비하자. 아래 예는 HL의 2곳을 기준점으로 밑단을 벌린다.

〈 처리 방법 〉

❶ 제도를 한다

❷ 제도에 다른 제도용지를 겹쳐 중심 쪽(Ⓐ)을 베낀다

❸ HL의 포인트를 연필 등으로 고정하고 겹친 제도용지를 회전해 지정된 치수를 벌린다

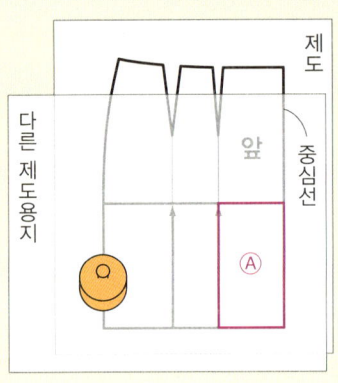

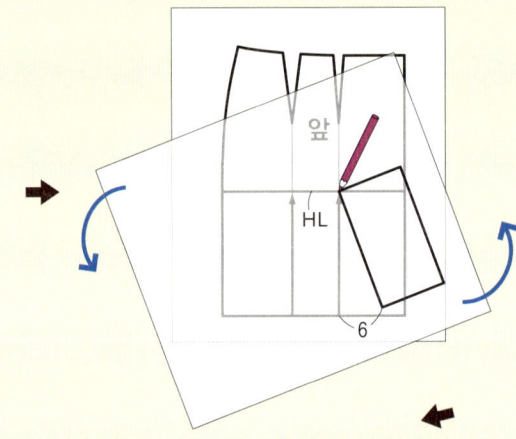

❹ 중앙 부분(Ⓑ)을 베낀다

❺❸❹와 같은 방법으로 처리해 옆쪽(Ⓒ)을 베낀다

❻ 기준점을 잡고 밑단 쪽만 잘라서 벌린 앞 패턴 완성!

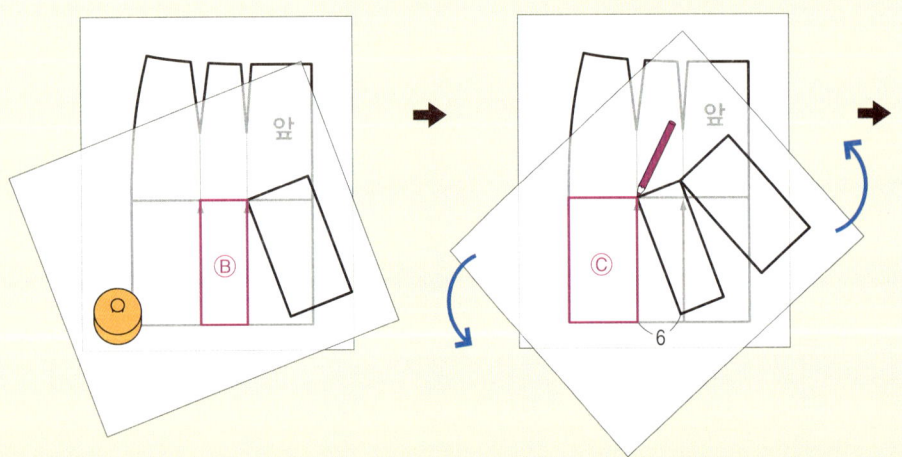

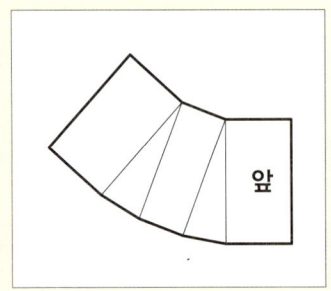

＊디자인에 따라 옆 밑단을 추가하고, 그다음 처리한 곳(달림선, 밑단)을 수정한다(P.174 참조)

처리 방법
평행으로 잘라서 벌린다

절개선에 직각으로 절개 분량을 추가한다

'잘라서 벌린다'는 실제로 제도용지를 자르는 것이 아니고, 잘라서 벌리듯이 제도를 베끼면서 분량을 추가하는 처리다. 가장 심플한 방법. 절개선에 직각으로 2곳에서 지정된 치수를 벌린다. 완성형은 '절개 그림'으로 표시. 사용하는 제도용지는 처리 후의 모양을 가정해 준비하자. 아래 예는 앞 중심 쪽 다트 끝을 수직으로 내린 위치를 벌려 치수를 추가한다.

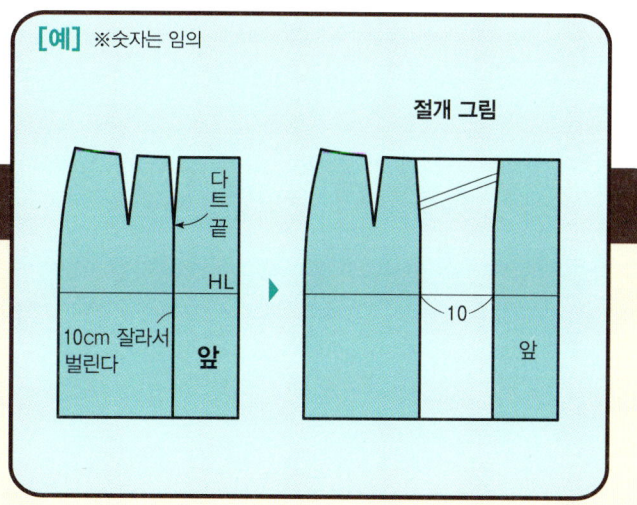

[예] ※숫자는 임의

절개 그림

다트 끝 / HL / 10cm 잘라서 벌린다 / 앞 / 10 / 앞

〈처리 방법〉

❶ 제도를 한다

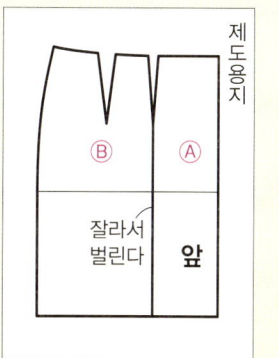

제도용지 / ⑧ / ④ / 잘라서 벌린다 / 앞

❷ 제도에 다른 제도용지를 겹쳐 중심 쪽(④)을 베낀다

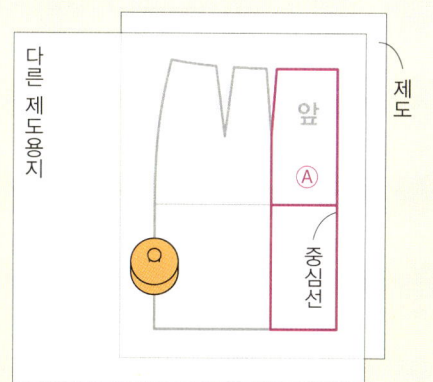

다른 제도용지 / 앞 / ④ / 제도 / 중심선

❸ 절개선에서 직각으로 다트 끝과 밑단에 지정된 치수를 추가한다

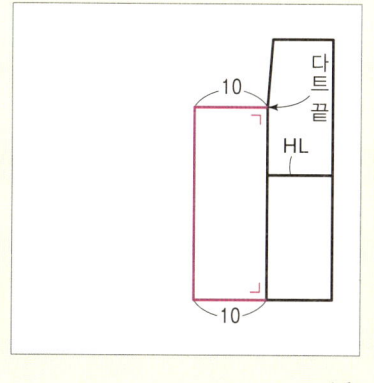

10 / 다트 끝 / HL / 10

❹ 절개 분량을 추가한 위치에 절개선을 겹친다

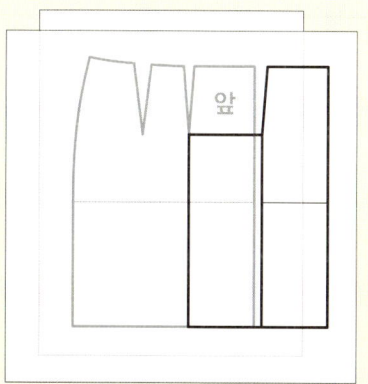

앞

❺ 옆쪽(⑧)을 베낀다

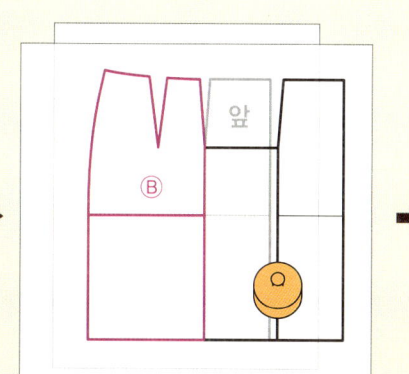

앞 / ⑧

❻ WL과 HL을 연결하고 평행으로 잘라서 벌린 앞 패턴 완성!

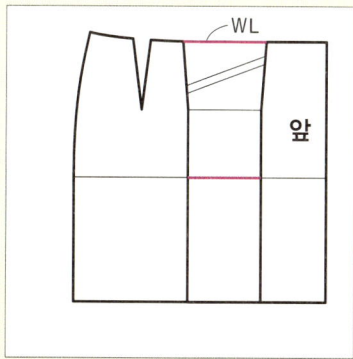

WL / 앞

처리 방법
위아래에서 다른 치수를 잘라서 벌린다

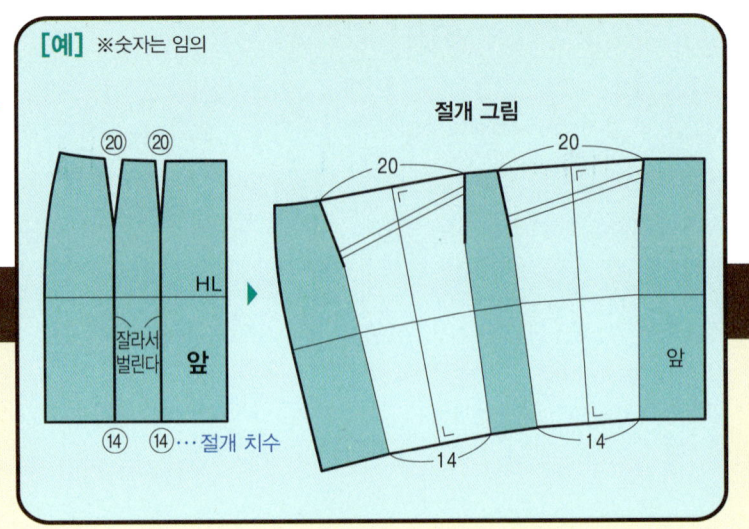

[예] ※숫자는 임의

절개 그림

절개 치수의 안내선을 별도로 준비해서 처리한다

'잘라서 벌린다'는 실제로 제도용지를 자르는 것이 아니고, 잘라서 벌리듯이 제도를 베끼면서 분량을 추가하는 처리. 절개 치수가 다른 고도의 테크닉. 절개 치수의 안내선이 별도로 필요하다. 완성형은 '절개 그림'으로 표시. 사용하는 제도용지는 처리 후의 모양을 가정해 준비하자. 아래 예는 2곳을 벌려 치수를 추가한다.

〈처리 방법〉

❶ 제도를 한다

❷ 절개 치수의 안내선을 긋는다 (모두 수평·수직)

❸ 제도에 다른 제도용지를 겹쳐 중심 쪽(Ⓐ)을 베낀다

❹ ❷의 밑단 안내선과 ❸에서 베낀 Ⓐ의 밑단 끝을 겹치고 연필 등으로 고정. ★과 안내선이 만나는 위치까지 겹친 제도용지를 회전한다

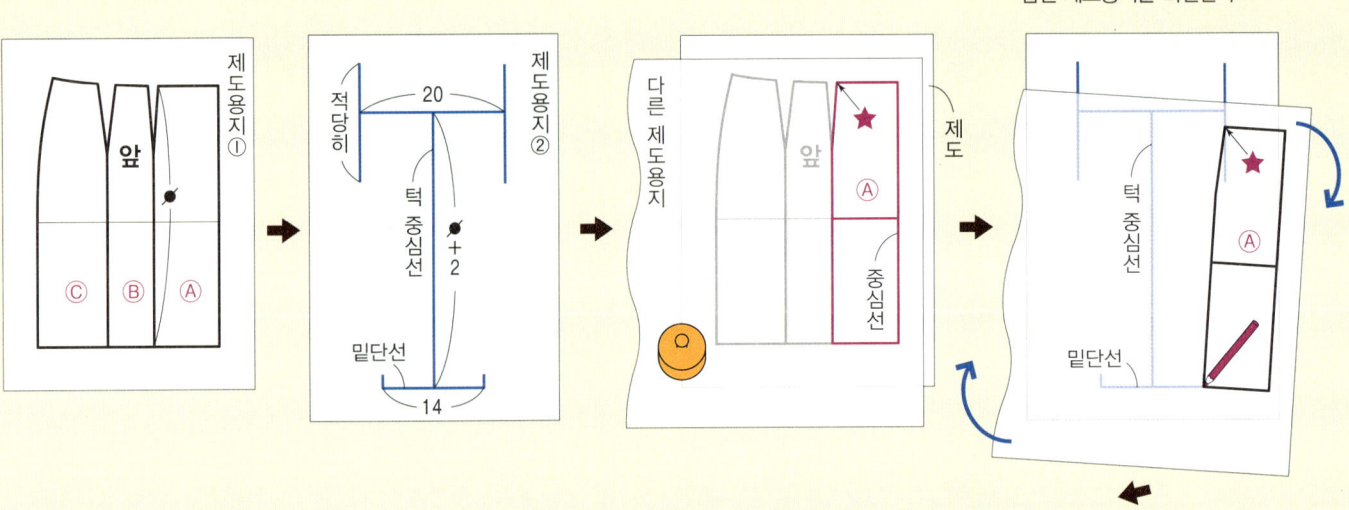

❺ 안내선(핑크 부분)을 베낀다

❻ 베낀 안내선의 밑단 끝과 Ⓑ의 중심 쪽 밑단 위치를 겹치고 연필 등으로 고정. 안내선과 다트의 모서리가 만나는 위치까지 겹친 제도용지를 회전한다

❼ 중앙 부분(Ⓑ)을 베낀다

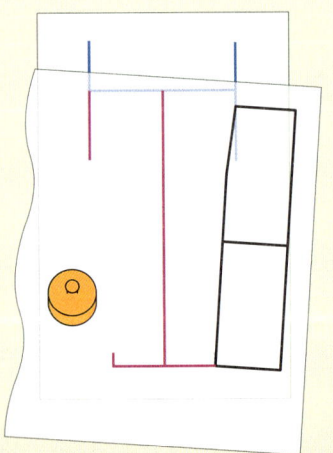

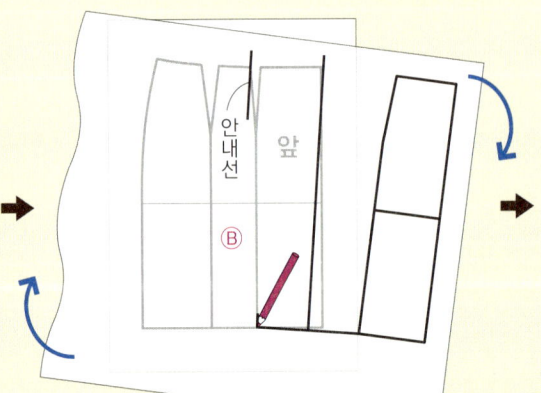

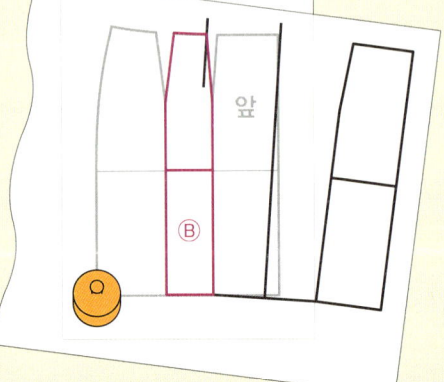

❽❹와 같은 방법으로 처리한다

Ⓑ Ⓐ

❾ 안내선(핑크 부분)을 베낀다

❿❻❼과 같은 방법으로 처리해 옆쪽(Ⓒ)을 베낀다

앞

Ⓒ

⓫ 필요한 선을 연결하고 위아래에서 다른 치수를
잘라서 벌린 앞 패턴 완성!

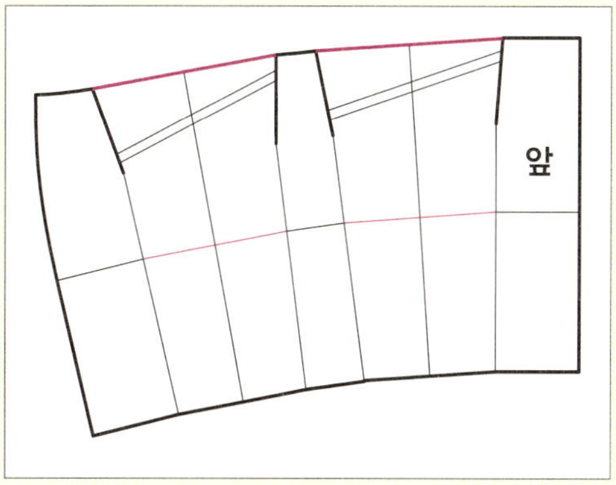

앞

＊이후 처리한 곳(밑단)을 완만한 곡선으로 수정한다

〈절개가 1곳인 경우의 처리 방법〉

❶ 제도를 하고 다른 제도용지에 P.172 ❷의 요령으로
안내선을 긋는다

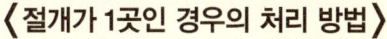

＊안내선을 그은 종이는
처리 후의 모양을 가정해
준비한다

❷ 제도와 안내선을 그은 제도용지의
밑단 위치를 겹치고 연필 등으로 고정.
안내선과 ★이 만나는 위치까지 겹친
제도용지를 회전해 앞 중심 쪽을 베낀다

❸ ❷와 같은 방법으로 처리해 옆쪽을 베낀다

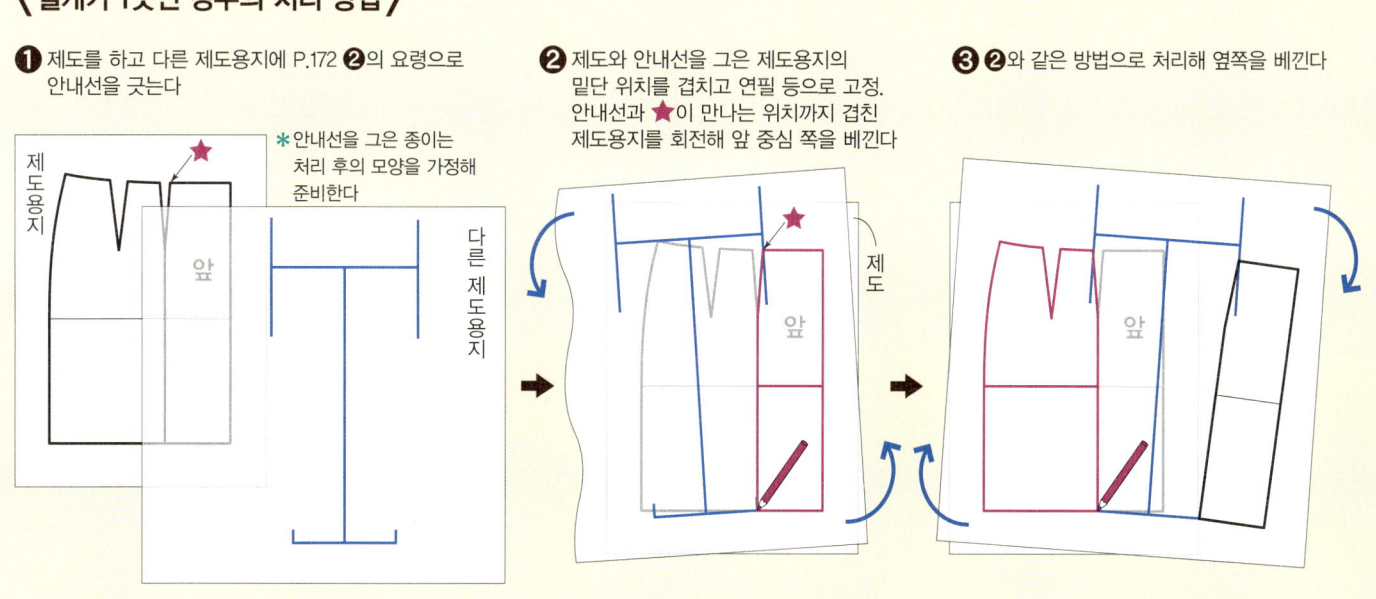

제도용지

앞

다른 제도용지

제도

앞

앞

173

처리 방법 처리 위치와 옆 밑단의 수정

처리나 치수의 추가로 생기는 모서리와 매끄럽지 않은 선을 완만하게 수정한다

'맞댄다', '닫는다 · 벌린다', '잘라서 벌린다' 등의 처리나 밑단을 넓히기 위한 옆 밑단의 추가로 모서리나 단 차이가 생기기 때문에 선을 매끄럽게 연결하는 수정 작업이 필요하다. 처리 위치가 턱이나 플리트 디자인의 경우는 패턴 체크(P.176)로 수정한다.

다트를 '맞댄다'나 '닫는다'로 처리한 패턴의 위아래

허리선에는 단 차이가, 아래쪽 끝에는 모서리가 생긴다. 이것을 완만한 곡선으로 수정한다

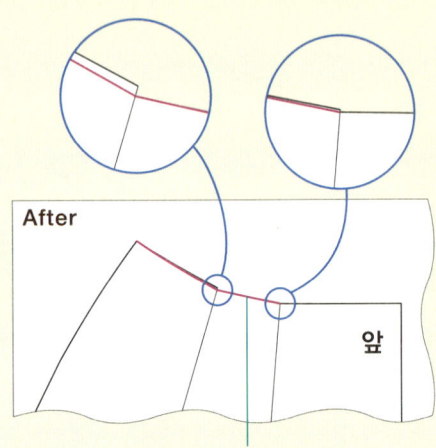

플레어 라인에서 모서리 그대로 하는 경우(P.101)는 단 차이를 없애고 선을 연결한다

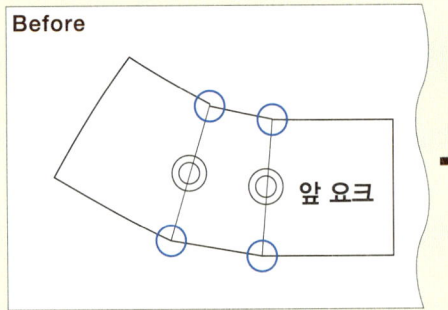

Before

앞 요크

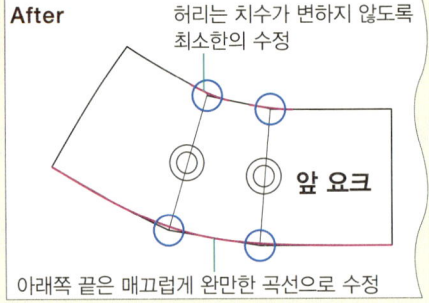

After

허리는 치수가 변하지 않도록 최소한의 수정

앞 요크

아래쪽 끝은 매끄럽게 완만한 곡선으로 수정

After

앞

'잘라서 벌린다'로 처리한 패턴의 위아래

처리한 패턴의 위아래 끝에는 모서리가 생긴다. 이것을 완만한 곡선으로 수정한다

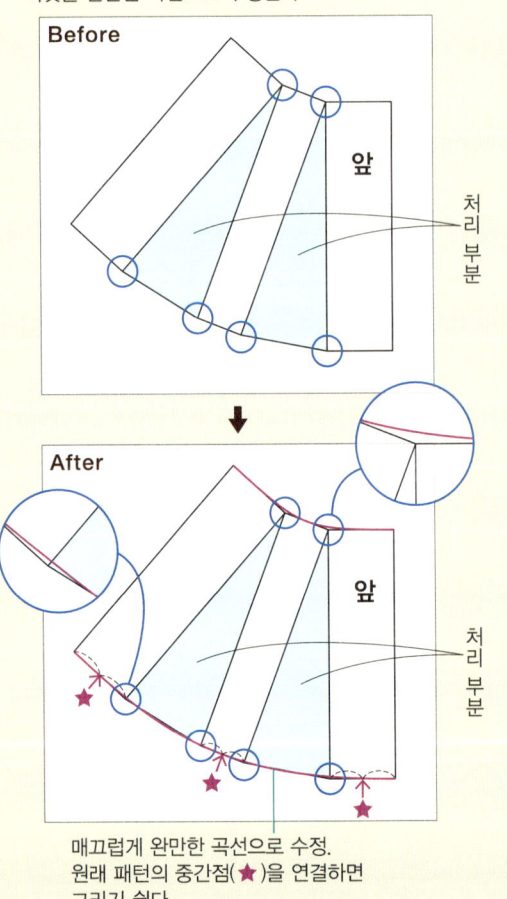

Before

앞

처리 부분

After

앞

처리 부분

매끄럽게 완만한 곡선으로 수정. 원래 패턴의 중간점(★)을 연결하면 그리기 쉽다

옆 밑단을 추가한 모서리

밑단선을 연장해 추가하면 옆선이 길어지고 앞뒤 연결이 매끄럽지 못하다. 이것을 원래 옆 치수와 같은 치수의 위치에서 직각이 되도록 수정한다. 추가 치수가 적은 경우(4cm 이하)는 미세한 조정을 위해 패턴 체크(P.177) 수정만으로 OK

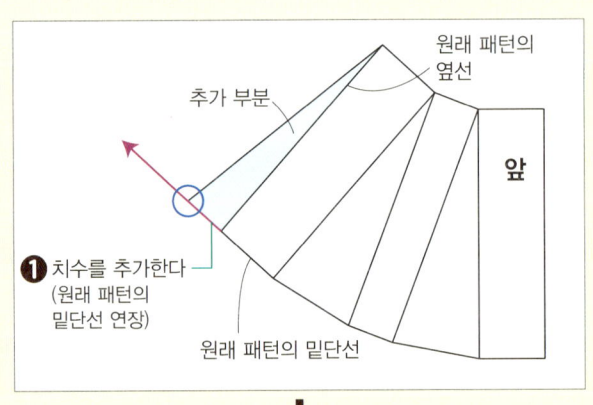

원래 패턴의 옆선

추가 부분

앞

❶ 치수를 추가한다 (원래 패턴의 밑단선 연장)

원래 패턴의 밑단선

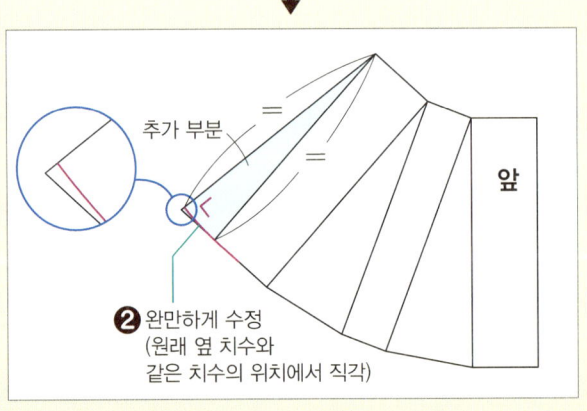

추가 부분

앞

❷ 완만하게 수정 (원래 옆 치수와 같은 치수의 위치에서 직각)

패턴 마무리 방법 맞춤 표시 하기

같이 박을 때 패턴과 천에 표시를 한다

맞춤 표시는 2장의 천을 같이 박을 때 박는 위치가 어긋나지 않도록 양쪽의 중요한 위치에 표시하는 것이다.
맞춤 표시는 위치에 따라 표시하는 타이밍이 다르기 때문에 아래 표를 참조해서 잊지 말고 표시하자.
패턴에 있는 맞춤 표시는 재단 후 천에 표시한다.

맞춤 표시를 하는 위치		
각 파트로 분리할 때	패턴 체크 시	패턴 체크 후
앞뒤 중심, HL, 다트, 트임 끝, 박음질 끝, 개더 끝, 모서리	턱 위치, 플리트 위치, 이음선 위치, 벨트의 앞뒤 중심	긴 봉합의 중간점

Point 맞춤 표시가 필요한 이음선 위치란?

이음선과 맞추는 위치이다. 같이 박는 한쪽에는 이음선이 있지만 다른 쪽 같은 위치에 기준이 없는 경우 맞춤 표시가 필요하다.

〈예〉
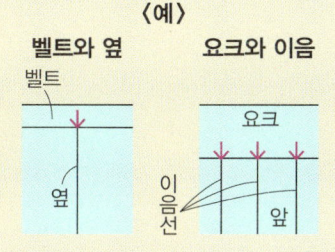
벨트와 옆 / 요크와 이음

Point 맞춤 표시는 완성선과 직각

완성선에 직각으로 그려 넣는 것이 원칙. 모서리는 같은 각이 되게 한다. 완성선보다 바깥쪽으로 내는 치수는 시접 폭보다 조금 길게.

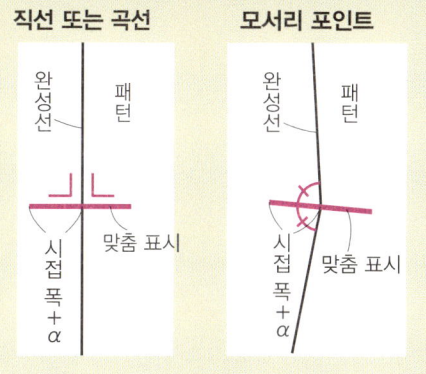

직선 또는 곡선 / 모서리 포인트

앞뒤 중심, HL, 다트, 트임 끝, 박음질 끝, 긴 봉합의 중간점, 이음선 위치

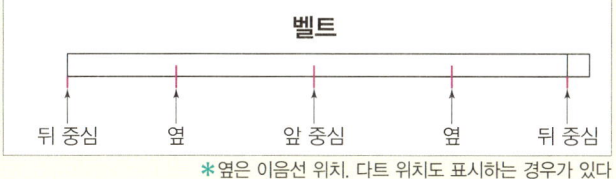

뒤 중심 / 옆 / 앞 중심 / 옆 / 뒤 중심

＊옆은 이음선 위치. 다트 위치도 표시하는 경우가 있다

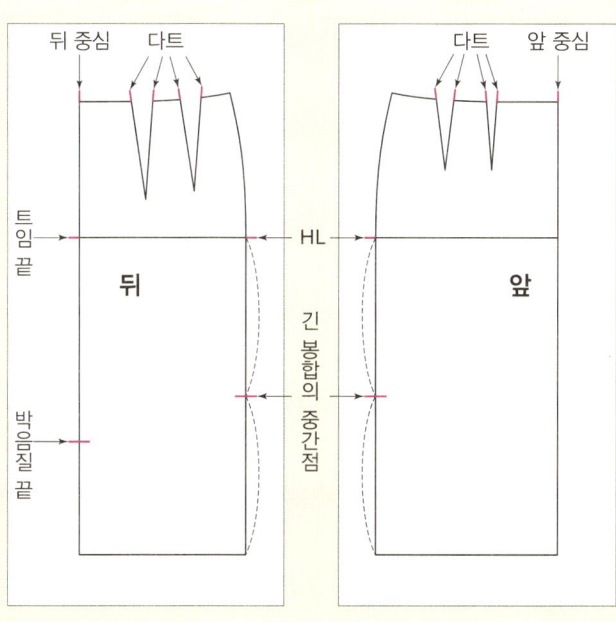

모서리

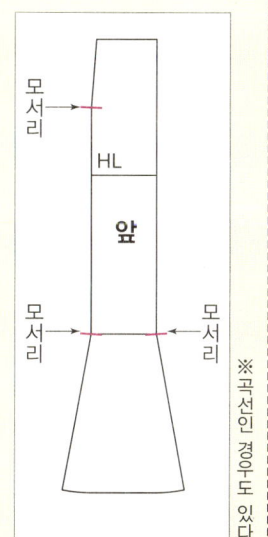

※곡선인 경우도 있다

Point 벨트나 요크는 좌우가 이어진 패턴으로 한다

좁고 긴 파트는 천을 정확하게 재단하기 위해 좌우가 이어진 패턴으로 한다. 종이에 여백이 필요하므로 부족한 경우는 붙여서 사용한다. 좁고 긴 안단 등도 같은 방법.

플리트 위치

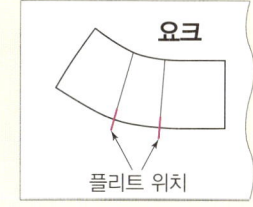

요크 / 플리트 위치

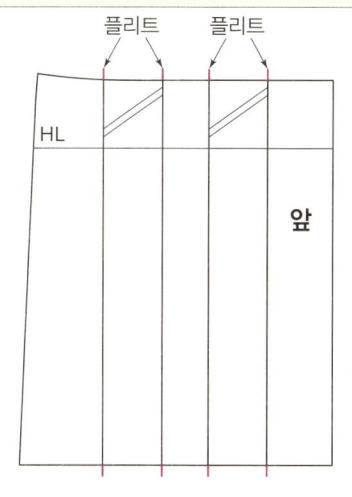

패턴 마무리 방법 패턴 체크

같이 박을 부분을 맞추고 선의 길이와 연결을 확인, 수정한다

정확하게 박아서 깔끔하게 완성하기 위해 꼭 필요한 것이 패턴 체크.

패턴을 파트별로 다른 종이에 베껴서 여분을 많이 두고 자른다. 같이 박는 선끼리 겹쳐 각 포인트를 확인한다.

길이가 다르거나 선이 매끄럽지 않은 경우만 완만한 곡선(일부 직선인 경우도)으로 수정한다.

패턴이 정확해도 베끼거나 처리하는 과정에서 어긋날 수 있으므로 패턴 체크는 필수다.

동시에 이 단계에서 해야 하는 맞춤 표시도 그려 넣는다.

패턴 체크의 순서   ①허리선 ➡ ②가로 이음선 ➡ ③밑단 ➡ ④벨트

허리선
(다트가 있는 경우)

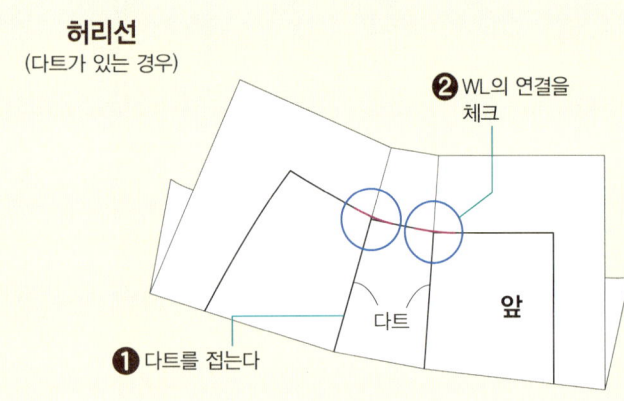

❷WL의 연결을 체크

❶ 다트를 접는다

다트

앞

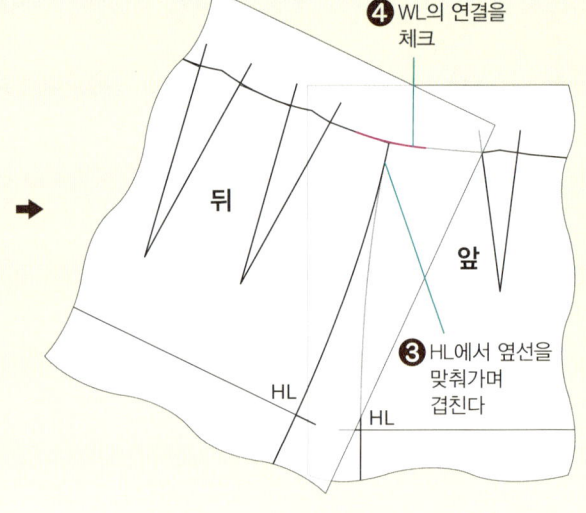

❹WL의 연결을 체크

뒤

앞

❸HL에서 옆선을 맞춰가며 겹친다

HL

HL

Point 허리선 체크 시 치수 확인

허리선의 연결을 체크해 수정한 다음 허리 치수가 맞는지 확인한다. 오차가 있는 경우는 앞뒤 중심에서 증감한다. 잘 휘어지는 자로 곡선을 따라 세우듯이 잰다. 사진은 30cm 모눈자.

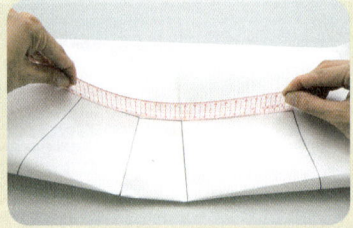

Point 다트 안쪽의 완성선

완성 시 허리 시접이 부족하지 않도록 다트 안쪽 선을 그려놓는다. 여기서는 간단히 룰렛을 사용하는 방법을 소개. 허리선을 확인, 수정한 후 패턴의 다트를 접은 상태에서 진행한다.

❶ 수정선을 룰렛으로 덧그린다

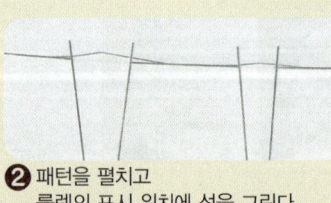

❷ 패턴을 펼치고 룰렛의 표시 위치에 선을 그린다

허리선
(세로 이음선이 있는 경우)

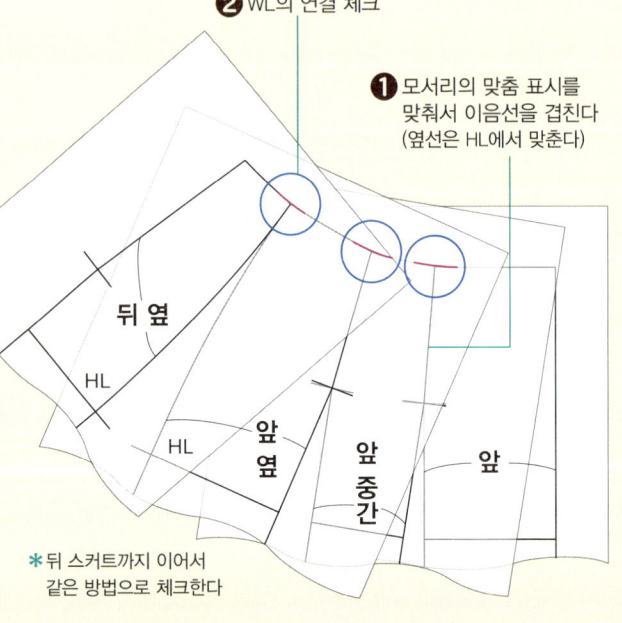

❷WL의 연결 체크

❶ 모서리의 맞춤 표시를 맞춰서 이음선을 겹친다 (옆선은 HL에서 맞춘다)

뒤 옆

HL

HL

앞 옆

앞 중간

앞

＊뒤 스커트까지 이어서 같은 방법으로 체크한다

요크 이음선

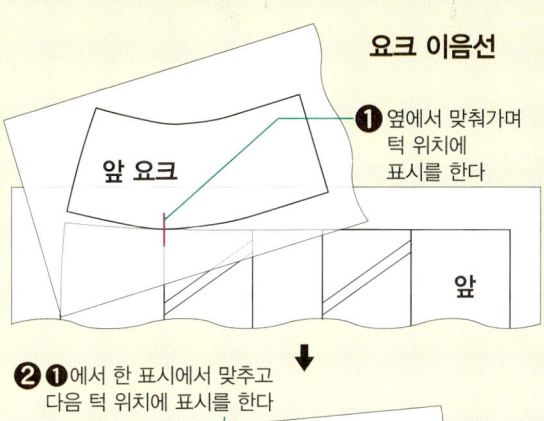

❶ 옆에서 맞춰가며 턱 위치에 표시를 한다

앞 요크

앞

❷ ❶에서 한 표시에서 맞추고 다음 턱 위치에 표시를 한다

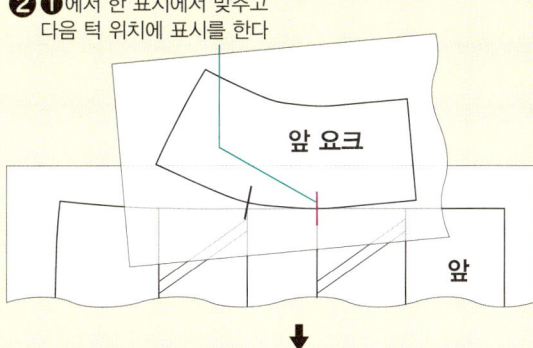

앞 요크

앞

❸ ❷에서 한 표시에서 맞추고 앞 중심을 겹친다

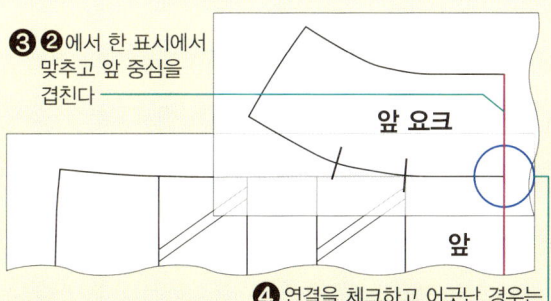

앞 요크

앞

❹ 연결을 체크하고 어긋난 경우는 많은 쪽에 맞춰서 앞 중심선을 직선으로 수정

Point 이음선 맞추는 법

샤프펜슬 등 끝이 뾰족한 것으로 이음선끼리 맞추고 핀 포인트에서 누르면서 위에 놓인 패턴을 조금씩 회전해간다. 곡선이 가파른 곳은 누르는 간격을 좁게 잡으면 치수를 정확히 맞출 수 있다. 이것이 힘든 경우 각각의 선을 재서 확인하는 방법도 OK. 옆에서 맞춰가면 최종적으로 수정하는 곳이 앞뒤 중심이 된다. 평행으로 자르거나 추가할 수 있어 수정이 간단하고 확실.

밑단(옆선이 수직인 경우)

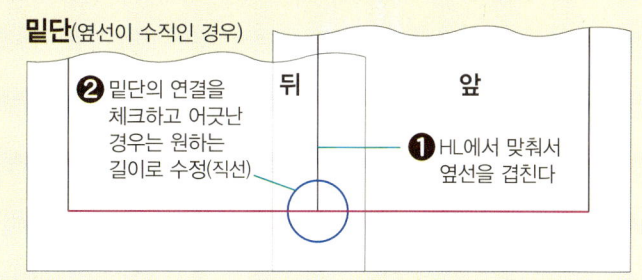

❷ 밑단의 연결을 체크하고 어긋난 경우는 원하는 길이로 수정(직선)

뒤   앞

❶ HL에서 맞춰서 옆선을 겹친다

밑단(옆선이 밑단으로 오므라드는 경우)

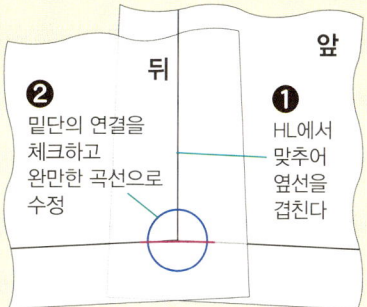

뒤   앞

❷ 밑단의 연결을 체크하고 완만한 곡선으로 수정

❶ HL에서 맞추어 옆선을 겹친다

밑단(옆선이 밑단으로 퍼지는 경우)

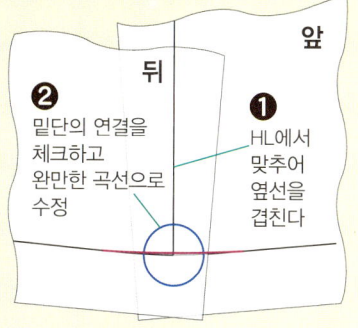

뒤   앞

❷ 밑단의 연결을 체크하고 완만한 곡선으로 수정

❶ HL에서 맞추어 옆선을 겹친다

밑단(세로 이음선이 있는 경우)

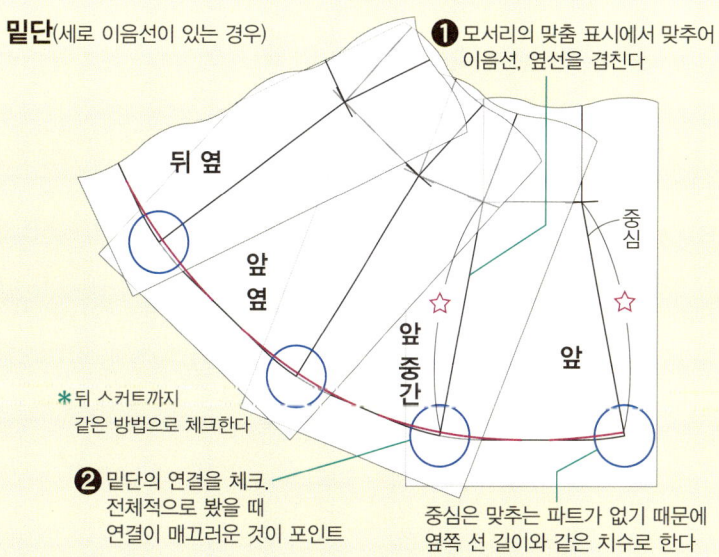

❶ 모서리의 맞춤 표시에서 맞추어 이음선, 옆선을 겹친다

뒤 옆

앞 옆

앞 중간

앞

중심

☆   ☆

＊ 뒤 스커트까지 같은 방법으로 체크한다

❷ 밑단의 연결을 체크. 전체적으로 봤을 때 연결이 매끄러운 것이 포인트

중심은 맞추는 파트가 없기 때문에 옆쪽 선 길이와 같은 치수로 한다

벨트
(뒤트임의 경우)

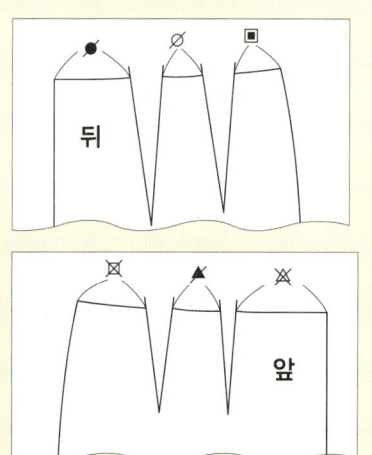

뒤

앞

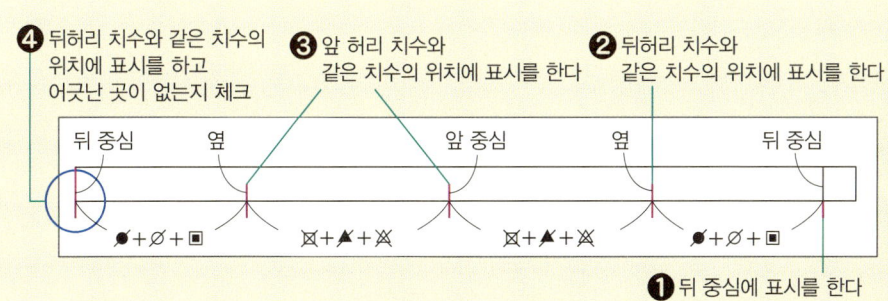

❹ 뒤허리 치수와 같은 치수의 위치에 표시를 하고 어긋난 곳이 없는지 체크

❸ 앞 허리 치수와 같은 치수의 위치에 표시를 한다

❷ 뒤허리 치수와 같은 치수의 위치에 표시를 한다

뒤 중심   옆   앞 중심   옆   뒤 중심

●+∅+▣   ⊠+▲+⊠   ⊠+▲+⊠   ●+∅+▣

❶ 뒤 중심에 표시를 한다

177

SHIJO·PATTERN JUKU Vol.2 SKIRT HEN
Supervised by Harumi MARUYAMA
Edited by BUNKA PUBLISHING BUREAU
Copyright ⓒ 2016 by EDUCATIONAL FOUNDATION BUNKA GAKUEN BUNKA PUBLISHING BUREAU
First published in Japan in 2016 by EDUCATIONAL FOUNDATION BUNKA GAKUEN BUNKA PUBLISHING BUREAU, Tokyo
Korean translation rights arranged with EDUCATIONAL FOUNDATION BUNKA GAKUEN BUNKA PUBLISHING BUREAU
through Japan Foreign-Rights Centre/ Shinwon Agency Co.

이 책의 한국어판 저작권은 신원에이전시를 통한
EDUCATIONAL FOUNDATION BUNKA GAKUEN BUNKA PUBLISHING BUREAU와의 독점 계약으로 도서출판 이아소에 있습니다
저작권법에 의해 한국 내에서 보호받는 저작물이므로 무단 전재와 무단 복제를 금합니다.

감수 Harumi Maruyama(BUNKA FASHION COLLEGE)
일본어판 발행인 Sunao Onuma
편집인 Mikinori Kojima(BUNKA PUBLISHING BUREAU)
북 디자인 kobitokaba book
촬영 Norifumi Fukuda
작품 제작 협력 Noriko Abe
DTP Bunka Photo Type
교열 Masako Mukai, Yuko Hisamatsu
정리 진행 Kayo Norigoe
편집 Hiroko Tanaka, Tomie Kobayashi(BUNKA PUBLISHING BUREAU),
    Megumi Matsuzaki

패턴 학교 Vol.2 스커드 편

초판 1쇄 발행 2017년 11월 10일
초판 6쇄 발행 2024년 3월 1일

감 수 마루야마 하루미
옮긴이 황선영
감 수 문수연
펴낸이 명혜정
펴낸곳 도서출판 이아소
디자인 황경성

등록번호 제311-2004-00014호
등록일자 2004년 4월 22일
주소 04002 서울시 마포구 월드컵북로5나길 18 1012호
전화 (02)337-0446 **팩스** (02)337-0402

책값은 뒤표지에 있습니다.
ISBN 979-11-87113-17-1 14590
ISBN 979-11-87113-01-0 (세트)

도서출판 이아소는 독자 여러분의 의견을 소중하게 생각합니다.
E-mail: iasobook@gmail.com

이 도서의 국립중앙도서관 출판예정도서목록(CIP)은 서지정보유통지원시스템 홈페이지
(seoji.nl.go.kr)와 국가자료공동목록시스템(nl.go.kr/kolisnet)에서
이용하실 수 있습니다. (CIP제어번호 : CIP2017024995)